Wolfgang Thönissen

Ein Konzil für ein ökumenisches Zeitalter

Wolfgang Thönissen

Ein Konzil für ein ökumenisches Zeitalter

Schlüsselthemen des Zweiten Vaticanums

Evangelische Verlagsanstalt
Leipzig

Bonifatius

Bibliografische Information der Deutschen Nationalbibliothek
Die deutsche Nationalbibliothek verzeichnet diese Publikation in der Deutschen Nationalbibliografie; detaillierte bibliografische Daten sind im Internet über http://dnb.ddb.de abrufbar.

FSC
www.fsc.org
MIX
Papier aus verantwortungsvollen Quellen
FSC® C011558

ClimatePartner
klimaneutral gedruckt
Die CO_2-Emissionen dieses Produkts wurden durch CO_2-Emissionszertifikate ausgeglichen.
Zertifikatsnummer: 53323-1305-1010
www.climatepartner.com

Umschlagbild: Zweites Vatikanisches Konzil © kna-Bild
Umschlaggrafik: Christian Knaak, Dortmund

ISBN 978-3-89710-507-2 (Bonifatius)
ISBN 978-3-374-03105-4 (Evangelische Verlagsanstalt Leipzig)

Satz: Agnes Slunitschek, Johann-Adam-Möhler-Institut
Gesamtherstellung: Bonifatius GmbH Druck · Buch · Verlag Paderborn

Inhalt

Vorwort

Dieses Buch will weder eine Gesamtdarstellung des Zweiten Vatikanischen Konzils noch eine umfassende Theologie des Konzils bieten. Eine komplette Geschichte des Konzils präsentiert der inzwischen verstorbene Bologneser Kirchenhistoriker Giuseppe Alberigo mit seinem in mehrere Sprachen übersetzten Standardwerk. Ebenso ist keine detaillierte Darlegung und Durchdringung der 16 Dokumente des Konzils angezielt wie dies in den letzten Jahren Peter Hünermann mit vielen Kollegen in einer neuen Kommentierung der Dokumente geleistet hat. Auch will das vorliegende Buch nicht die älteren Werke, wie etwa das verdienstvolle von Otto Hermann Pesch, ersetzen. Das Ziel ist viel bescheidener. Wer immer wieder gefragt wird, sich zu einzelnen Themen des Zweiten Vatikanischen Konzils zu äußern, geht unverdrossen an die Bearbeitung dieser Einzelthemen, meist in ökumenischem Kontext und unter der Anforderung, den ökumenischen Mehrwert einzelner Texte des Konzils zu beschreiben. Je mehr von diesen einzelnen Beiträgen zusammenkommen, umso öfter taucht die Frage auf, ob es nicht eine gemeinsame Grundlinie gibt, die alle einzelnen Beträge miteinander verbindet. Mit der Frage nach einer Synthese beschäftigt, stellt sich beim nachmaligen Lesen allmählich eine Idee ein, die geeignet erscheinen könnte, einen Leitfaden zu Wort zu bringen, der der selbst gestellten Aufgabe gerecht werden könnte. Die systematische Durchdringung schließlich hält am Ende überraschenderweise eine Entdeckung bereit: An einigen Stellen hat das Konzil selbst wohl gemerkt, dass es an einer Synthese oder synthetischen Zusammenschau der vielfältigen Themen fehlt. Deshalb findet sich in manchen Dokumenten fast verborgen ein „geheimer“ Plan einer Zusammenschau der Themen. Einen solchen Plan bietet das Missionsdekret „Ad gentes“. Im ersten Kapitel findet sich eine Darlegung des heilsökonomischen Plans Gottes, wie es im Text selbst heißt. Diese Präsentation, die auf die Kirchenkonstitution „Lumen gentium“ zurückgreift, kann man nicht allein als eine Beschreibung der Heilsökonomie Gottes lesen, sondern – und das ist das Neue – als einen hermeneutischen Plan zum Verstehen des ganzen Konzils und seiner Texte. Denn schaut man einmal auf die zentralen Begriffe, so fällt der darin enthaltene Plan einer Synthese unmittelbar ins Auge: der Plan Gottes für das Heil der Menschen ist zugleich der Plan zum Verstehen des Konzils. Das erste Kapitel von „Ad gentes" eignet sich daher wie kein anderer Text des Konzils als Anleitung zum Verstehen des Konzils als Ganzes.

Solchermaßen haben Schlüsselthemen die Aufgabe, zum Verstehen des Konzils beizutragen. Sie enthalten nicht alle Themen in Einzelheiten, es ist kein Lexikon der Begriffe intendiert, sondern sie wollen einen Durchblick geben. Welche Themen werden hier angesprochen? Grundlegend ist der Beitrag über das Offenbarungsverständnis des Konzils. Das geschieht hier – leicht anders orchestriert – mit Hilfe der klassischen Frage nach dem Verhältnis von Gnade und Rechtfertigung, ein höchst aktuelles ökumenisches Thema. Daran schließt sich die ekklesiologische Grundlegung an, auch hier in der Intonation der Kirche als Sakrament des Heils. Dies führt weiter zu den entscheidenden ökumenischen Fragen: Lässt die Erneuerung der Ekklesiologie der katholischen Kirche den Plural von Kirchen zu? In welchem Verhältnis steht die eine von Christus gewollte Kirche zu den vielen Kirchen? Darin eingeschlossen sind Fragen nach dem Amtsverständnis des Konzils. Besitzt das Papstamt, gelesen in der Nachgeschichte des Konzils, ökumenisches Potential? Zuletzt: Die Frauge nach der Religionsfreiheit ist der Probierstein für ein ökumenisches und dialogisches Verständnis von Offenbarung, Kirche, Sakrament und Amt. So gelesen, entpuppen sich mit diesen Darlegungen nach und nach fundamentaltheologische Prinzipien, welche die Grundlage für eine ökumenische Verständigung bieten. Es geht hier nicht darum, Ergebnisse des ökumenischen Dialogs darzulegen, sondern fundamentaltheologische Grundentscheide zu präsentieren, die in wichtigen Texten des Konzils enthalten sind und Orientierungen auf dem Feld des ökumenischen Dialoges bieten können.

Die Kapitel dieses Buches sind aus einzelnen, schon früher veröffentlichten Beiträgen hervorgegangen. Sie wurden für diesen Zweck zusammengestellt, Doppelungen wurden wenn möglich herausgenommen, an manchen Stellen wurden die vorliegenden Aufsätze auch gekürzt, in der Hoffnung, dass ein in sich verständliches und auch nach außen hin einheitliches Buch entstanden ist. Wenn dieses Buch eine Antwort gibt auf die Frage, was die theologische Botschaft des Konzils sein könnte, so hat es seinen Zweck erfüllt.

Paderborn, am 50. Jahrestag
der Eröffnung des Zweiten Vatikanischen Konzils,
11. Oktober 2012

Prof. Dr. Wolfgang Thönissen

Einführung

Das Zweite Vatikanische Konzil (1962-1965) ist zweifelsohne das bedeutendste kirchenhistorische Ereignis des zwanzigsten Jahrhunderts. Bis heute bestimmt es die Realität der katholischen Kirche. Der Streit um die Interpretation des Konzils, seiner Beschlüsse und seiner Wirkungen hält bis heute unvermindert an. Die durch das Konzil angestoßenen innerkirchlichen Reformprozesse wie die Liturgiereform, die Einführung der Laienräte, die Ausformung der bischöflichen Kollegialität werden im Kirchenvolk bis heute kontrovers beurteilt und teilweise sehr kritisch begleitet. Der Rückgang der Zahl der Gläubigen, der Gottesdienstteilnehmer und die dadurch notwendig gewordene Neuordnung der volkskirchlichen Gemeindestrukturen in Zentraleuropa haben zu einer weitgehenden Lähmung im kirchlichen Alltagsleben geführt. Der zunehmende Prozess der Säkularisierung auf allen Feldern des kirchlichen Lebens in der nördlichen Hemisphäre, das aggressive Auftreten muslimischer Gemeinschaften in Afrika und Asien, das Aufkommen neocharismatischer und evangelikaler Gruppen in Lateinamerika haben zu einer großen Verunsicherung in der Kirche und vor allem unter den Bischöfen geführt. Der nach dem Konzil aufkommende ökumenische Dialog wird heute eher mit gemischten Hoffnungen und Erwartungen begleitet. Der Dialog mit Muslimen kommt unter den derzeitigen politischen Konstellationen in Fahrt, der mit dem Judentum scheint seit Jahren in verlässlichen Bahnen zu verlaufen.

Die Stellung der Kirche in der Welt ist umstritten, je nachdem, welche Fragestellung im Vordergrund steht. Die Weltöffentlichkeit begrüßt das Engagement der Päpste im Einsatz für Menschenrechte, Menschenwürde und Religionsfreiheit. Die Option der Päpste für die Religionsfreiheit stößt auf hohe Anerkennung in der Weltgemeinschaft. Die politische Wirkung des Pontifikats unter Johannes Paul II. im Zusammenhang mit dem Zusammenbruch des politischen Systems im Osten Europas wird heute allgemein erkannt. Die kirchliche Ehe- und Sexualmoral wird in der Öffentlichkeit im gleichen Maße abgelehnt und als vormodern verurteilt. Der Missbrauchsskandal in fast allen Teilen der Kirche scheint die größte innerkirchliche Krise der katholischen Kirche seit dem Konzil zu sein. 50 Jahre nach seinem Beginn weist das Zweite Vatikanische Konzil keine einheitliche Bilanz auf. Die kurz nach dem Konzilsende erkennbare Aufbruchsstimmung in der Kirche ist heute einer skeptischen bis gleichgültigen Grundhaltung unter den Gläubigen gewichen. Ist das Konzil in der Kirche überhaupt angekommen, ja ist es gar gescheitert, bedarf die Kirche vielleicht eines weiteren, neuen Konzils?

1. Die Ankündigung des Konzils in einer Zeit des Umbruchs

Die Ankündigung eines Ökumenischen Konzils für die Weltkirche und einer Diözesansynode für Rom am Ende der Weltgebetsoktav um die Wiedervereinigung im Glauben durch Papst Johannes XXIII. am 25. Januar 1959 in der Basilika St. Paul vor den Mauern nur wenige Wochen nach seiner Wahl zum Papst erfolgte überraschend und unerwartet.[1] Die Idee einer Einberufung eines neuen Konzils, die schon von Papst Pius XI. 1922 öffentlich geäußert worden war, ging auf die persönliche Entscheidung des Papstes zurück.[2] Sie rief in seiner engsten Umgebung wie in der Weltchristenheit zunächst große Unsicherheit hervor, was den Charakter des kommenden Konzils betraf, vor allem im Blick auf das vor 90 Jahren abrupt abgebrochene Erste Vatikanische Konzil. Sie weckte zugleich Hoffnungen und Erwartungen an ein neues zumal ökumenisches Konzil, die schließlich bei zunehmender Klärung der Aufgaben, Ziele und Themen des Konzils in tiefe Enttäuschungen umschlugen. Bis zur Konzileröffnung rangen verschiedene innerkirchliche Kräfte um das Konzept des Konzils, das Johannes XXIII. selbst nicht vorgegeben hatte. Neben der Fortentwicklung der ekklesiologischen Frage trat unverzüglich auch die ökumenische Problematik in das Zen-

---

[1] Vgl. den deutschen Text der Ankündigung: HerKorr 13 (1958/59) 387f.

[2] Vgl. dazu insgesamt: Geschichte des Zweiten Vatikanischen Konzils 1962-1965. Bde. 1-3. hg. v. G. Alberigo / K. Wittstadt, Mainz-Leuven 1997-2003; Bde. 4-5. hg. v. G. Alberigo / G. Wassilowsky, Mainz-Leuven 2006-2008.

trum der Diskussionen um das Konzil. Obwohl bald klar war, dass das neue Konzil kein Konzil der ganzen Christenheit sein würde, sondern eine innerkatholische Angelegenheit, war die ökumenische Frage nicht mehr wegzudenken. Doch blieb unklar, welches Konzept das Konzil für die Wiederherstellung der Einheit der Christen verfolgen wollte.[3] Alsbald verblasste wohl der Enthusiasmus, mit dem das Ziel der Einheit betrieben wurde. Dennoch verschwand das Thema nicht von der Tagesordnung. Die Festlegung auf ein Zweites Vatikanisches Konzil beendete Spekulationen um die Fortführung des unvollendet gebliebenen Konzils im 19. Jahrhundert. Es sollte ein neues und neuartiges Konzil werden.

Die Einberufung des Konzils für das Jahr 1962 erfolgt nur wenige Jahre nach dem Ende des Zweiten Weltkrieges in Zeiten größter politischer Unsicherheiten. Das Konzil wird eröffnet zum Zeitpunkt des krisenhaften Höhepunkts im Ost-West-Konflikt, der Kuba-Krise von Oktober/November 1962. In Afrika und Asien befreien sich die Völker von den Kolonialmächten. Der marxistische Humanismus beginnt seinen Siegeszug durch die westlich-liberalen Gesellschaften und ihre Bildungseliten. Jugend- und Frauen-Emanzipationsbewegungen gewinnen in den westlichen Gesellschaften an Zulauf. Die aus den Wirren des Zweiten Weltkriegs hervorgegangene Nachkriegsordnung gerät ins Wanken. Diese welthistorischen Herausforderungen markieren von Anfang an den geschichtlichen Horizont des Zweiten Vatikanischen Konzils.[4] Die Ankündigung eines ökumenischen Konzils der katholischen Kirche geschah überdies in einer Zeit erhöhter ökumenischer Aktivitäten der getrennten Christenheit nach dem Zweiten Weltkrieg und der bald darauf

---

[3] Eine erste Reaktion auf die Ankündigung des Konzils in ökumenischer Perspektive bieten Lorenz Jaeger und Hans Küng in ihren Epoche machenden Büchern: L. Jaeger, Das Ökumenische Konzil. Die Kirche und die Christenheit. Erbe und Auftrag, Paderborn 1960 (KKSMI 4). Lorenz Jaeger stellt das angekündigte Konzil in die Reihe der bisherigen Konzile und sucht von dort aus das Profil des Neuen als Darstellung der Einheit und der Katholizität in den Blick zu nehmen. Hans Küng thematisiert die ökumenische Aufgabe des Konzils: Konzil und Wiedervereinigung. Erneuerung als Ruf in die Einheit, Freiburg i. Br. 1960.

[4] Vgl. E. Fouilloux, Die Vor-vorbereitende Phase (1959-1960), in: (Anm. 2). Bd. 1, hg. v. G. Alberigo / K. Wittstadt, Mainz-Leuven 1997, 61-67.

erfolgten Gründung des Ökumenischen Rates der Kirchen. 1961 tritt die Russische Orthodoxe Kirche des Moskauer Patriarchats dem Ökumenischen Rat bei.
Die Konzilsankündigung fiel in eine für das innere Leben der Kirche fragile Zeit des Umbruchs. Die katholische Kirche war seit dem Trienter Konzil durch Gegenreformation, Konfessionsbildung und Konfessionalisierung ihres ganzen kirchlichen Selbstverständnisses und trotz innerkirchlicher Erneuerung ihres spirituellen-sakramentalen Lebens in eine Position der „Festung des Wahren" und der Gegengesellschaft geraten. Diese Entwicklung verschärfte sich nach dem Ausbruch der französischen Revolution in Frankreich, nach dem Zusammenbruch des alten deutschen Reiches zu Beginn des 19. Jahrhunderts und dem Risorgimento in Italien in der zweiten Hälfte des 19. Jahrhunderts, in der die Kirche zugleich in eine weltkirchliche Situation hineinwuchs. Zu Beginn des zwanzigsten Jahrhunderts fanden Kulturprotestantismus und Wissenschaftsgläubigkeit im Antiliberalismus Pius' IX., im rigorosen Antimodernismus Pius' X. und im katholischen Antikommunismus Pius' XII. ihre historisch erklärbaren Wideranker. Doch der nachtridentinische Katholizismus erstarrte keineswegs in einer unbeweglichen Antihaltung und erschöpfte sich mitnichten in einer kirchlichen Gegengesellschaft, sondern entfaltete zugleich enorme Kräfte der Erneuerung in der seit dem 19. Jahrhundert lebendigen Bibelbewegung, in der neu aufkommenden liturgischen Bewegung, die in Deutschland von der katholischen Jugendbewegung mitgetragen wurde, schließlich in der Erneuerung der Theologie durch Rückbesinnung auf die patristischen Quellen.
Die schwierigen Gegenwartsprobleme sprach Johannes XXIII. schon in seiner Antrittsenzyklika „Ad Petri cathedram" vom 29. Juni 1959 an. In seiner ersten Enzyklika richtete Johannes XXIII. im Kontext der späten fünfziger und der frühen sechziger Jahre seinen Blick auf die drei großen Themen „Wahrheit, Einheit und Frieden". Als ein besonderes Übel seiner Zeit geißelt Johannes XXIII. darin die religiöse Gleichgültigkeit und die Unkenntnis der Wahrheit und die mangelnde Bereitschaft unter den Menschen, die Wahrheit mittels der Vernunft zu suchen und anzunehmen. Er beklagt das Nachlassen des religiösen Eifers, wenn zur gleichen Zeit ein immer größerer Fortschritt in den menschli-

chen Wissenschaften festgestellt werden muss. Vor diesem Auseinanderklaffen von Wahrheit und Wissenschaft darf die Kirche nicht kapitulieren, sie muss vielmehr ihre Anstrengungen erhöhen, das Evangelium der Welt zu verkündigen. Mehr noch als religiöse Indifferenz ist die fehlende „Einheit und Eintracht unter den Völkern" zu beklagen. Diese beiden Prinzipien beziehen sich nicht nur auf den Frieden unter den Völkern, sondern auch auf die Eintracht zwischen den sozialen Schichten. Die Gesellschaften müssen ihre Anstrengungen darauf richten, die Ungleichheiten in Bildung und Wirtschaft zu überwinden und die Gerechtigkeit zur Grundlage ihrer eigenen Entwicklung zu machen.
Papst Johannes XXIII. bezieht die Einberufung eines Ökumenischen Konzils schließlich direkt auf die ökumenische Problematik. Im Anschluss an das Rundschreiben von Pius XI. „Mortalium animos" von 1928 ruft er der getrennten Christenheit die Überzeugung in Erinnerung, dass die katholische Kirche durch die sichtbare Einheit in der Lehre, der Leitung und des Kultes ausgezeichnet sei: es gibt nur eine einzige Wahrheit und nicht mehrere, die einander widersprechen. Die vom Stuhle Petri getrennten Gemeinschaften zu dieser Einheit zurückzurufen, ist die Aufgabe der Kirche. Der Aufruf zur Einheit der Kirche richtet sich ausdrücklich an die getrennten Brüder und spricht die Hoffnung auf Rückkehr in ein gemeinsames Haus aus. Vorsichtig lässt diese erste Enzyklika bereits eine gewisse ökumenische Differenzierung erkennen, wenn der Papst einen brüderlichen Ton anschlägt, wenn er die Vielfalt der Riten in der katholischen Kirche und offene theologische Diskussionspunkte anerkennt. Der Papst unterlässt es keineswegs, auf die herausragende Rolle und das Selbstverständnis der katholischen Kirche zu sprechen zu kommen. Es wird aber deutlich, dass die katholische Kirche darauf setzen will, die nicht zu ihr gehörenden Menschen und Gemeinschaften zur gemeinsamen Wahrnehmung der kirchlichen Aufgaben aufzurufen. Im Unterschied zur Enzyklika Papst Pius XI. unterbleibt eine Verurteilung der ökumenischen Bewegung. Ihre Versammlungen, welche die vom Stuhle Petri getrennten Christen und Gemeinschaften untereinander abhalten, werden jetzt als Ausdruck ihres lebhaften Wunsches zur Kennt-

nis genommen, zu einer „gewissen Einheit zu gelangen“[5]. Es ist nicht schwer, von hier aus den Weg in das Ökumenismusdekret zu finden. Schon im Vorwort greift „Unitatis redintegratio“ diese bemerkenswerte Passage wieder auf, wenn die Ökumenische Bewegung insgesamt theologisch gewürdigt wird als Bewegung zur Wiederherstellung der Einheit der Christen. Damit ist klar, dass die ökumenische Bewegung bereits im Vorfeld des Konzils eine herausragende Rolle spielt. Die katholische Kirche beginnt schon vor dem Konzil die ökumenische Bewegung und den Ökumenischen Rat der Kirchen als ihre wesentliche Institution zur Kenntnis zu nehmen.

2. Ein Konzil des Aggiornamento

Papst Johannes XXIII. trat nicht mit einem fertigen Konzilsplan vor die Weltöffentlichkeit.[6] In der ersten Ankündigung sprach der Papst zunächst nur den Namen und das Vorhaben an.[7] Jede weitere Konkretisierung unterblieb zu diesem Zeitpunkt. Erst allmählich schälten sich Ziele, Zwecke und Themen des Konzils heraus. Von Anfang an konnte man einige thematische Leitmotive erkennen, die sich bis zum Schluss des Konzils zusehends konkretisierten. Als Hauptziel des bevorstehenden Konzils bezeichnete Papst Johannes XXIII. die Aufgabe, „die Entwicklung des katholischen Glaubens zu fördern, das christliche Leben der Gläubigen zu erneuern und die kirchliche Disziplin den Bedingungen unserer Zeit anzupassen“[8]. Die Absicht, die Papst Johannes XXIII. mit dem Konzil verband, richtete sich also auf die Erneuerung, d.h. die Reform des christlichen Lebens und ein Aggiornamento (Anpassung) des kirchlichen Rechtes. Damit waren schon früh zwei wichtige Programmworte gefallen, welche die Debatte um das Konzil beherrschen sollten. Sie haben vielfach Eingang gefunden in Texte des Konzils.

---

[5] Johannes XXIII., Enzyklika „Ad Petri cathedram“, in: HerKorr 13 (1958/59), 543.
[6] G. Alberigo, Die Ankündigung des Konzils, in: (Anm. 2). Bd. 1, hg. v. G. Alberigo / K. Wittstadt, Mainz-Leuven 1997, 38.
[7] Ansprache Papst Johannes' XXIII. am 25. Januar 1959 (Anm. 1), 388.
[8] Johannes XXIII. (Anm. 5), 542.

In der Ankündigungsrede vom 25. Januar 1959 bezeichnete es Papst Johannes XXIII. als eines der Hauptziele seines Pontifikates, eine klare Verhältnisbestimmung „zu den geistlichen Erfordernissen der heutigen Zeit“[9] vorzunehmen. Im Aufruf zum Aggiornamento fand Johannes XXIII. einen für ihn typischen Ausdruck.[10] „Dies ist ein Ausdruck von solch allgemeinverständlichem Bedeutungsgehalt, dass er ohne Übersetzung in die verschiedenen Sprachen übernommen wurde. Mit diesem Wort wies er darauf hin, dass die Christen und die gesamte Kirche anerkennen müssten, dass sie sich der neuen Epoche im Leben der Menschen zu stellen haben und sich daher auch um ein dem Heute der Menschen und des Glaubens angemessenes Verständnis des Evangeliums bemühen müssen.“[11] In diesem Sinne verknüpfte Papst Johannes das Anliegen seines Pontifikates mit dem Anliegen des bevorstehenden Konzils: „Das Konzil will ein Konzil des Aggiornamento sein.“[12] Wenn mancherorts Aggiornamento auch als Synonym für Reform verstanden wurde[13], so erlaubt eine vertiefte Analyse der Aussagen, zwischen beiden Begriffen genauer zu unterscheiden.

In seiner Ansprache zur Eröffnung des Konzils am 11. Oktober 1962 führt Johannes XXIII. diesen Gesichtspunkt näher aus. Zwei Dinge stellt er in den Mittelpunkt seiner zeitgeschichtlichen Betrachtungen. Er rügt die sog. Unheilspropheten, die nicht genügend Sinn für die rechte Beurteilung der Zeit aufbringen und die in den heutigen Zeitumständen nur „Untergang und Unheil“ erkennen wollen. Demgegenüber käme es aber darauf an, die gegenwärtigen Entwicklungen klarer zu erkennen, nämlich dass „die Menschheit in eine neue Ordnung einzutreten scheint“. In diesem Übergang müsse man doch auch „einen verborgenen

---

[9] Ansprache Papst Johannes' XXIII. am 25. Januar 1959 (Anm. 1), 387.

[10] G. Alberigo, Ein epochaler Übergang?, in: (Anm. 2). Bd. 5, hg. v. G. Alberigo / G. Wassilowsky, Mainz-Leuven 2008, 660. Alberigo weist in einer Notiz darauf hin, dass das Wort erst nach 1953 im Vokabular Roncallis zu wiederholten Malen vorkommt, als er sich als Patriarch von Venedig dem pastoralen Dienst widmete (Ebd., Anm. 10).

[11] Ebd., 660.

[12] Discorsi Messaggi Colloqui del S. Padre Giovanni XXIII. Bd. 4, Vatikanstadt 1962, 448.

[13] So auch O.H. Pesch, Das Zweite Vatikanische Konzil. Vorgeschichte - Verlauf - Ergebnisse - Nachgeschichte, Würzburg 1993, 61.

Plan der göttlichen Vorsehung anerkennen". Zwar lassen sich nicht immer in den gegenwärtigen Streitfragen der Menschheit mit Klarheit die neuen Entwicklungen ausmachen, aber „diese neuen Verhältnisse des modernen Lebens" haben doch auch gewisse Vorzüge. Darauf will Johannes XXIII. offenbar hinaus: die neue Zeit, in die sich die Kirche hineinbegibt, erlaubt der Kirche die ihr anvertraute Überlieferung der Lehre „mit wirksameren Methoden zu bewahren und zu erklären". Diese Lehre muss in der heutigen Zeit „durch ein neues Bemühen angenommen" werden „in ihrer ganzen Fülle und Tiefe"[14]. Der Blick hat sich auf die Art und Weise zu richten, wie die Lehre verkündet wird. Noch ist freilich nicht ganz klar, was Johannes XXIII. hier sagen will. Ist Aggiornamento ein Aufruf zu einem neuen kirchlichen Pfingsten, ein Aufruf zur charismatischen Verkündigung, zur Verlebendigung der Gemeinschaft, zur inneren Erneuerung der Kirche, im Bild gesprochen ein Aufreißen von Fenstern?[15] Aber das ist es nicht, was Johannes XXIII. will. Aggiornamento muss hier verstanden werden als Aufruf zur Reform der Verkündigungsmethode. „Die Kirche hat diesen Irrtümern zu allen Zeiten widerstanden, oft hat sie sie auch verurteilt, manchmal mit großer Strenge. Heute dagegen möchte die Braut Christi lieber das Heilmittel der Barmherzigkeit anwenden als die Waffe der Strenge erheben. Sie glaubt, es sei den heutigen Notwendigkeiten angemessener, die Kraft ihrer Lehre ausgiebig zu erklären, als zu verurteilen."[16] Statt Irrtümer abzuweisen, soll die Lehre der Kirche in ihrer ganzen Fülle und Tiefe vorgelegt und erklärt werden. Deshalb wendet sich die Botschaft der Kirche an alle Menschen guten Willens, an die ganze Christenheit, an die Anhänger der nichtchristlichen Religionen, an die Juden. Diese Botschaft ist knapp so zusammenzufassen: Das Konzil soll keine Canones aufstellen, mit denen Irrtümer ausgeschlossen werden, sondern den Menschen die Botschaft vom Reiche Gottes vorlegen. Damit war gemeint: Kein Jota der Lehre sollte verändert

---

[14] Ansprache anlässlich der feierlichen Eröffnung des Zweiten Vatikanischen Konzils am 11. Oktober 1962 „Gaudet Mater Ecclesia", in: P. Hünermann / B.J. Hilberath (Hg.), Herders Theologischer Kommentar zum Zweiten Vatikanischen Konzil [=HThK Vat. II]. Bd. 5, Freiburg i. Br. 2006, 487.
[15] O.H. Pesch, Das Zweite Vatikanische Konzil (Anm. 13), 61.
[16] Alle Zitate in: Gaudet Mater Ecclesia, in: HThK Vat. II 5 (2006) 484-487.

werden, sondern die Art und Weise der Verkündigung! Die Lehre der Kirche soll unverkürzt und unverstellt von Auseinandersetzungen mit Irrtümern zur Darstellung kommen. Dass die veränderte Methodik Auswirkungen auf die Lehre der Kirche und ihre Inhalte selbst hat, ist eine der Wirkungen des Konzils. Mit dieser Vorgabe schafft Johannes XXIII. einen neuen Konzilstyp. Das Zweite Vatikanische Konzil ist das erste Konzil in der Geschichte der Kirche, das ohne formelle Verurteilung von Irrtümern auskommt. Erstaunlich hellsichtig vertraut Johannes XXIII. auf das Vermögen der Einsicht unter den Menschen, von sich aus falsche Lehren zu verurteilen. Menschen unserer Zeit erkennen immer mehr die Würde der menschlichen Person und können blindes Vertrauen auf technischen Fortschritt, Anwendung äußerer Gewalt gegen andere, Rüstungs- und politische Vorherrschaft davon unterscheiden.[17] Aggiornamento meint eine der heutigen Zeit angepasste Weise der Verkündigung des Glaubens, sie wendet sich an alle Menschen guten Willens und vertraut auf deren Einsicht und Vernunft.[18]

3. Ecclesia semper purificanda. Eine Erneuerung des christlichen Lebens

Neben der Förderung des katholischen Glaubens will Papst Johannes XXIII. das christliche Leben erneuern. Auf die Reformfähigkeit der Kirche richtet sich das zweite Konzilsvorhaben des Papstes. Mit dem zunehmenden Konzilsverlauf treten alsbald erste Wirkungen hervor, die das Konzil beabsichtigte. Im Vordergrund stehen innerkirchliche Reformvorhaben, die Erneuerung des kirchlichen Gesetzbuches und bald nach Beginn der ersten Konzilsperiode vor allem die Liturgiereform. Nach dem Tode Johannes XXIII. greift Paul VI. diesen Aspekt bei der Eröffnung der zweiten Sitzungsperiode am 29. September 1963 sogleich auf. Unter den Hauptzielen dieses Konzils – Vertiefung des Selbstverständnisses der Kirche, Einheit der Christen, Kirche als Brücke zur Welt – ragt als „weiteres erstrangiges Problem,

---

[17] Gaudet Mater Ecclesia, in: HThK Vat. II 5 (2006) 487.

[18] So hält es auch die Liturgiekonstitution fest (SC 1).

dessentwegen das Konzil einberufen wurde“, die „Erneuerung der Kirche“ heraus.[19] Das Konzil, bekräftigt Paul VI., strebe nach einer sichtbaren Erneuerung. Dabei geht es nicht um einen Bruch mit der Tradition oder um eine grundsätzliche Veränderung des kirchlichen Lebens, sondern um eine Verlebendigung der Kirche „nach innen und außen“[20]. Wenn über den Bereich der Liturgie hinaus zunächst noch unklar bleibt, worauf sich der Prozess der Erneuerung bezieht, so hat das Konzil selbst diesen Hauptimpuls rasch aufgegriffen und weiter geklärt. Die vorrangig vom Konzil betriebene Begriffsbestimmung über die Kirche selbst ist Gegenstand der innerkirchlichen Erneuerung. Die Kirche ist stets der Reinigung bedürftig und geht immerfort den Weg der Buße und Erneuerung: Ecclesia semper purificanda.[21] Erneuerung heißt nach diesem Text aus „Lumen gentium“ renovatio und bezieht sich auf die Tatsache, dass zur irdischen Existenz der Kirche Sünder gehören. Hier klingt schließlich der Grundsatz „Ecclesia semper reformanda“ an, seit der Neuzeit ein protestantischer Schlachtruf, oft Luther zugeschrieben, in Wahrheit aber erst im Umfeld der Dordrechter Synode Anfang des 17. Jahrhunderts in Umlauf gebracht.[22]

Klarheit in diesem Begriffsumfeld schafft erst das Ökumenismusdekret. Es unterscheidet renovatio von reformatio.[23] Unter renovatio versteht man „Wachstum der Treue gegenüber ihrer eigenen Berufung“, gemeint ist das treue Bemühen der Kirche um den Geist des Evangeliums. Unter reformatio versteht man die moralische und disziplinäre Erneuerung, auch die Art und Weise der Lehrverkündigung, die Wiederherstellung nach einem Urbild, deformiert durch die menschliche Schwachheit und Sünde. Insgesamt ist hier die von Christus geforderte perennis reformatio gemeint, die Reform der Kirche an Haupt und Gliedern. Mit diesen Ausführungen weist das Konzil auf einen traditionel-

[19] Ansprache bei der Eröffnung der zweiten Sitzungsperiode des Zweiten Vatikanischen Konzils (29. September 1963), in: HThK Vat. II 5 (2006) 507.
[20] Ebd., 508.
[21] LG 8.
[22] Die Formel stammt aus der calvinisch-reformierten Tradition des 17. Jahrhunderts und bringt das Anliegen zur Geltung, nach dem sich die Kirche beständig am Wort Gottes ausrichten und erneuern lassen muss.
[23] UR 6.

len katholischen Grundgedanken hin. Dieser Grundsatz ist der katholischen Kirche nicht fremd, aber doch im Laufe der Zeit fremd geworden, durch die nachreformatorischen Streitigkeiten belastet und unter Verdacht gestellt. Das Zweite Vatikanische Konzil erinnert mit diesen begrifflichen Klärungen an die geschichtliche Existenz der Kirche und ihrer Institutionen. Die Notwendigkeit der Reform gehört zur inneren Wesensbestimmung der Kirche. Damit greift das Vorhaben einer Liturgiereform weit auf das Selbstverständnis der Kirche und ihres geschichtlichen Verständnisses aus. Dass die Kirche sich an Christus und seinem Evangelium je neu auszurichten hat, gewinnt eine neue Dimension innerhalb des kirchlichen Selbstverständnisses und umgreift nicht nur Institutionen und Strukturen, sondern das geistliche und theologische Leben der Kirche. Deshalb steht im Mittelpunkt der theologischen Auseinandersetzungen des Konzils die Kirchenkonstitution „Lumen gentium". Das Zweite Vatikanische Konzil hat der Kirche „eine ekklesiologische Synthese geschenkt, in der alle wesentlichen Elemente der großen biblischen und patristischen Tradition am rechten Platz stehen. In einer ersten oberflächlichen Rezeption des Konzils wurde ein ganz äußerlich aufgefasster Begriff von Volk Gottes als die neue Botschaft des Konzils hingestellt. Inzwischen hat sich gottlob eine gründlichere Lektüre von Wort und Geist des Konzils weitgehend durchsetzen können, die die einzelnen Elemente des Kirchenbegriffs in ihrer Zusammengehörigkeit sieht und sie von ihrem biblischen Grund her liest. Auch wenn das Wort communio als Wort in den Konzilstexten noch nicht zentral ist, so ist doch sichtbar geworden, dass es den rechten Schlüssel zum Verstehen des Ganzen bringt. Die Ekklesiologie des Konzils ist Communio-Ekklesiologie und darum wesentlich eucharistische Ekklesiologie."[24]

---

[24] Papst Benedikt XVI., Vorwort, in: Joseph Ratzinger, Volk und Haus Gottes in Augustins Lehre von der Kirche. Die Dissertation und weitere Studien zu Augustinus und zur Theologie der Kirchenväter, Freiburg i. Br. 2011 (JRGS 1), 9.

4. Ereignis, Geist oder Buchstabe des Konzils?

Von Beginn des Konzils an war klar, dass die eingerichteten Kommissionen Texte vorbereiteten, über welche die Bischöfe abstimmen sollten. Nach und nach zeigte sich jedoch, dass das Konzil Texte erarbeiten und verabschieden würde, die teilweise schon während der verschiedenen Phasen des Konzils völlig neu entstanden waren und die unterschiedlichen Erfahrungen und Erkenntnisse der Bischöfe der Weltkirche repräsentierten. Insgesamt konzentrieren sich die Beschlüsse des Konzils in sechzehn Dokumente, vier Konstitutionen, neun Dekreten und zwei Erklärungen. Freilich erschöpfen sich die Entscheidungen des Konzils nicht allein in den Beschlüssen. Vielmehr kommt es auch darauf an, den Geist des Konzils zu erfassen, zu beschrieben und auf die Interpretation der Texte anzuwenden. Doch erscheint es nicht gerade einfach, von einem Geist des Konzils zu sprechen.
Im Blick auf die drei Hauptziele des Konzils, die Wahrheit des Evangeliums zu verkünden, Einheit und Frieden unter den Menschen zu fördern, die Einheit der Kirche für alle sichtbar werden zu lassen, sprach Papst Johannes XXIII. von einem großartigen Schauspiel der Wahrheit, Einheit und Liebe[25]. Mehrfach wiederholte er diesen Ausdruck. Gemeint war im Zusammenhang der Konzilsankündigung das kommende Konzil selbst; es selbst sollte den getrennten Brüdern ein Schauspiel der Einheit bieten. Schon zu einem sehr frühen Zeitpunkt schwebte Johannes XXIII. das Konzil als symbolischer Ort für Einheit und Eintracht unter den Menschen, den Christen, den Völkern vor. Im Mittelpunkt dieser Vorstellungen stehen wohl Erfahrungen eines neuen Pfingsten, das die Menschen ergreift und bewegt. Der Erfolg des Konzils wird in der Diktion des Papstes von der Bedeutung und Wirkung des Gebetes abhängen. Wahrheit, Frieden und Einheit sind nicht so sehr kognitive Objekte, vielmehr Ausdruck für ein Ereignis und Geschehen, welches das Konzil selbst darstellen soll. Der sich darin manifestierende Geist des Konzils realisiert sich dann in der Offenheit, im Freimut und Dialog unter den Konzilsteilnehmern und wirkt sich aus in den Dokumenten des Konzils, in denen sich eine Öffnung der katholischen Kirche auf die heutige

[25] Johannes XXIII. (Anm. 5), 542.

Welt, die anderen Religionen und die christlichen Konfessionen vollzieht.

Mit der Anordnung, vorbereitende Kommissionen zu bilden, wie dies im Motu proprio „Superno Dei nutu“ vom 5. Juni 1960 geschieht, treten erste Verhandlungsthemen in den Vordergrund der Konzilsvorbereitung.[26] Die Ratschläge und Vorschläge der Bischöfe, annähernd zweitausend, müssen sortiert, studiert und analysiert werden, damit sie zu voraussichtlichen Themen des Konzils vorbereitet werden können. Schon aus dieser Abfolge von Ereignis und Text wird klar, dass das kommende Konzil keineswegs allein auf die Verabschiedung von Dokumenten zielt. Doch zeigen die Ergebnisse der Arbeiten in den Vorbereitungskommissionen ein Übergewicht an Lehrdokumenten.[27] Diese Tatsache deutet bereits auf den ersten Konflikt des Konzils hin. Es ist ein vorrangiges Ereignis des Konzils, dass es sich über die vorbereiteten Schemata hinweg und auf einen Neubeginn setzt.

Der Bologneser Kirchenhistoriker Giuseppe Alberigo hat diese sich von vornherein anbahnende Konstellation mit dem hermeneutischen Schlüsselbegriff des Ereignisses zusammengefasst. Zur Erfassung des Konzils ist es danach notwendig, über das Entstehen der Schlussdokumente hinaus das Konzil als Ganzes in den Blick zu bekommen und nicht nur von den Resultaten her. Damit verschiebt sich das Interesse am Konzil weg vom Textkorpus hin zum Konzil als „Geschehen“ und „Ereignis“. Die ganze Wirklichkeit des Konzils ist reicher, differenzierter und auch widersprüchlicher als die Texte erahnen lassen. Die Intention, das Konzil zu erfassen, geht dann nicht mehr einseitig von den Dokumenten und ihrer Entstehungsgeschichte aus, sondern von der Frage, was das Konzil insgesamt gewesen ist.[28]

---

[26] Text in: HerKorr 14 (1959/60) 513-514.

[27] P. Hünermann, Der Text: Werden – Gestalt –Bedeutung. Eine hermeneutische Reflexion, in: HThK Vat. II 5 (2006) 34f.

[28] Vgl. dazu G. Wassilowsky, Zur Relevanz historischer Konzilsforschung für die Interpretation des Ökumenismusdekretes, in: W. Thönissen (Hg.), „Unitatis redintegratio“. 40 Jahre Ökumenismusdekret – Erbe und Auftrag, Paderborn–Frankfurt a.M. 2005 (KKSMI 23), 20-22.

5. Lehr- oder Pastoral-Konzil?

Erst im Nachhinein erscheint es möglich, den Charakter des Konzils zu beschreiben und zu analysieren. Ob es sich um ein Lehr- oder mehr um ein Pastoralkonzil handelt, ist dabei die heute wohl umstrittenste Frage im Streit um das Verstehen des Konzils. Das II. Vaticanum verdankt sich keinen theologischen Herausforderungen oder Streitigkeiten wie frühere Konzile. Eine definitorische Absicht ist dem Konzil von Anfang fremd. Es ist das erste Konzil in der Geschichte der Kirche, das keine einzigen Abgrenzungen gegenüber häretischen Ansichten oder zu verwerfende Positionen kennt, sondern ganz dem Ausdruck der Einheit und Gemeinschaft, dem Dialog mit Kulturen, Religionen, Kirchen und Konfessionen gewidmet ist. Somit enthält das Konzil keine abgrenzenden definitorischen Canones wie das Konzil von Trient oder noch das Erste Vatikanische Konzil. Doch schließt diese pastorale Zwecksetzung des Konzils die Lehrabsicht nicht aus, sondern ein. An einer ganzen Reihe von Textstellen bezieht sich das II. Vaticanum auf Entscheidungen von früheren Konzilen und führt diese unter Heranziehung bekenntnisanaloger Formeln weiter.[29] Das Zweite Vatikanische Konzil ist in dieser Hinsicht nicht hinter der Aufgabe, die Lehre der Kirche authentisch zu verkünden und darzulegen, zurückgeblieben. Dieses Konzil hat wie jedes Konzil zuvor seine Aufgabe in der Lehrverkündigung wahrgenommen. Dafür hat es freilich nicht die seit dem Ersten Vatikanischen Konzil ermöglichte höchste Form verbindlicher Lehräußerung in Anspruch genommen. Aber es verzichtet keineswegs auf feierliche und bekenntnisartige Formen der Verkündigung.

In seiner Ansprache zur feierlichen Eröffnung des Konzils bezeichnet Papst Johannes XXIII. den Schutz und die Verbreitung der christlichen Lehre als Hauptaufgabe des Konzils. Das heilige Überlieferungsgut muss „rein, unvermindert und ohne Entstellung“[30] bewahrt und erklärt werden. Die überlieferten Aussagen müssen aus den Akten des Tridentinums und des Ersten Vatikanischen Konzils erhoben, geprüft und interpretiert werden. Auch

[29] Hier ist zu verweisen u.a. auf LG 18, DH 1.

[30] HThK Vat. II 5 (2006) 486.

wenn die gesamte christliche Lehre in einem neuen Bemühen in der heutigen Zeit angenommen werden muss, so bleibt die Art und Weise der Verkündigung an das der Kirche überlieferte Glaubensgut (Depositum fidei) gebunden. Papst Paul VI. präzisiert diese Aufgabe im Blick auf die ekklesiologische Begriffsbestimmung. Er erwartet zu Beginn der zweiten Sitzungsperiode, dass die Lehre vom Episkopat unbeschadet der dogmatischen Erklärungen des Ersten Vatikanischen Konzils untersucht und verabschiedet wird.[31] Damit beschreibt Paul VI. die lehrmäßige Aufgabe des Konzils.

In einer gewissen Unterscheidung zu dieser von Anfang an nicht geleugneten lehrmäßigen Aufgabe des Konzils muss aber nach der Diktion von Johannes XXIII. daran gearbeitet werden, dem pastoralen Wesen des Lehramtes gemäß die Art und Weise der Verkündigung zu klären. In der Eröffnungsansprache vom 11. Oktober 1962 nimmt Johannes XXIII. erstmals öffentlich den pastoralen Charakter des Konzils in den Blick. Nach dessen Tod knapp ein Jahr später greift Paul VI. dieses Stichwort wieder auf. Der obersten Zielsetzung des Konzils, das Depositum fidei mit der Zeit angepassten wirksameren Methoden zu bewahren und zu erklären, fügt Paul VI. nun die pastorale Intention hinzu. In seinen Worten, die sich eng an die seines Vorgängers halten, soll die christliche Lehre „auch Leben spendendes und Tat setzendes Wort“ sein, die Autorität der Kirche soll sich nicht auf die Verurteilung der Irrtümer beschränken, die Kirche soll vielmehr die „unmittelbare lebendige Lehre“ der Kirche verkünden.[32] Dieser pastoralen Ausrichtung gemäß soll das Konzil seine Aufgaben erledigen. Die ausdrücklich so genannte Pastoralkonstitution „Gaudium et spes“ ist keineswegs nur ein auf seelsorgerliche Belange ausgerichtetes Dokument, sondern stützt sich in ihrem ersten Teil auf die von der Kirche verkündete Lehre vom Menschen und der menschlichen Gemeinschaft, verzichtet also keineswegs auf die Lehre der Kirche und ihre Prinzipien. Pastoral heißt diese Konstitution aber deshalb, weil sie die Lehre der Kirche über den Menschen auf die heutige Situation des Menschen in der Welt anwendet und dabei auf die Probleme der

[31] HThK Vat. II 5 (2006) 507.
[32] HThK Vat. II 5 (2006) 502f.

Gegenwart zu sprechen kommt. Damit kommt das Konzil der geschichtlichen Aufgabe der Kirche nach, die Verkündigung des Evangeliums auf die Lebensumstände der Menschheit zu beziehen. Pastoralkonzil muss hier also verstanden werden einerseits als Verzicht auf die Verurteilung von sog. Zeitirrtümern und andererseits als Wahrnehmung der geschichtlichen Herausforderung der Kirche, ihre Lehre in einer bestimmten Zeit und unter den besonderen gesellschaftlichen und politischen Herausforderungen zu formulieren. Damit ist auch die Art und Weise gemeint, die Prinzipien menschlicher Gemeinschaft zu begründen. Während bisher das Lehramt die objektive und transpersonale Wertordnung der Kirche gegen Irrtümer der Zeit verteidigte, sucht das Konzil nun nach gemeinsamen Ausgangspunkten mit der Menschheit wie in der Frage der Würde der menschlichen Person und der Religionsfreiheit. Das Recht auf religiöse Freiheit gründet nicht in der Offenbarung, es gibt kein von Gott geoffenbartes Recht, wie Benedikt XVI. in seiner Rede im Deutschen Bundestag äußerte[33], sondern Natur und Vernunft sind die Quellen des Rechts. Aus der Offenbarung Gottes fällt besonderes Licht auf die Würde der menschlichen Person, das heißt: Freiheit und Recht gründen in der Würde der Person. Diese wird im Lichte der Offenbarung betrachtet, d.h. verstanden und erläutert. In dieser der Freiheit gemäßen Bestimmung der Würde der Person vollzieht sich der Übergang zum personalen Verständnis menschlicher Freiheit und Verantwortung.

6. Umstrittene Rezeption

Die Rezeption der Beschlüsse, Entscheidungen, Absichten und Wirkungen des Konzils beginnt bereits während des Konzils selbst. Sie erlangt einen bedeutenden Einfluss auf die Interpretation und die Umsetzung der gefassten Beschlüsse. Einen wesentlichen Faktor dieser Rezeptionsprozesse bilden die päpstlichen

---

[33] Apostolische Reise Seiner Heiligkeit Papst Benedikt XVI. nach Berlin, Erfurt und Freiburg, 22.-25. September 2011. Predigten, Ansprachen und Grußworte. Hg. v. Sekretariat der Deutschen Bischofskonferenz, Bonn 2011 (VApS 189), 33.

Rundschreiben, die schon während des Konzils zu erscheinen beginnen und sich mit einzelnen spezifischen konziliaren Themen, Fragestellungen und Leittexten beschäftigen: Menschenrechte (Johannes XXXIII., Pacem in terris, 1963), Entwicklung und Frieden (Paul VI., Populorum progressio, 1967), Sexualität, Ehe und Familie (Paul VI., Humane vitae, 1968), Evangelisation (Paul VI., Evangelii nuntiandi, 1975), Ökumene (Johannes Paul II, Ut unum sint, 1993). Dieser Prozess ist bis heute nicht beendet. Wie die Bischofssynode von 2008 gezeigt hat, steht hier nun auch die Dogmatische Konstitution „Dei verbum" ganz im Zentrum der kirchlichen Beratungen[34]. Zur Rezeption des Konzils gehört aber auch das päpstliche und kuriale Handeln selbst, etwa der bald nach dem Konzil einsetzende ökumenische Dialog oder das interreligiöse Gespräch, so etwa die Treffen mit Vertretern der Religionen und christlichen Kirchen von Assisi von 1986 und 2011. Hierzu ist auch die neue Verhältnisbestimmung zum Judentum zu zählen. Ebenso wenig dürfen die national- und regionalkirchlichen Synoden vergessen werden, so etwa die Synode der Bistümer in Deutschland (1972-1975). Der ökumenische Dialog, aber auch die hiervon ausgehenden Dialogprozesse sind ohne das Konzil und seine Rezeption nicht zu denken. In dieser Hinsicht sind die großen ökumenischen Konferenzen zur Thematik der Gerechtigkeit, des Friedens und der Integrität der Schöpfung der Neunzigerjahre Aneignungen des konziliaren Geistes im Leben der christlichen Kirchen und Gemeinschaften. In diesen kirchlichen und interkirchlichen Prozessen, Weisungen und Handlungen spricht sich in komplexer Weise sowohl die Zustimmung, die Korrektur, aber auch die Kritik in Form von Weiterführungen zu einzelnen Entscheidungen des Konzils aus.
Zur klareren Erfassung dieser verschiedenen Rezeptionsprozesse hat es sich eingebürgert, bestimmte Phasen der Rezeption zu unterscheiden. Hier liegt aber bis heute kein einheitliches Urteil vor.[35] Vier verschiedene Phasen lassen sich bis heute benennen.

---

[34] Benedikt XVI., Nachsynodales Apostolisches Schreiben „Verbum Domini" über das Wort Gottes im Leben und in der Sendung der Kirche, 30. September 2010. Hg. v. Sekretariat der Deutschen Bischofskonferenz, Bonn 2010 (VApS 187).

[35] Vgl. G. Alberigo, Abschluss und erste Erfahrungen mit der Rezeption des Konzils, in: (Anm. 2). Bd. 5, hg. v. G. Alberigo / G. Wassilowsky, Mainz-

In einer ersten Phase unmittelbar nach dem Ende des Konzils zeigt sich ein ungebrochener Enthusiasmus, welcher der Dynamik der Aufbruchszeit folgt. Reformbemühungen stehen im Vordergrund. In dieser Phase überwiegt auch eine erste Kenntnisnahme und Kommentierung der Texte. In einer zweiten Phase folgt zunächst eine gewisse Ernüchterung. Konzilsvorhaben in Richtung Erneuerung, Reform, Um- und Neugestaltungen bleiben auf der Strecke, Widerstände gegen Reformen erweisen sich als hartnäckig, Progressive stehen Traditionalisten gegenüber. In dieser Phase bemüht sich die Theologie um eine systematische Erfassung der Konzilstexte. In einer dritten Phase zeigen sich Tendenzen der Konsolidierung und Stabilisierung. Es ist die Zeit des Pontifikats Johannes Pauls II. Der Blick wird vom Boden des Konzils aus in die Zukunft gerichtet, das Konzil soll über die Schwelle des Jahrtausends hinaus verwirklicht werden. In der Theologie bemächtigt sich die Historiographie des Konzils und greift in die Vor- und Verlaufsgeschichte zurück. Mit dem Tode Johannes Pauls II. und des neuen Pontifikats unter Papst Benedikt XVI. beginnt der Streit um das Vermächtnis des Konzils. Die Auseinandersetzungen der vatikanischen Behörden mit den sog. Pius-Brüdern, einer schismatischen Gruppe, die aus einer grundsätzlichen Gegenhaltung zum Konzil hervorgegangen war, zeigt das Potenzial dieses Konfliktes um das Konzil in aller Schärfe. In der gegenwärtigen Phase der Rezeption geht es letztlich um die Frage, ob das Zweite Vatikanische Konzil das Erbe der Kirche verraten hat und die Tradition der Kirche missdeutet. Steht das Konzil überhaupt noch in der Tradition der Kirche?

7. Kontinuität oder Diskontinuität? Zur Hermeneutik des Konzils

Die Interpretation des Konzils und seiner Beschlüsse ist nur innerhalb einer umfassenden Hermeneutik des Konzils möglich. Erwägungen zu einer Hermeneutik des Zweiten Vatikanischen Konzils stehen aber vor nicht unerheblichen Problemen. Die Auslegung der Konzilstexte bietet noch immer ein eher verwor-

Leuven 2008, 638.

renes Bild. Eine Hermeneutik ist kaum entwickelt, eine sachgemäße Interpretation und Rezeption der Konzilsbeschlüsse erst in Ansätzen durchgeführt, Prinzipien der Auslegung und spezielle Auslegungsregeln fehlen. Die aus Anlass des 20. Jahrestages des Abschlusses des Konzils einberufene Bischofssynode von 1985 beklagt sich deswegen in ihrem Schlussdokument über das unvollständige und selektive Lesen der Konzilstexte und eine oberflächliche Interpretation seiner Lehre. Man muss das Konzil in der langen Tradition der Kirche verstehen, nicht gegen sie.[36] Dahinter steht die Auffassung, das Zweite Vatikanische Konzil leite die seit langem überfällige Loslösung von der Vergangenheit ein und stelle selbst einen Bruch mit der Tradition dar. Ausdruck dieser Überzeugung ist die Unterscheidung zwischen einer vor- und einer nachkonziliaren Epoche der Kirche. Demnach stehen sich eine Hermeneutik des Bruches und eine Hermeneutik der Kontinuität diametral gegenüber.

Schwierigkeiten in der Interpretation der Konzilstexte haben zunächst mit der pastoralen Intention des II. Vaticanums zu tun. Von Anfang an war nicht intendiert, auch nur ein Jota eines definierten Dogmas zur Disposition zu stellen. Das Zweite Vatikanische Konzil hat zwar keine unfehlbare, d.h. letztverbindliche Entscheidung wie das I. Vaticanum getroffen, aber es wäre völlig verkehrt, wollte man die pastorale Absicht des Konzils gegen seine doktrinale Bedeutung ausspielen. Von den bisherigen Konzilien kennt man die dogmatische oder disziplinäre Bestimmung, die Festlegung auf Canones, die Irrtümer abweisen. Der verbindliche Sinn eines Konzilstextes ergibt sich deshalb mit Vorzug aus dem Irrtum, den er abweisen will. Das II. Vaticanum hat aber jede neue Verurteilung vermieden. Bezüglich dieser pastoralen Sprechweise eines Konzils versagen hier zunächst die anerkannten Auslegungsprinzipien. Damit unterscheidet sich das II. Vaticanum nicht unerheblich von seinen beiden Vorgängern, dem Tridentinum und dem I. Vaticanum. Insoweit das II. Vaticanum dogmatisch verbindliche Aussagen früherer Konzile und päpstlicher Lehrentscheidungen bekräftigt, behalten diese ihren

[36] Zukunft aus der Kraft des Konzils, Die außerordentliche Bischofssynode '85. Die Dokumente mit einem Kommentar von Walter Kasper, Freiburg i. Br. 1986, 23.

Verbindlichkeitsgrad, auch wenn sie in ein eher pastoral gehaltenes Dokument integriert wurden. Die Lehre wird nicht abgeschwächt, sondern einer positiven Zielsetzung zugeführt.
Hier wird eine weitere Schwierigkeit offenbar. In der theologischen Diskussion hat sich seit langem die Rede vom Kompromiss in Sachen der Lehre eingebürgert. Es lässt sich nämlich zeigen, dass ganze Dokumente oder gewichtige Teile von ihnen ihren Ort in speziellen katholischen Traditionssträngen haben. Diese sind häufig von der nachtridentinischen Theologie und Praxis beeinflusst.[37] In anderen Fällen ist hingegen der Versuch erkennbar, sich an die älteste christliche Überlieferung anzuschließen.[38] In wiederum anderen Texten werden beide Weisen miteinander vermischt. Solche Texte stellen oft das Produkt einer bloßen Zusammenstellung dar, schwankend zwischen der Rückkehr zur ältesten Tradition und dem Beharrung auf der neueren Tradition. So ergibt sich oftmals die Aneinanderreihung doktrineller Linien verschiedener Herkunft. Lassen sich die verschiedenen Traditionen aus offensichtlichen Gründen nicht mehr miteinander kompilieren, erklärt man kurzerhand, die ältere Tradition werde von der neueren nicht berührt.[39]
Konzilsbeschlüsse können oftmals nicht losgelöst von ihrer jeweiligen Rezeption in der Nachgeschichte des Konzils interpretiert werden. Aufgrund der jüngsten, durch die Päpste des zwanzigsten Jahrhunderts geprägten Tradition, welche durch die entschlossene Verteidigung der Menschenrechte gekennzeichnet ist, beansprucht etwa die Erklärung über die Religionsfreiheit heute unangefochten identisch zu sein mit der einen Tradition der Kirche. Reicht es aber aus, zu behaupten, das Konzil habe die eine und selbe Tradition neu lebendig und fruchtbar gemacht? Hängt diese Interpretation nicht doch auch davon ab, wie stark die jüngere Tradition in Bewusstsein und Leben der Kirche verankert ist? Von nicht unerheblichem Einfluss auf die Inter-

---

[37] Das ist bei der auf Robert Bellarmin zurückgehenden sog. Gliedschaftslehre der Fall (LG 14).
[38] Das ist in LG 21 der Fall, wenn das Konzil auf die älteste kirchliche Amtstradition zurückgreift.
[39] Das ist in der Erklärung über die Religionsfreiheit der Fall, hier greift das Konzil auf die Lehre der neueren Päpste zurück, lässt dagegen die überlieferte katholische Lehre unangetastet (DH 1).

pretation der Texte ist deshalb die Art und Weise, wie sie in das Leben und die Praxis der Kirche integriert werden oder nicht, welche Wirkung sie in Leben und Praxis der Kirche seither erzeugt haben. Ein Kernproblem der Konzilshermeneutik besteht in der Frage, in welchem Verhältnis Kontinuität und Fortschritt zueinander stehen.

Papst Benedikt XVI. hat in einer Rede an das Kardinalskollegium im Jahre 2005 einer einseitig verstandenen Hermeneutik der Diskontinuität und des Bruches widersprochen und sie einer alleinigen und ausschließlichen Hermeneutik der Kontinuität entgegengestellt. Er plädiert stattdessen für eine Hermeneutik der Reform unter Wahrung der Kontinuität der Kirche. Mit dem Reformanliegen geht das Argument der Kontinuität einher. Der Papst spricht ausdrücklich von einem Programm, das Papst Johannes XXIII. für das Zweite Vatikanische Konzil vorgelegt hat. „Es ist klar, dass der Versuch, eine bestimmte Wahrheit neu zu formulieren, es erfordert, neu über sie nachzudenken und in eine neue, lebendige Beziehung zu ihr zu treten; es ist ebenso klar, dass das neue Wort nur dann zur Reife gelangen kann, wenn es aus einem bewussten Verständnis der darin zum Ausdruck gebrachten Wahrheit entsteht, und dass die Reflexion über den Glauben andererseits auch erfordert, dass man diesen Glauben lebt.“[40] Eine Hermeneutik der Reform, wie Benedikt XVI. sie nennt, umfasst das Zusammenspiel von Diskontinuität und Kontinuität, und zwar in dem Sinne, dass die Bewahrung der Kontinuität innerhalb der Entwicklung des Neuen Diskontinuitäten nicht ausschließen kann, die tatsächlich aufgetreten waren.

Die Bedeutung einer unter den Erfahrungen des II. Vaticanums gewonnenen Konzilshermeneutik, die dem Gedanken der Reform folgt, liegt in der Wahrnehmung eines umfassenden Interpretations- und Rezeptionsprozesses unter der Herausforderung der Geschichtlichkeit. Aussagen des Konzils müssen daher auch von den Fragen der Zeit her interpretiert werden. Dieses hermeneutisch reflektierte Verständnis zeigt schließlich aber auch, dass das Ernstnehmen der Geschichtlichkeit keineswegs zu einer

[40] Benedikt XVI., Ansprache an das Kardinalskollegium und die Mitglieder der Römischen Kurie beim Weihnachtsempfang, 22. Dezember 2005 (VApS 172), 13.

vielfach befürchteten Relativierung des Glaubens und der Lehre der Kirche und zur Abschwächung des authentischen verbindlichen Sprechens der Kirche führen muss, sondern gerade zu deren Erneuerung und Bestätigung. Der These von der Geschichtlichkeit des Glaubenszeugnisses wird nur eine „Hermeneutik der Reform“[41] gerecht. Sie hat das Zusammenspiel von Diskontinuität und Kontinuität zu leisten. Hierfür ist das Beispiel der Religionsfreiheit wegweisend. Um die Freiheit des Glaubenszeugnisses zu wahren, ist es heute unerlässlich, Religionsfreiheit als Notwendigkeit für das friedliche Zusammenleben der Menschen zu betrachten. Die Erklärung über die Religionsfreiheit des Zweiten Vatikanischen Konzils hat dabei das Erbe der Kirche im Blick auf die Freiheit des Glaubens zur Geltung gebracht, indem es die jüngere Tradition der Kirche über die Anbindung des Staates an die Freiheit der katholischen Kirche unter Unterdrückung jeglicher anderer Freiheitsrechte nicht mehr weiter verfolgte. Hier wurden einige in der Vergangenheit gefällte Entscheidungen neu überdacht und korrigiert, um das ganze Erbe der Kirche zu wahren. Eine Hermeneutik der Reform sieht im Prozess der geschichtlichen Erneuerung die Notwendigkeit, um der Kontinuität des Erbes der Kirche willen bisweilen solche Brüche und Diskontinuitäten in der kirchlichen Überlieferungsgeschichte in Kauf nehmen zu müssen. Dies geht nie ohne Spannungen und Widersprüche. Sie sind Ausdruck eines geschichtlichen Selbstverständigungsprozesses. Aber darin bleibt die eine Tradition der Kirche erhalten. Sie ist und bleibt das eine Subjekt in der Geschichte.

8. Nur eine unklare Botschaft oder doch eine Theologie des Konzils?

Hat das Konzil überhaupt eine Botschaft?[42] Nicht wenige Zeitgenossen werden auf diese Frage sehr unterschiedliche Antworten geben. Es fällt angesichts der Fülle der verabschiedeten Tex-

[41] Benedikt XVI., Ansprache (Anm. 40), 11f.

[42] Vgl. hierzu P. Hünermann u.a., Schlusswort. Eine „kalligraphische Skizze“ des Konzils, in: HThK Vat. II 5 (2006) 447-469.

te und Beschlüsse schwer, eine klare Botschaft des Konzils zu erfassen. Papst Johannes XXIII. hatte dem Konzil die Aufgabe mitgegeben, die Lehre der Kirche in ihrer ganzen Fülle und Tiefe vorzulegen. Die Idee einer synthetischen Erfassung der Thematik des Konzils dient daher dem Ziel, eine solche Botschaft des Konzils zu rekonstruieren, welche die innere Einheit der Konzilstexte, den Geist und das Ereignis des Konzils wiedergibt und angemessen repräsentiert. Dabei ist es nicht nur ein vordergründiges Interesse, aus der Vielfalt der Themen eine Synthese zu erstellen, sondern es entspricht dem Ziel des Konzils selbst, die ganze Lehre der Kirche in ihrer Tiefe zu erfassen und darzulegen. Die Texte des Konzils bieten deshalb nicht nur einen Steinbruch kirchlicher Lehrinhalte wie etwa das unter den Namen von Denzinger und Hünermann veröffentlichte Kompendium der Lehre und der Sitten, sondern sie enthalten einen synthetischen Leitfaden, eine innere Dynamik und Dramatik der kirchlichen Lehre. Obwohl die Dokumente des Konzils sich unterschiedlichen Anliegen, Zielen, Adressaten und Aussageabsichten verdanken, verbindet sie untereinander eine einheitliche Struktur, die den Texten selbst, den in ihnen enthalten Aussagen, auch einzelnen Textabschnitten und ganzen Dokumenten zugrunde liegt. Eine solche synthetische Idee zu rekonstruieren, ist daher auch Ausdruck der neuen Art und Weise, wie das Konzil verstanden werden will. Das Konzil will eine einheitliche Gesamt-Sicht der christlichen Botschaft bieten.[43]
Eine solche Botschaft des Konzils, die aus einer Zusammenschau der Texte hervorgeht, lässt sich etwa in folgender Synthese darstellen, wie sie schon die Außerordentliche Bischofssynode von 1985 entfaltet hat: Die Kirche unter dem Wort Gottes feiert die Geheimnisse Christi zum Heil der Welt.[44] In dieser Synthese lassen sich die vier Konstitutionen zusammenfassen, die Liturgie-, die Kirchen-, die Offenbarungs- und die Pastoralkonstitution. Eine solche synthetische Idee des Konzils hält auch das Missionsdekret „Ad gentes“ in seiner theologischen Grundlegung bereit: Die Kirche ist von Gott in die Welt gesandt, um

[43] G. Alberigo, Ein epochaler Übergang (Anm. 10), 663.
[44] W. Kasper, Kommentar, in: Zukunft aus der Kraft des Konzils (Anm. 36), 61.

den Auftrag ihres Stifters zu erfüllen, das Evangelium in der Welt zu verkünden (Dei verbum). Die Kirche ist universales Heilssakrament in Christus (Lumen gentium), der wahrer Mittler Gottes und der Menschen ist. So ist sie Zeichen und Werkzeug der Einheit und Gemeinschaft Gottes mit den Menschen. Durch Wort und Sakrament lässt die Kirche Christus gegenwärtig werden (Sacrosanctum Concilium). So wird das Werk des Herrn im Heiligen Geist vollendet, indem die Kirche auf dem Fundament der Apostel und in Gemeinschaft mit dem ganzen Volk Gottes unter der Leitung der Bischöfe in Zusammenarbeit mit Priestern und Diakonen den Völkern und Gemeinschaften der Welt das Evangelium des Friedens und der Freiheit verkündet, um so dem Heil und der Erneuerung der Menschheit zu dienen (Gaudium et spes). Noch kürzer: das Wort Gottes (Dei verbum) wird den Menschen im Glauben offenbar zum Heil (Gaudium et spes) durch Verkündigung und Sakrament (Sacrosanctum Concilium) und in Dienst und Auftrag der Kirche Christi (Lumen gentium) (AG 9). Noch einmal anders in Stichworten: Wort Gottes – in Kirche und sakramentalem Dienst – zum Heil der Welt. In dieser Verknüpfung der Grundanliegen der verschiedenen Texte und ihrer Grundaussagen liegt die ganze Botschaft des Zweiten Vatikanischen Konzils. Daraus lassen sich schließlich Schlüsselthemen entfalten, die diesen Grundimpuls aufnehmen und in einzelnen Sachbereichen konkretisieren. Zu diesen Schlüsselbegriffen zählen: Wort Gottes in Offenbarung, Kirche und Welt, die Kirche als universales Sakrament des Heiles, die Kirche im Dialog mit den christlichen Kirchen, Konfesssionen und Gemeinschaften, den anderen Religionen und der Welt. Im Nachsynodalen Schreiben „Verbum Domini“ werden diese Schlüsselthemen synthetisch so zusammengefasst: Das Wort Gottes in der heilsgeschichtlichen Offenbarung, das Wort Gottes in der Kirche, das Wort Gottes in der Welt.[45]

Die hier vorgenommene Rekonstruktion zeigt aber noch etwas Neues auf. Es lässt sich nämlich eine innere Dynamik entdecken, die vom Begriff der Offenbarung ausgeht und bis zum Begriff der Welt reicht. Die spezifische Fassung des einen zieht die besondere Prägung des anderen nach sich. Auf die geschichtlich-

[45] Benedikt XVI., „Verbum Domini“ (Anm. 34).

christologische Fassung des Offenbarungsbegriffs folgt notwendigerweise das personale Verständnis des Menschen und seiner Sozialnatur. Sie bilden die Grundlage für die Idee der Menschenwürde und der Menschenrechte, ohne die die heutige Soziallehre der Kirche nicht mehr auskommt. Das personale Verständnis des Glaubens – der Glaube ist die Form der Begegnung mit Gott – korrespondiert mit dem erneuerten und vertieften Offenbarungsverständnis, das auf dem fundamentalen Gedanken der Offenbarung als Selbstmitteilung Gottes beruht. Dieser theologischen Grundeinsicht folgt das Verständnis von Kirche als Mysterium und Communio. Communio heißt Teilhabe und nicht Ausgrenzung. Gott beruft alle Menschen zur Gemeinschaft mit ihm selbst. „So befähigt Gott einen jeden von uns, das göttliche Wort zu hören und darauf zu antworten.“[46] In dieser Hinsicht lässt sich dann die ökumenische Grundidee entfalten. Die Gemeinschaft mit Gott und die Gemeinschaft unter den zu Gott Gehörigen entsprechen einander. In diese Berufung zur Gemeinschaft mit Gott sind alle Menschen eingeschlossen. Dieser allgemeine Heilswille Gottes ist sozusagen das Band, das alle Teilaussagen zusammenhält. Somit greift das eine zwangsläufig in das andere über und deshalb bilden alle Begriffe miteinander eine sinnvolle Synthese, die Ausdruck der ganzen kirchlichen Lehre ist. Daher ist hier, wie das Nachsynodale Schreiben „Verbum Domini“ ausführt, „die Rede von einer Symphonie des Wortes, eines einzigen Wortes, das sich auf verschiedene Weise ausdrückt“.[47]

Mit dieser kurzen Charakterisierung einer Theologie des Konzils unter dem Gedanken des Wortes Gottes lässt sich der Anspruch ausweisen, die Lehre der Kirche in ihrer Tiefe und Weite zu erfassen, damit sie dem Menschen positiv vorgelegt werden kann. Trotz der Vielzahl der Texte, ihrer Anliegen, Adressaten und Aussagen kann es gelingen, die eine Botschaft des Konzils zu erfassen. So wird klar, worauf das Konzil hinaus will: es will eine den Menschen dieser Zeit verständliche Zusammenfassung des Glaubens bieten, eine Synthese, die von allen verstanden werden kann und die frei ist von Verurteilungen und Verdammungen von sog. Zeitirrtümern.

---

[46] Ebd., Nr. 22.
[47] Ebd., Nr. 7.

9. Ein Konzil der Einheit?

Welchen Einfluss die ökumenische Bewegung des 19. Jahrhunderts auf das Zweite Vatikanische Konzil genommen hat, kann man erst allmählich erfassen. Die erste große Enttäuschung, vornehmlich in der Weltchristenheit[48], entzündete sich an der bald nach der Ankündigung erfolgten Korrektur und Konkretisierung des ökumenischen Charakters des Konzils. Zwar ist das Zweite Vatikanische Konzil kein Konzil der ganzen Christenheit geworden, es ist aber auch keine rein innerkatholische Angelegenheit geblieben. Obwohl nie ein Unionskonzil beabsichtigt war, hat das Zweite Vatikanische Konzil wie kein Konzil zuvor die ökumenische Frage zur Sache der ganzen Kirche gemacht. Deshalb ist die Wiederherstellung der Einheit aller Christen eine der Hauptaufgaben des Zweiten Vatikanischen Konzils. Wie ist die Ökumenizität des Konzils zu bewerten?

Es ist jedenfalls nicht so, als ob sich die ökumenische Frage dem Konzil nur von außen aufgedrängt hätte. Wir können heute klarer erkennen, dass sich die Öffnung der katholischen Kirche bereits zwei Jahrzehnte vorab vollzieht. Der Einsicht, die heute immer wieder neu vorgetragen wird, erst mit dem Zweiten Vatikanischen Konzil beginne sich die katholische Kirche der ökumenischen Bewegung zu öffnen, muss daher deutlich widersprochen werden. Nimmt man die entsprechenden Kenntnisse aus der Zeit des Dritten Reiches hinzu, ergibt sich eine bereits mit dem Jahre 1934 bis auf die Eröffnung des Zweiten Vatikanischen Konzils hinzielende Institutionalisierung der ökumenischen Bemühungen der katholischen Kirche in Deutschland. Mit diesen Bemühungen dürfte die katholische Kirche in Deutschland einzigartig dastehen; freilich ist heute noch nicht klar, in welcher Weise nicht auch die französischen, Schweizer und niederländischen Bischöfe an diesen Formen der ökumenischen Bewegung von früh an beteiligt waren. Ist die Sache der Ökumene eine Angelegenheit der Deutschen?[49] Oder hat sich nicht auch in

[48] S. L. Vischer, Das Konzil als Ereignis in der ökumenischen Bewegung, in: (Anm. 2). Bd. 5, hg. v. G. Alberigo / G. Wassilowsky, Mainz-Leuven 2008, 559-618.

[49] Vgl. J.-M. Vereb, „Because he was a German!“ Cardinal Bea and the Origins of Roman Catholic Engagement in the Ecumenical Movement, Grand

Frankreich schon in den Zwanzigerjahren eine ökumenische Grundhaltung durchzusetzen begonnen?[50] Jedenfalls muss betont werden, dass die Deutschen in Sachen Ökumene eine besondere Verantwortung wahrnehmen wollten und diese auch entschieden verfochten haben.

Die katholische Kirche hat sich intensiver, nachhaltiger und aktiver an der institutionellen Ausgestaltung der ökumenischen Idee und der Entstehung und Verbreitung der ökumenischen Bewegung beteiligt als dies bisher bekannt ist. Ökumene ist nicht nur „von unten" gewachsen und „von außen" aufgenötigt worden, sondern sie ist „von oben" gestaltet und institutionalisiert und „von innen" her betrieben worden. Das Zweite Vatikanische Konzil hat nicht allein die Wende zur Ökumene herbeigeführt, sondern ist Ausdruck der längst im Gang befindlichen Entwicklung der ökumenischen Idee in der katholischen Kirche und bringt selbst noch einmal eine neue Dynamik der ökumenischen Idee zur Geltung. Das Konzil kann selbst als Ereignis der weltweiten ökumenischen Bewegung verstanden werden. Das wirft Fragen nach dem Verstehen des Konzils selbst auf.[51]

Die Ökumenizität des Konzils zeigt sich aber noch in einer ganz anderen Sicht. Das Ökumenismusdekret als Magna Charta der katholischen Kirche formuliert nicht nur Prinzipien für den Dialog, sondern ist in besonderer Weise Ausdruck für den von der Kirche auf vielfältige Weise geführten Dialog. Das Ökumenismusdekret markiert das Aggiornamento des Konzils auf seine Weise, es verzichtet auf die Verurteilung des konfessionellen Gegners und des Häretikers, der sich vom Glauben der Kirche abgewandt hat. Nicht mehr die Verurteilung und die Verdammung des Gottesglaubens durch Häretiker stehen im Vordergrund der kirchlichen Lehrverkündigung, sondern die Begründung und Entfaltung der Beziehungen zwischen denen, die an Christus glauben und doch voneinander getrennt sind. Die Suche nach der Einheit unter den Christen ist das vorrangige Ziel des

---

Rapids/MI-Cambridge 2006.

[50] Vgl. E. Fouilloux, Les catholiques et l'unité chrétienne du XIXe au XXe siècle. Itinéraires européens d'expression française, Paris 1982.

[51] Vgl. hierzu W. Thönissen, Einleitung, in: W. Thönissen (Hg.), „Unitatis redintegratio" (Anm. 28), 9-18; G. Wassilowsky, Zur Relevanz historischer Konzilsforschung (Anm. 28), 19-32.

Konzils, d.h. das Konzil sucht nach Wegen der Verständigung und legt Prinzipien des Dialogs vor. Dies gilt nicht nur insbesondere für den ökumenischen Dialog, sondern für die ganze Grundhaltung des Konzils in allen Lebensbereichen der Kirche.

10. Das Konzil im Kontext des ökumenischen Zeitalters

Das Zweite Vatikanische Konzil ist als ein Konzil der katholischen Kirche innerhalb der weltweiten ökumenischen Bewegung selbst Ausdruck und prägende Gestalt des das 20. Jahrhundert charakterisierenden ökumenischen Zeitalters. Es ist ein Konzil des Übergangs: aus dem konfessionellen Zeitalter in ein neues ökumenisches Zeitalter. Während im Zeitalter des Konfessionalismus die gegenseitige Verdammung und Abgrenzung in Leben, Lehre und Gestalt der Konfessionen einschließlich der Lebensgestaltung der Gläubigen vorherrschendes Muster war, ist es die neu errungene ökumenische Einsicht, diese in allen Lebensbereichen von Kirche, Gesellschaft und Politik wirksam gewordenen gegenseitigen Abgrenzungen zu überwinden. Johannes XXIII. hat für die katholische Kirche diese Einsicht zur Leitperspektive des Konzils gemacht. Die Lehre der Kirche muss den Menschen positiv dargelegt werden. Bestimmende theologische Prinzipien und Elemente des ökumenischen Zeitalters sind die offenbarungstheologische und heilsgeschichtliche Christuskonzeption, die Anerkennung und Wahrung der Autonomie und Freiheit der irdischen Wirklichkeiten, die Förderung von Gerechtigkeit, Frieden und Bewahrung der Schöpfung als Leitmotive für eine gerechte Welt und soziale Weltordnung. Diese neuen herausragenden theologischen Ideen prägen die theologischen Debatten innerhalb und außerhalb der katholischen Kirche wie kaum andere Fragen bis in unsere Zeit. Sie sind das Vermächtnis des Konzils für das einundzwanzigste Jahrhundert. Man kann es mit Benedikts XVI. Regensburger Rede von 2006 theologisch zugespitzt auf den Punkt bringen: „Nicht vernunftgemäß handeln, ist dem Wesen Gottes zuwider". Mit der hier mitschwingenden Abkehr vom konstantinischen Geist der Kirche trat die katholische Kirche definitiv in ein neues, ökumenisches Zeitalter ein.

An dieser historischen Stelle, die mit dem Konzil zusammenhängt, hat sich der Kirche erneut „ein Scheideweg im Verständnis Gottes“[52] aufgetan: „Das Neue der biblischen Offenbarung besteht darin, dass Gott sich im Dialog zu erkennen gibt.“[53] Grundlegend hierfür ist die Einsicht des Nachsynodalen Schreibens „Verbum Domini“: Im Prolog des Johannesevangeliums wird uns eine „Synthese des gesamten christlichen Glaubens“[54] geboten. Alles Sein steht unter dem Zeichen des Wortes, des Logos. Das hat Konsequenzen für das ganze Verständnis der christlichen Theologie: Im Anfang war der Logos, der Logos ist Wort und Vernunft zugleich, die Vernunft ist schöpferisch und dialogisch. Wenn dieser Logos Gott und Gott dieser Logos ist, dann gibt es außerhalb des vernünftigen, dialogischen Wesens Gottes keinen Gottesglauben und dann auch keine Verständigung über den Glauben ohne Vernunft und Dialog. Gott gibt sich dem Menschen im Dialog zu erkennen. Dann aber gibt es auch kein christliches Handeln außerhalb des Dialoges. Aber auch umgekehrt gilt: „Eine Vernunft, die dem Göttlichen gegenüber taub ist und Religion in den Bereich der Subkulturen abdrängt, ist unfähig zum Dialog der Kulturen“[55]. Das Konzil wollte den Anspruch des Evangeliums der Welt in seiner ganzen Größe und Klarheit zeigen.[56] Hier ist das Problem des Verhältnisses von Glaube und Vernunft angesprochen. Um diesen Dialog zwischen Glaube und Vernunft geht es dem Konzil, nicht darum, in apologetischer und kontroverstheologischer Manier die Irrtümer dieser Welt abzuweisen. Das setzt aber voraus, Glaube und Vernunft in eine positive Beziehung zueinander zu setzen. Deshalb gehören Wort Gottes, Glaube und Vernunft, Sendung und Dialog zum innersten Wesen des christlichen Glaubens. Auch der Mensch kann sich letztlich selbst nicht verstehen, wenn er sich diesem Dialog nicht öffnet.

Das ist die Botschaft des Zweiten Vatikanischen Konzils für das dritte Jahrtausend: Die missionarische Kirche, die ihre Botschaft

[52] Benedikt XVI., Glaube und Vernunft. Die Regensburger Vorlesung, Freiburg i. Br. 2006, 17.

[53] Benedikt XVI., „Verbum Domini“ (Anm. 34), Nr. 6.

[54] Ebd., Nr. 5.

[55] Benedikt XVI., Glaube und Vernunft (Anm. 52), 30.

[56] Vgl. Benedikt XVI., Ansprache (Anm. 40), 19.

allen Völkern verkündet, muss sich für die Glaubensfreiheit einsetzen und damit für das Recht auf Religionsfreiheit, d.h. für den Dialog mit den Religionen, für den Dialog mit den christlichen Kirchen und Gemeinschaften, mit allen Menschen guten Willlens. Paul VI., Johannes Paul II. und Benedikt XVI. haben mit ihren Reden vor der UNO hierfür ein unverrückbares und unverlierbares Zeichen für die Völker in unserer Zeit gesetzt. Diese Orientierung im Verhältnis von Kirche und Moderne ist in der Geschichte der Kirche neu. Sie ist nur oberflächlich und unzulänglich mit einer „Öffnung gegenüber der Welt" bezeichnet worden. Sie zu verstehen, geht nur mit einer richtigen Hermeneutik. Sie anzuwenden, ist Aufgabe der Konzilsrezeption.

1. Kapitel
Die Entdeckung der Ökumene in der katholischen Kirche

1.1. Die ökumenische Herausforderung zwischen I. und II. Vaticanum

Die Zeit zwischen dem Ersten und Zweiten Vatikanischen Konzil gilt heute als eine Zeit, in der die katholische Kirche zunehmend mit der Frage nach der kirchlichen Einheit aller Christen konfrontiert wurde. Im Laufe des 19. Jahrhunderts gewann die ökumenische Idee unter den nichtkatholischen Christen immer klarere Konturen und fand schließlich in der Gründung der Institutionen, die 1948 in den Ökumenischen Rat der Kirchen einmünden, auch eine konkrete Gestalt. Die ökumenische Bewegung stellte eine deutliche Herausforderung für die katholische Kirche und ihr Selbstverständnis dar, die sie zunächst abzuwehren suchte. Freilich begann die katholische Kirche in dieser Zeit auch ihr Verhältnis zur modernen Welt sowohl in geistiger wie religiöser wie politisch-gesellschaftlicher Hinsicht auf diese Herausforderungen neu einzustellen. Das Zweite Vatikanische Konzil hat diesem Prozess der globalen Veränderung für die katholische Kirche eine klare Richtung gegeben. Ausdruck hierfür sind nicht nur die dogmatischen Konstitutionen „Lumen gentium" und „Dei verbum", sondern ebenso die Pastoralkonstitution, das Ökumenismusdekret „Unitatis redintegratio" und die Erklärung über die Religionsfreiheit „Dignitatis humanae". Dabei tritt das Zweite Vatikanische Konzil als dasjenige Ereignis hervor, dass diese Wende der katholischen Kirche zur modernen Welt hin manifestiert. Insgesamt betrachtet kann diese 100-jährige Epoche der katholischen Kirche als eine Zeit bezeichnet werden, in der die Kirche und ihre Theologie auf die außerkirchlichen Entwicklungen zu reagieren beginnen. Erst mit dem Zweiten Vatikanischen Konzil gelingt es, die gesellschaftlichen und religiösen Entwicklungen stärker von innen her zu beeinflussen und

auch zu gestalten. Insoweit kann man von nachgeholten Modernisierungsprozessen in der Kirche sprechen.[57]
Wenn die Geschichte der ökumenischen Bewegung seit der Mitte des 19. Jahrhunderts weithin beschrieben werden kann ohne die innere und äußere Beteiligung der katholischen Kirche, muss das Zweite Vatikanische Konzil fast zwangsläufig als eine kopernikanische Wende in der Einstellung der katholischen Kirche zur modernen ökumenischen Bewegung hin bezeichnet werden. Diese Sicht herrscht heute sowohl im außerkatholischen wie auch in der katholischen, historisch orientierten Ökumenismusforschung vor.[58] In dieser Perspektive spielen drei Argumente eine wichtige Rolle:

(1.) Die katholische Kirche ist von der außerhalb ihrer selbst entstandenen ökumenischen Bewegung genötigt worden, auf diese Herausforderung zu antworten. Die katholische Kirche hat selbst nicht an der ökumenischen Idee von Anfang an mitgewirkt.[59]

---

[57] Vgl. zu dieser Epochenbeschreibung unter ökumenischer Perspektive H. Petri, Die römisch-katholische Kirche und die Ökumene, in: H.J. Urban / H. Wagner (Hg.), HÖ II, Paderborn 1986, 95f. Ich beschränke mich im Folgenden auf die in Deutschland vorherrschende Sicht.

[58] Vgl. dazu die Standardwerke St. Neill / R. Rouse, Geschichte der ökumenischen Bewegung 1517-1948, Göttingen 1957; G.H. Tavard, Geschichte der ökumenischen Bewegung, Mainz 1964; L. Swidler, The Ecumenical Vanguard. The History of the Una Sancta Movement, Löwen 1966; R. Frieling, Der Weg des ökumenischen Gedankens. Eine Ökumenekunde, Göttingen 1992 (KVR 1564), 123-134.

[59] Vgl. hier folgende knappe Sentenz: „Lange Zeit hindurch verweigerte die katholische Kirche den Dialog mit der ökumenischen Bewegung, obwohl sie immer wieder dazu eingeladen wurde. Diese Haltung ist uns heute unverständlich. Auch für ökumenisch aufgeschlossene Katholiken dieser Jahre war sie ein Rätsel. Die unbestreitbare Tatsache, dass auch innerhalb der ökumenischen Bewegung der damaligen Zeit manches noch ungeklärt war und manche wenig ökumenische, zum Indifferentismus neigende Kräfte am Werk waren, mag in etwa die Haltung der katholischen Kirche verständlich machen, kann sie jedoch nicht rechtfertigen. Noch 1954 waren trotz der Erfahrungen des Kirchenkampfes in Deutschland keine offiziellen katholischen Beobachter entsandt worden." (L. Klein, Der Ökumenische Rat der Kirchen, in: K. Algermissen, Konfessionskunde, Paderborn ^{8}1969, 860).

(2.) Die ökumenische Bewegung der ersten Hälfte des 20. Jahrhunderts ist katholischerseits von einigen Pionieren mitgetragen und mitgestaltet worden. Die Beteiligung von katholischen Laien an der sogenannten Una-Sancta-Bewegung ist oftmals auch gegen den Willen der Bischöfe erfolgt und stellt deshalb zumindest einen Akt des Ungehorsams gegen die kirchliche Autorität dar. Erst mit dem Zweiten Vatikanischen Konzil gelingt es, diese von unten erfolgte Bewegung durch einzelne, charismatisch geprägte Pioniere auch von oben her, das heißt von der Autorität der Kirche her zu akzeptieren.[60]

(3.) Die Geschichte der ökumenischen Bewegung ist weithin eine marginale Vorgeschichte zum Zweiten Vatikanischen Konzil. Erst mit dem Konzil gelingt es, die katholische Kirche an der ökumenischen Bewegung zu beteiligen.[61]

Diese drei Argumente beherrschen bis heute weithin die historisch orientierten Beschreibungen der Geschichte der ökumenischen Bewegung. Diese Sicht ist eine solche Selbstverständlichkeit, dass es bisher nicht gelungen ist, sie auf ihre Plausibilität hin zu befragen. Deshalb stellt es eine besondere Herausforderung dar, mithilfe neuerer historischer Einsichten und gründlicher archivalischer Arbeit diese herrschende Sicht zu kritisieren.[62] Dies geschieht in zwei verschiedenen Hinsichten. Die erste bestreitet in einer theologiegeschichtlichen Verortung des Ökumenismusdekretes den in der kirchlichen Obrigkeit einset-

---

[60] Vgl. etwa J. Kardinal Ratzinger, Theologische Prinzipienlehre. Bausteine zur Fundamentaltheologie, München 1982, 315f.: „Der Ökumenismus beginnt im katholischen Raum (und nicht nur in ihm) deutlich ‚von unten' her."

[61] Vgl. H. Petri (Anm. 57), 136.

[62] Dies geschieht für eine ganze Epoche bei J. Ernesti, Ökumene im Dritten Reich, Paderborn 2007 (KKTS 77). Schon in den Achtzigerjahren hat H.-G. Stobbe diese andere Sicht vorgetragen: „Es würde eine groteske Verzerrung der wirklichen Verhältnisse bedeuten, wollte man annehmen, die Sorge um die Einheit der Kirche stelle ein Anliegen dar, das ernstzunehmen die Autoritäten der katholischen Kirche erst in jüngster Zeit von ‚außen' wie von ‚unten' genötigt worden seien" (Lernprozeß einer Kirche. Notwendige Erinnerung an die fast vergessene Vorgeschichte des Ökumenismus-Dekretes, in: P. Lengsfeld [Hg.], Ökumenische Theologie. Ein Arbeitsbuch, Stuttgart u.a. 1980, 71-123).

zenden Wandel hin zur Akzeptanz der ökumenischen Idee. Diese Forschungsrichtung beschreibt den Prozess der Annäherung zur ökumenischen Idee als rein taktisches Verhalten unter den offenbar nicht zu verändernden doktrinalen ekklesiologischen Ausgangsbedingungen.[63] Diesem Beitrag der Kirchengeschichte zur ökumenischen Theologie und zur Geschichte der ökumenischen Theologie ist daran gelegen, eine unverändert durchgehaltene Grundüberzeugung von der katholischen Einheits-Doktrin festzuschreiben. Die andere Forschungsrichtung kann aufgrund gründlicher historischer Durcharbeitung archivalischer Bestände feststellen, dass die Beteiligung von katholischen Theologen, von Bischöfen und katholischen Laien viel intensiver war als bisher wahrgenommen wurde. Die Prägung einer theologisch-ökumenischen Gesprächsform geschah in Deutschland unter den politischen Voraussetzungen des Dritten Reiches gemeinsam durch evangelische und katholische Theologen. Darüber hinaus haben sich in Deutschland vor dem Zweiten Vatikanischen Konzil Bischöfe, und hier ist in erster Linie der Paderborner Erzbischof Lorenz Jaeger zu nennen, nachhaltig der ökumenischen Idee verschrieben und dafür gesorgt, dass ihre Errungenschaften auch in der katholischen Kirche ihre Heimat finden können. Bereits Anfang der vierziger Jahre beginnt der Prozess der Institutionalisierung der ökumenischen Idee in der katholischen Kirche, der mit der Errichtung entsprechender Institutionen einsetzt und mit der Gründung eines Päpstlichen Sekretariats zur Förderung der Einheit der Kirchen fortgeführt wird.[64]

Das Wissen um diese Formen der Institutionalisierung schließt dabei eine Lücke im Verstehen des Zweiten Vatikanischen Konzils. Der Einsicht, die heute immer wieder neu vorgetragen wird, erst mit dem Zweiten Vatikanischen Konzil beginne sich die katholische Kirche der ökumenischen Bewegung zu öffnen, muss daher deutlich widersprochen werden. Nimmt man die entsprechenden Kenntnisse aus der Zeit des Dritten Reiches hinzu,

---

[63] D. Burkard, … Unam Sanctam (Catholicam?). Zur theologiegeschichtlichen Verortung des Ökumenismusdekretes „Unitatis redintegratio" aus der Sicht des Kirchenhistorikers, in: Th. Franz / H. Sauer (Hg.), Glaube in der Welt von heute. Theologie und Kirche nach dem Zweiten Vatikanischen Konzil. Bd. 1: Profilierungen, Würzburg 2006, 57-109.

[64] J. Ernesti (Anm. 62).

ergibt sich eine bereits mit dem Jahre 1934 bis auf die Eröffnung des Zweiten Vatikanischen Konzils hinzielende Institutionalisierung der ökumenischen Bemühungen der katholischen Kirche in Deutschland. Ist die Sache der Ökumene eine Angelegenheit der Deutschen?[65] Oder hat sich nicht auch in Frankreich schon in den Zwanzigerjahren eine ökumenische Grundhaltung durchzusetzen begonnen?[66] Jedenfalls muss betont werden, dass die Deutschen in Sachen Ökumene eine besondere Verantwortung wahrnehmen wollten und diese auch entschieden verfochten haben.

Unter beiden Perspektiven lassen sich die vorhin aufgestellten Argumentationsstränge nicht mehr aufrecht erhalten. Die katholische Kirche hat sich intensiver, nachhaltiger und aktiver an der institutionellen Ausgestaltung der ökumenischen Idee und der Entstehung und Verbreitung der ökumenischen Bewegung beteiligt als dies bisher bekannt ist. Ökumene ist nicht nur „von unten“ gewachsen und „von außen“ aufgenötigt worden, sondern sie ist „von oben“ gestaltet und institutionalisiert und „von innen“ her betrieben worden. Das Zweite Vatikanische Konzil hat nicht allein die Wende zur Ökumene herbeigeführt, sondern ist selbst Ausdruck der längst im Gang befindlichen Entwicklung der ökumenischen Idee in der katholischen Kirche und bringt noch einmal eine neue Dynamik der ökumenischen Idee zur Geltung. Diese Dynamik einer neuen Entwicklung der ökumenischen Idee hat im Zweiten Vatikanischen Konzil und durch das Konzil neue Gestalt gewonnen. Das Konzil kann selbst als Ereignis der weltweiten ökumenischen Bewegung verstanden werden. Das wirft Fragen nach dem Verstehen des Konzils selbst auf.[67]

---

[65] Vgl. J.-M. Vereb (Anm. 49).

[66] Vgl. E. Fouilloux (Anm. 50).

[67] Vgl. hierzu W. Thönissen, Einleitung, in: W. Thönissen (Hg.), „Unitatis redintegratio“ (Anm. 28), 9-18; G. Wassilowsky, Zur Relevanz historischer Konzilsforschung (Anm. 28), 19-32.

1.2. DIE HISTORISCHE BEDEUTUNG DES ÖKUMENISMUSDEKRETES

Das Ökumenismusdekret „Unitatis redintegratio" wird seit langem als kopernikanische Wende im Verhältnis der katholischen Kirche zur ökumenischen Bewegung und zu den nichtkatholischen Kirchen und Gemeinschaften eingeschätzt. Diese Perspektive eröffnet sich freilich erst mit Blick auf die Vorgeschichte des Zweiten Vatikanischen Konzils. Allerdings operiert sie oftmals mit einer allzu schematischen Einteilung, in der die Zeit vor dem Konzil von der Zeit nach dem Konzil als zwei verschiedene Epochen unterschieden werden. Fast alle aktuellen Debatten um Wirkungsgeschichte und Rezeption des Zweiten Vatikanischen Konzils bewegen sich heute noch weitgehend in diesem Schema (vorkonziliar – nachkonziliar). So sehr sich diese Sicht in den letzten Jahrzehnten auch durchgesetzt hat, so darf nicht unberücksichtigt bleiben, dass das Ökumenismusdekret nicht gleichsam vom Himmel gefallen ist, sondern auf eine Entwicklung zurückzuführen ist, die lange vor dem Zweiten Vatikanischen Konzil begonnen hat. So kann das Ökumenismusdekret heute sowohl als Vertiefung eines bereits vor dem Konzil einsetzenden ökumenischen Prozesses wie auch als Neuausrichtung durch das Konzil begriffen werden. Insoweit betrachtet schließt das Ökumenismusdekret selbst eine ökumenische Epoche vor dem Zweiten Vatikanischen Konzil ab und eröffnet zugleich Wege in ein neues ökumenisches Zeitalter nach dem Konzil. „Unitatis redintegratio" eröffnet eine Dynamik eigener Art und ist durchaus als eine Vorwegnahme einer künftigen Entwicklung zu verstehen, die mit dem Konzil einsetzt und die zu dem damaligen Zeitpunkt niemand zu überblicken zu vermochte. Niemand konnte ahnen, in welchem Maße der Päpstliche Rat zur Förderung der Einheit der Christen selbst einmal als ein Zentrum der Begegnung der Weltchristenheit erscheinen wird. Niemand konnte die Fülle von Dialogen und Gesprächen vorhersehen, die heute rund um die Welt von Rom aus geführt werden. Als Papst Johannes Paul II. mit Führern der weltweiten christlichen Gemeinschaften zu Beginn des Heiligen Jahres 2000 die, wie er es selbst nannte, Schwelle der Hoffnung überschritt, indem er die Pforte der Kirche St. Paul vor den Mauern gemeinsam mit ihnen öffne-

te, so zeichnet dieses Ereignis ein klares Bild von den neuen Verhältnissen, die vor und mit dem Konzil begonnen haben.
Trotz aller Erneuerung greift „Unitatis redintegratio“ auf eine lange wirksame Tradition der Kirche zurück. Von den Bekenntnissen des vierten Jahrhunderts bis hin zur Enzyklika Leos XIII. „Satis cognitum“ von 1896, welche die damaligen Unionsbemühungen des Papstes zum Ausdruck brachte, spannt sich ein thematischer Bogen, in dem die katholische Kirche sich klar und deutlich für das Bekenntnis zur einen und einzigen Kirche ausgesprochen hat: Unam et unicam Ecclesiam catholicam credere. Das Zweite Vatikanische Konzil, „Unitatis redintegratio“ selbst, schreibt diese eine Tradition der Kirche in einem gewissen Sinne fort. Als eine und einzige ist die Kirche von Christus gegründet worden, heißt es im Vorwort des Ökumenismusdekretes: una et unica Ecclesia. Isoliert man diesen Satz vom sprachlichen und historischen Kontext des Dekretes, so erscheint eine ungebrochene Tradition. Erst der Vergleich mit „Satis cognitum“ von 1896 zeigt die „kopernikanische Wende“ auf, die „Unitatis redintegratio“ tatsächlich darstellt. Heißt es in „Satis cognitum“ noch ziemlich unverblümt, dass alle, die vom Weg und Willen Jesu Christi abweichen, dem Unheil und Untergang entgegengehen, so beschreibt „Unitatis redintegratio“ einen neuen Weg. Wohl wird das Bekenntnis zur Einheit der Kirche festgehalten, dennoch aber erkennt der Text an, dass mehrere christliche Gemeinschaften unter den Menschen Anspruch auf das wahre Erbe Jesu Christ erheben. Denn sie alle bekennen Christus als den Herrn und geben ihm durch ihr jeweiliges Zeugnis auf verschiedenen Wegen Ausdruck. Diese faktische Trennung widerspricht dem Willen Christi, heißt es nun, und es ist ein Schaden für die Predigt des Evangeliums. In der unvermittelten Konfrontation dieser beiden Zeugnisse der Kirche scheint auf, was das Zweite Vatikanische Konzil gegenüber der älteren Tradition wirklich leistet: den Verzicht auf die Verurteilung und Verdammung derer, die vor langer Zeit durch historische Umstände bedingt einen anderen Weg als Christen gingen. Stattdessen stellt es realistisch fest, dass es Trennungen in der Christenheit gibt. Zugleich wird aber auch der Anspruch auf die Gemeinsamkeit und das gemeinsame Bekenntnis festgehalten. Glaube und Taufe bilden

die Grundvoraussetzungen der in Christus gestifteten Gemeinschaft unter all denen, die zu Recht den Namen Christi tragen.

1.3. Die ekklesiologische Herausforderung

Bei genauerem Hinsehen entpuppt sich die „kopernikanische Wende" als eine sinnvolle und notwendige, aber allein nicht hinreichende Differenzierung im ekklesiologischen Selbstverständnis der katholischen Kirche. Natürlich ist in „Unitatis redintegratio" von der Kirche Jesu Christi die Rede. Sie ist eine einige und einzige, und zwar als Mysterium in und durch Christus (unitatis Ecclesiae sacrum mysterium). Allerdings setzt diese ekklesiologische Differenzierung genau da an, wo ein sakramental-geschichtliches Verständnis der Kirche eine Unterscheidung im Verhältnis von verborgener, die Kirche als Geheimnis als ganze betreffend, und der sichtbaren Kirche als irdischer Institution macht. Diese vorsichtige, auf dem Gedanken der Analogie beruhende Differenzierung führt eine Öffnung herbei und stellt zugleich eine epochale Wende im Verständnis und Verhältnis der katholischen Kirche zu den von ihr getrennten Kirchen und Gemeinschaften dar.
Von Anfang an ist klar, dass das Ökumenismusdekret nur zu verstehen ist, wenn es von der Kirchenkonstitution „Lumen gentium" her gelesen und interpretiert wird. So hält es der Text selber fest. So könnte man, um in einem Bild zu sprechen, darauf hinwiesen, dass gerade die durch das Konzil erneuerte Ekklesiologie, das sakramental-symbolische Verständnis von Kirche der Nagel ist, an dem die Ökumene hängt. Die ekklesiologischen Fragen stehen damit naturgemäß im Vordergrund der Interpretation des Ökumenismusdekretes. Das ist bis heute so geblieben. Nach und nach wird aber erst die ganze Tragweite dieser grundlegenden Entscheidung des Konzils klar. Von dorther sind auch Versuche zu werten, gerade an dem Verständnis der Subsistit-Idee zu arbeiten, um sie in ihrer für das eigene Selbstverständnis nicht unerheblichen Folgewirkung zu minimieren. Neuere Veröffentlichungen wollen nachweisen, dass der mit dem lateinischen Wort „subsistit" gemeinte Sachverhalt die bisherige grundlegende Intention der kirchlichen Tradition nicht aufhebe, son-

dern eher noch verstärke. Die Debatte geht also letztlich darum, ob die von „Lumen gentium“ eingeführte und von „Unitatis redintegratio“ durchgeführte Differenzierung auf die überwundene Ausgangsbedingung zurückzuführen ist. Entscheidend ist daher die Frage, ob das „Subsitit“ aus „Lumen gentium“ Nr. 8 in Zukunft als Öffnungsklausel in sprachlicher und begrifflicher Differenzierung im Kontext der erneuerten Ekklesiologie verstanden werden kann. Dabei hängt die Interpretation nicht am lateinischen „Subsistit“ selbst und allein, entscheidend ist der ekklesiologische Rahmen, der die Substanz des ekklesiologischen Denkens des Zweiten Vatikanischen Konzils enthält.

Die Herausforderung durch das sakramentale Kirchenverständnis, mit dem ein kommuniales Verständnis einhergeht und es in bestimmten Hinsichten vertieft, macht die Aufgabe einer durch das Konzil angeregten sakramentalen Denkform unverzichtbar. So unabdingbar diese Denkform erscheint, so erklärungsbedürftig ist sie. Verschiedene Interpretationen sind möglich, Folgerungen lassen sich in unterschiedliche Richtungen ziehen. Eines aber ist klar: das „Substitit“ zielt auf eine ekklesiale Existenzaussage. Hier öffnet sich der Blick auf sogenannte sakramental-kommuniale und ekklesiale Strukturelemente, die das Sein der Kirche in geschichtlichen und realsymbolischen Vollzügen definieren. Aber hier lauert auch seit langem ein tief sitzendes Missverständnis, das man eigens benennen muss. Gerade durch diesen sakramental-symbolischen Ansatz sind der Vollständigkeitsanspruch und die Wahrheitsfrage mitgestellt. Ein sich zunächst nahe legendes quantitatives Verständnis muss berechtigterweise zurück gewiesen werden. Zusätzlich kommt die Berechtigung der Communio-Ekklesiologie in den Blick. Gerade hier muss das unum-multum-Problem aufgegriffen und angemessen verstanden werden. Vielleicht muss man aber an dieser Stelle auch den theologischen Rahmen überschreiten. Oft handelt es sich um eine Frage der Erfahrung und des Selbstverständnisses. Ist die Kirche selbst insgesamt bereit, Pluralität offensiv aufzunehmen und sich selbst im Pluralen zu verorten? Diese Frage lässt sich, wie gesagt, nicht alleine nur theologisch beantworten.

Die ekklesiologische Kontextualisierung des ökumenischen Problems zeigt sich auch in formaler Hinsicht. Ist von Anfang an klar, dass „Lumen gentium“ der Referenzrahmen für „Unitatis redintegratio“ ist, so lässt sich bei klarer Analyse des Textbestandes nicht übersehen, dass es an einigen Stellen weit über diesen Referenzrahmen hinausragt. So sehr also „Unitatis redintegratio“ ekklesiologisch eingebunden bleibt, so sucht es doch zugleich Lösungen vorzubereiten, durch die eine geschichtlich nach vorne offene Gestaltung der ökumenischen Lage insgesamt vorbereitet werden soll.

Ein offenes Problem tritt gerade an dieser Stelle auf. Muss nicht die Frage gestellt werden, ob „Unitatis redintegratio“ sich von seiner ekklesiologischen Grundlage löst? Dieser Vorgang ist einigermaßen klar zu beschreiben: An keiner Stelle spricht „Lumen gentium“ von Kirchen und kirchlichen Gemeinschaften, die von der römisch-katholischen Kirche getrennt sind. Selbst an der Stelle, an der von nichtkatholischen Gläubigen die Rede ist, werden nicht Gemeinschaften in den Blick genommen, sondern nur Einzelne. Diese neue Sichtweise bringt erst „Unitatis redintegratio“ auf und formuliert dazu bereits Lösungen im Umriss. Ist im Überschritt von einzelnen nichtkatholischen Gläubigen zu den Gemeinschaften und Kirchen, denen diese Gläubige angehören, nicht die Einheit der unter dem Nachfolger Petri lebenden Kirche gefährdet? Auch hier hilft nur ein erweiterter Blick. Man muss nur die Perspektive auf die in „Lumen gentium“ aufgenommene Teilkirchen-Problematik richten, die ja auch innerhalb der katholischen Kirche selbst nicht ohne Probleme ist, so tauchen hier die alterwürdigen Patriarchatskirchen auf, gemeint sind natürlich zunächst die katholischen. Es lässt sich aber von hier aus unschwer der Horizont ausmachen, in dem das ökumenische Problem zu verankern ist. Von dorther betrachtet, leistet „Unitatis redintegratio“ diese Öffnung, nämlich aus dem Binnenkreis herauszutreten, um in den größeren Umkreis der von Rom getrennten Kirchen einzutreten. Insoweit zieht „Unitatis redintegratio“ nur die von „Lumen gentium“ gezeichneten Linien aus und vollzieht nun tatsächlich die vom Konzil selbst gemeinte Öffnung. Problematisch ist allerdings, dass dies nicht eigens hervorgehoben wird, sondern im Vollzug geschieht. Damit könnte der Eindruck entstehen, als ob „Unitatis redintegratio“ den Rahmen sprengen würde. Kritiker könnten deshalb auch diese von „Unitatis redintegratio“ vollzogene Öffnung dadurch konterkarieren, dass sie den Status dieses Dokumentes herabsetzen, indem sie es als rein pastoral bezeichnen. Was pastoral gemeint ist, stelle keine grundsätzliche Festlegung dar, und sei, so der eher polemisch gemeinte Vorschlag, deshalb nicht ernst zu nehmen und auch nicht anzuwenden. Schaut man aber genauer zu, so sieht man auch hier ganz deutlich, das „Unitatis redintegratio“ gerade die Gesichtspunkte und Argumente aufgreift, die „Lumen gentium“ stark macht. Das Neue geschieht in Treue und Nähe zur ekklesiologischen Tradition der Kirche. Zunächst einmal muss also dies als Ergebnis genügen: „Unitatis redintegratio“ vollzieht eine in Lumen gentium selbst angelegte Öffnung, die es genau benennt. Allerdings, mehr als eine Öffnung und eine erste Zeichnung des Horizontes ist nicht gemeint.

Im Verhältnis zu den von der katholischen Kirche getrennten Kirchen und kirchlichen Gemeinschaften verwendet das Ökumenismusdekret erstmals den Terminus „Communio“. Der Communio-Begriff findet zunächst Anwendung auf die getrennten orientalischen Kirchen; hier wird gar als erwünschtes Ziel die Wiederherstellung der vollen Gemeinschaft zwischen der katholischen Kirche und den von Rom getrennten Kirchen in Aussicht gestellt. Hier scheint auch eine Gleichbehandlung aller orthodoxen Patriarchatskirchen auf, die darauf schließen lässt, welche ekklesiologische Grundvoraussetzung bei der Betrachtung der Verhältnisbestimmung leitend ist. Aber auch im Blick auf die aus der Reformation hervorgegangenen Kirchen und Gemeinschaften gibt es dieses kommuniale Fundament, nämlich das durch die Taufe grundgelegte Band besonderer Verwandtschaft. Die einschlägigen Texte schwanken in der Einschätzung der Verhältnisbestimmung zwischen einzelnen Gläubigen und der Gemeinschaft, der die nichtkatholischen Gläubigen angehören. Dies alles aber deutet darauf hin, dass das Ökumenismusdekret die in „Lumen gentium“ enthaltenen Linien auszieht und damit selbst eine Verbindlichkeit beansprucht, die als abgeleitete dennoch zu beachten ist.

1.4. DIE VERBINDLICHKEIT DES ÖKUMENISMUSDEKRETES

Auf diese Verbindlichkeit deutet nicht zuletzt auch der für den Text gewählte Terminus „Dekret" hin. Das literarische Genus für Texte des Konzils ist nicht gänzlich neu, aber ziemlich ungewohnt. Wenngleich das Konzil bei der Beschreibung der ökumenischen Verhältnisbestimmungen auf die höchste dogmatische Festlegung, die das Zweite Vatikanische Konzil insgesamt gewählt hat, verzichtet, darf die Bezeichnung des Konzils als ein pastorales, das unter dem Diktum des Aggiornamento steht, auch nicht missverstanden werden. Sehr wohl trifft die Kirchenkonstitution mit der für ein Konzil höchsten Autorität Aussagen und damit auch Festlegungen, die als verbindlich zu betrachten sind. Im Ökumenismusdekret geht es wohl um die praktische Vermittlung des Ökumenismus auf der Grundlage der in „Lumen gentium" ausgeführten und festgehaltenen Prinzipien. Der Terminus „Dekret" weist darauf hin, dass die katholische Kirche sich nach außen wendet, also eine auf Dialog ausgerichtete Verhältnisbestimmung zu den Kirchen und kirchlichen Gemeinschaften vornimmt, mit denen bisher keine offiziellen Kontakte bestanden. Gerade dieses Konzil hat wie kein anderes Konzil zuvor eine positive Verhältnisbestimmung zur Welt vorgenommen und sucht deshalb eine Nomenklatur für die Texte, die eben diese Verhältnisbestimmung zu ihrem Inhalt haben. Hier geht es also nicht um die prinzipielle Festlegung kirchlicher Lehre unabhängig von solchen Bestimmungen, sondern um deren Auswirkungen auf die neu vorzunehmende Verhältnisbestimmung. Insoweit zeigt das Ökumenismusdekret Mittel, Wege und Weisen auf, diese Verhältnisbestimmung zu realisieren.

Das Ökumenismusdekret kann innerhalb der vom Konzil verabschiedeten Texte als ein Novum verstanden werden, aber ohne einen klaren Blick in die Vorgeschichte des Zweiten Vatikanischen Konzils ist es selbst nicht zu verstehen. Man muss sogar soweit gehen: Ohne die Berücksichtigung der seit der Mitte des 19. Jahrhunderts anhebenden ökumenischen Bewegung, die nun auch die katholische Kirche insgesamt auf allen Ebenen erfasst hat, gäbe es eine derartige Herausforderung für die katholische Kirche nicht. Insoweit erscheint es berechtigt, das Zweite Vati-

kanische Konzil selbst als ein Ereignis innerhalb der ökumenischen Bewegung des 20. Jahrhunderts zu verstehen. Berücksichtigt man also die Entwicklungen des 19. und 20. Jahrhunderts, so lässt sich festhalten, dass die zurückhaltende oder eher ablehnende Gesamthaltung der katholischen Kirche unter dem Eindruck neuer wichtiger gemeinsamer Erfahrungen sowohl nach dem Ersten wie auch nach dem Zweiten Weltkrieg zunehmend einer Zustimmung katholischer Kreise und auch katholischer Theologen zur ökumenischen Bewegung zu weichen beginnt. Schon vor dem Zweiten Vatikanischen Konzil, seit dem Ende des Zweiten Weltkrieges, kann man auf verschiedenen Ebenen eine positivere Grundhaltung erkennen. Das setzt sich vor allen Dingen in der zweiten Hälfte der 50er Jahre fort. Für Deutschland betrachtet sind die Gründung des sogenannten Jaeger-Stählin-Kreises und des Johann-Adam-Möhler-Instituts, die Neuherausgabe der Zeitschrift Catholica, die Gründung eines Referates für Fragen der Wiedervereinigung im Glauben innerhalb der Struktur der Deutschen Bischofskonferenz, aus der die spätere Ökumene-Kommission der Deutschen Bischofskonferenz hervorgeht, und die steigende Zahl der Mischehen deutliche, nicht zu übersehende Zeichen. Man kann daher von einem langfristigen Prozess sprechen. Das Konzil setzt Zeichen dadurch, dass es die bereits erkennbaren Tendenzen und Entwicklungen selbst aufnimmt und nun nach einer prinzipiellen Klärung im Rahmen einer Neuformulierung der katholischen Ekklesiologie sucht. Insofern ist diese Festlegung selbst auch ein Zeichen seiner Zeit, gibt also den Stand der 60er Jahre wieder. Man kann daher das Ökumenismusdekret, gerade weil es an diesem Prozesshaften partizipiert, wohl als grundlegende Orientierung und Wegmarkierung sehen, muss es aber auch als Vorwegnahme für das Kommende verstehen. „Unitatis redintegratio“ ist prinzipiell ekklesiologisch verankert und bildet die Grundlage für das Kommende, ist selbst aber Ausdruck einer zeitbedingten Orientierung.
Was prinzipiell über das Ökumenismusdekret als solches zu sagen ist, spiegelt sich im Text des Dekretes wider. Der Text lässt sich als ein aus verschiedenen Entwicklungslinien hervorgegangenes Konvolut unterschiedlicher und möglicherweise auch sich widersprechender theologischer Grundlinien verstehen. Der Prozess der Textwerdung über die verschiedenen Fas-

sungen vom ersten bis zum letzten Schema zeigt, was sich bereits vor dem Konzil abzeichnete und durch das Konzil bestimmt wurde. So haben wir es in „Unitatis redintegratio“ mit äußerst verdichteten Entscheidungssituationen zu tun. Das wird bestätigt durch Tagebuchnotizen von Theologen, die während des Konzils als Berater der Konzilsväter tätig waren. Für Paderborn ist es als Berater des späteren Kardinals Lorenz Jaeger der an der Theologischen Fakultät Paderborn lehrende Fundamentaltheologe Eduard Stakemeier. Seine vor kurzer Zeit aufgefundenen handgeschriebenen Konzilsnotizen weisen jedenfalls darauf hin, dass das Konzil selbst ein Ereignis war, das von vielen erhofft und geplant, aber in seinem Verlauf und seiner Entwicklung doch Neues und Überraschendes gebracht hat. So steht das Zweite Vatikanische Konzil immer wieder vor der Frage, in welchem Verhältnis die von ihm verabschiedeten Texte zur Tradition der neueren Reformkonzile stehen. Stakemeier hat hier insbesondere festgehalten, dass das Neue des Konzils gerade in der Hervorhebung der positiven Darlegung der kirchlichen Lehre besteht und nicht in deren Abgrenzung, wie sie in den letzten Jahrhunderten der konfessionellen Selbstbestimmung vollzogen wurde.

1.5. Die Nachgeschichte des Ökumenismusdekretes

Die Rezeptionsgeschichte des Konzils führt verschiedene im Text selbst angelegte Entwicklungslinien fort. Vor allen Dingen ist auf weiterführende Texte und Dokumente hinzuweisen, so unter anderem auf das Ökumenische Direktorium zur Ausführung der Normen und Prinzipien über den Ökumenismus von 1967 und 1993, auf die Enzyklika Papst Johannes Pauls II. „Ut unum sint“ von 1995, und vor allem auf die „Dokumente wachsender Übereinstimmung“, in denen die Ergebnisse der nach dem Zweiten Vatikanischen Konzil begonnenen bilateralen Dialoge gesammelt werden.[68] Insoweit ist klar, dass das Konzil

[68] Inzwischen sind vier Bände erschienen: Dokumente wachsender Übereinstimmung. Sämtliche Berichte und Konsenstexte interkonfessioneller Gespräche auf Weltebene [=DwÜ]. Bd. 1. 1931-1982. Hg. u. eingel. v. H. Mey-

etwas vorweggenommen hat, was sich erst nachher herauskristallisieren sollte. Gerade die Enzyklika „Ut unum sint" von Papst Johannes Paul II. führt einige wichtige grundlegende Elemente an und macht sie noch einmal in ihrer Bedeutung für die ökumenischen Fragen deutlich, so u.a. die schon vom Ökumenismusdekret herausgestellten Elemente der Heiligung und der Wahrheit auf der Grundlage der von „Lumen gentium" formulierten sakramentalen Ekklesiologie. So kann nunmehr in einer fortgeführten Begrifflichkeit festgestellt werden, und hierin besteht wohl eine bemerkenswerte Erweiterung des theologischen Wortschatzes: Außerhalb der katholischen Kirche besteht kein kirchliches Vakuum.[69] Aber auch dem ökumenischen Dialog wächst in der Rezeptionsgeschichte des Ökumenismusdekretes eine bedeutende Rolle zu. Im Blick auf einzelne grundlegende Heilselemente, wie etwa der Taufe, konnte man in den letzten Jahren Formen gegenseitiger Anerkennung finden, die nunmehr auch öffentlich und verbindlich festgeschrieben werden. Ein anderes Beispiel ist hier die in der Enzyklika des Papstes enthaltene Sichtweise vom Petrusamt innerhalb der ökumenischen Bewegung. Der Vorschlag, eine Form der Primatsausübung zu finden, die sich einer neuen historischen Sicht öffnet, ist als Wahrnehmung eines geschichtlich zu verstehenden Prozesses zu verstehen. Hier will der Papst selbst Veränderungen in der Ausübung der Rolle und der Funktionen innerhalb des in der Kirche verankerten Papstamtes wahrnehmen. Damit bestätigt die Enzyklika die Dynamik, die vom Ökumenismusdekret ausgelöst wurde.

Zur Wirkungsgeschichte gehört schließlich auch der im Dialog angesprochene Partner. Richtet das Ökumenismusdekret den

---

er, H. J. Urban, L. Vischer, Paderborn-Frankfurt a.M. 1983; Bd. 2. 1982-1990. Hg. u. eingel. v. H. Meyer, D. Papandreou, H.J. Urban, L. Vischer, Paderborn-Frankfurt a.M. 1992; Bd. 3. 1990-2001. Hg. u. eingel. v. H. Meyer, D. Papandreou, H. J. Urban, L. Vischer, Paderborn-Frankfurt a.M. 2003; Bd. 4. 2001-2010. Hg. v. J. Oeldemann, F. Nüssel, U. Swarat, A. Vletsis, Paderborn-Leipzig 2012.

[69] Johannes Paul II., Enzyklika „Ut unum sint" über den Einsatz für die Ökumene vom 25. Mai 1995/ Apostolisches Schreiben „Orientale lumen" an den Episkopat, den Klerus und die Gläubigen zum hundertsten Jahrestag des Apostolischen Schreibens „Orientalium dignitas" v. Papst Leo XIII. vom 2. Mai 1995. Hg. v. Sekretariat der Deutschen Bischofskonferenz, Bonn 1995 (VApS 121), Nr. 13.

Blick zunächst einmal ausschließlich auf die eigenen Grundlagen und von dort nach außen, ohne direkt den Partner anzusprechen, so ist es heute eine Selbstverständlichkeit, im Dialog Ergebnisse zu erzielen, an dem beide par cum pari beteiligt sind. Das Ökumenismusdekret hat diese Ebene der Gleichheit bereits angesprochen, aber das Konzil konnte dieses natürlich nicht leisten. Das ist vielmehr das Ergebnis des Dialoges, der somit in die Wirkungsgeschichte des Ökumenismusdekretes hineingehört. Die Vielfalt des heutigen, vom Päpstlichen Rat zur Förderung der Einheit der Christen geführten Dialoges ist überzeugend und beeindruckend, und zwar deshalb, weil hier mit Entschiedenheit und in einem hohen Grad an Verbindlichkeit die gemeinsamen Grundlagen des Christ-Seins bestimmt und festgehalten werden. Freilich darf bei all dem nicht die kritische Rückfrage unterbleiben, die derzeit vom evangelischen und orthodoxen Partner gestellt wird, ob nicht die Konzentration auf das klassische ekklesiale Selbstverständnis in eine Sackgasse führe und die Gespräche permanent blockiere. Von hierher ergeben sich wohl die wichtigsten Anfragen an den Dialog und seine Ergebnisse. Stellt das Konzil eher eine Öffnung denn eine klare neue Verhältnisbestimmung dar, so ist aus der heutigen Sicht ebenso klar, dass diese prinzipielle Haltung längst noch nicht in Richtung eines echten zweiseitigen Dialoges verändert werden konnte. Gerade die Partner im Dialog machen mehr als einmal deutlich, dass es keine Frage ist, dass Rom an der von der katholischen Einheit repräsentierten Fülle und Katholizität festhalte. Ist dies aber der Fall, so ist die Verhältnisbestimmung zu den von Rom getrennten Kirchen aus deren Sicht immer noch als eine abwertende Bestimmung zu verstehen, in der die Fülle von einem höchsten auf einen niederen Punkt jeweils reduziert betrachtet werden muss. Hier wird also die Ebene des par cum pari nicht wirklich eingeholt, sondern lediglich angezielt. Nicht ohne Grund leiden daher alle Gespräche über das Amtsverständnis und die Ekklesiologie an dieser ekklesialen katholischen Selbstwahrnehmung. Das aber heißt: Zur Wirkungsgeschichte des Ökumenismusdekretes gehört der Widerspruch durch den Partner, mit denen man sich im Dialog befindet, hinzu. Hier sind aber offensichtlich Lösungen bis heute nicht im Blick. Dies muss allerdings auch nicht als eine endgültige Antwort betrachtet werden.

1.6. Konzil der Ökumene, Ökumene des Konzils

Lässt man die hier präsentierten Gesichtspunkte noch einmal Revue passieren, so ist das Entscheidende darin zu sehen: Durch das Konzil ist eine längst in Bewegung befindliche Geschichte der Gemeinsamkeit und der Gemeinschaft neu in Gang gekommen. Das Konzil hat dies selbst offenkundig gemacht und dabei auch nochmals angeregt. Das Dynamische und Veränderliche dieses ökumenischen Prozesses darf insgesamt nicht übersehen werden. Es ist vielmehr das Entscheidende des Zweiten Vatikanischen Konzils. Deshalb wird es darauf ankommen, das Ökumenismusdekret nicht als einen Fixpunkt zu verstehen, der unveränderlich für alle Zeiten festgeschrieben erscheint, sondern selbst als Moment innerhalb eines nach vorne offenen Prozesses, von dem heute niemand weiß, wie die in ihm selbst angedeutete Gemeinschaft unter den Christen und unter den noch getrennten Kirchen aussehen wird. So hat das Konzil an der Einheit der christlichen Kirche festgehalten, aber durch die notwendig gewordene ekklesiologische Differenzierung den Weg für eine Gemeinschaft unter Christen und christlichen Kirchen eröffnet, die wohl hinter dieser Einheit, wenn nicht zurückbleibt, so doch nach einer dieser Einheit angemessenen und analogen geschichtlichen Gestaltung suchen muss. Wir wissen heute, dass die Forderung nach der Einheit der Kirche unterschiedliche Gestaltungsformen der Kirche nach sich zieht. Somit verweisen die Eckpunkte Einheit und Gemeinschaft nur zusammen auf das, was wir unter der Einheit der Kirche Jesu Christi zu verstehen haben. Darin ist das Erbe des Zweiten Vatikanischen Konzils selbst als Auftrag zu verstehen.

2. KAPITEL
OFFENBARUNG UND RECHTFERTIGUNG

2.1. OFFENBARUNG ALS SELBST-MITTEILUNG GOTTES

Nach jahrhundertelangen kontroverstheologischen Auseinandersetzungen setzte in der Mitte des 20. Jahrhunderts die Suche nach einer ökumenischen Verständigung in den seit der Reformation aufgebrochenen Fragen ein. Im Zentrum dieser gemeinsamen Bemühungen stand von Anfang an die Zentralfrage der Reformation, die Rechtfertigungslehre. Bereits zu Beginn der fünfziger Jahre trug Hans Urs von Balthasars Buch über Karl Barth zur Verständigung in der Gnadenlehre bei.[70] Noch mehr als dieses hat Hans Küngs Buch über Rechtfertigung die sich über 40 Jahre hinziehenden Bemühungen um die Lösung der kontroverstheologisch so schwierigen Frage nach dem Verhältnis von Rechtfertigung und Glaube eingeleitet.[71] Für den ökumenischen Dialog ausschlaggebend erwiesen sich schließlich auch die Arbeiten von Otto Hermann Pesch über die Theologie der Rechtfertigung und das mit Albrecht Peters gemeinsam konzipierte Einführungsbuch zur Gnaden- und Rechtfertigungslehre.[72] Die „Gemeinsame Erklärung zur Rechtfertigungslehre" (GER) vom Oktober 1999 kann daher zu Recht als Ernte jahrzehntelanger theologischer Bemühungen um die Rechtsfertigungslehre verstanden werden.[73]

---

[70] H.U. von Balthasar, Karl Barth. Darstellung und Deutung seiner Theologie, Einsiedeln 1951.

[71] H. Küng, Rechtfertigung. Die Lehre Karl Barths und eine katholische Besinnung, Einsiedeln 1957.

[72] O.H. Pesch, Theologie der Rechtfertigung bei Martin Luther und Thomas von Aquin, Mainz 1967, Nachdruck 1985 (WSAMA 4); O.H. Pesch / A. Peters, Einführung in die Lehre von Gnade und Rechtfertigung, Darmstadt 1981.

[73] Vgl. hierzu den Beitrag von Karl Lehmann, Einig im Verständnis der Rechtfertigungsbotschaft? Erfahrungen und Lehren im Blick auf die gegenwärtige ökumenische Situation. Eröffnungsreferat von Bischof Karl Lehmann bei der Herbstvollversammlung der Deutschen Bischofskonferenz in Fulda und Dokumente zur Gemeinsamen Erklärung über die Rechtferti-

In diesen zurückliegenden Jahrzehnten hat sich das Verständnis über Glaube und Rechtfertigung innerhalb der katholischen Theologie nicht wenig verändert. Hier stellt das Zweite Vatikanische Konzil, das sich nicht systematisch und zusammenhängend mit dieser zentralen reformatorischen Frage beschäftigte, einen kräftigen Markierungspunkt dar. Das ist bisher nur wenig thematisiert worden. Die vom Zweiten Vatikanischen Konzil inaugurierten theologischen Wendepunkte haben entscheidend auf die katholische Gnaden- und Rechtfertigungslehre eingewirkt. Wenn dadurch eine Neuorientierung in der Gnaden- und Rechtfertigungslehre eingeleitet werden konnte, so bildet gerade sie die Voraussetzung für die heutigen ökumenischen Annäherungen. Erst so ist die „Gemeinsame Erklärung zur Rechtfertigungslehre" möglich geworden.

2.1.1. Der Begriff der Offenbarung im Ansatz des heilsgeschichtlichen Denkens

Das Zweite Vatikanische Konzil hat einem neuen, in der katholischen Theologie des 19. und 20. Jahrhunderts bereits angelegten Offenbarungsverständnis zum Durchbruch verholfen.[74] Hatte das Erste Vatikanische Konzil den Begriff der Offenbarung noch auf die ewigen Ratschlüsse des göttlichen Willens bezogen (aeterna voluntatis suae decreta) und dabei auf die Wortoffenbarung eingegrenzt[75], so tritt im II. Vaticanum eindeutig die Kategorie der Selbstoffenbarung hervor. Der Schwerpunkt liegt nunmehr auf dem engen Zusammenhang von Wort- und Tatoffenbarung. Hier bedeutet die Dogmatische Konstitution über die Offenbarung „Dei verbum" (DV) einen epochalen Einschnitt.[76] Danach kann man den vom Konzil bedingten Grundsatz so formulieren: Durch seine Offenbarung will Gott sich selbst und seinen Heilswillen kundmachen. „Gott hat in seiner Güte und Weisheit be-

gungslehre, Bonn 1998 (VDBK 19), 8-16.

[74] Vgl. dazu insbesondere M. Seckler, Der Begriff der Offenbarung, in: HFTh 2 (1985) 60-83.

[75] DzH 3004.

[76] Vgl. dazu die Kommentare von J. Ratzinger und A. Grillmeier, in: LThK.E II (1967) 504-528, 528-557, 571-581.

schlossen, sich selbst zu offenbaren und das Geheimnis seines Willlens kundzutun, ...: dass die Menschen durch Christus, das Fleisch gewordene Wort, im Heiligen Geist Zugang zum Vater haben und teilhaftig werden der göttlichen Natur."[77] Die Offenbarungskonstitution „Dei verbum" zeigt im Denken der Offenbarung einen grundlegenden Wandel innerhalb der theologischen Tradition an. Offenbarung wird hinfort nicht mehr primär verstanden als Information über Gott und seinen Heilswillen im Sinne von Dekreten, sondern als Selbstmitteilung des dreifaltigen Gottes. Gott selbst ist es, der sich in seinem dreifaltigen Wesen als Gott offenbart. Gott offenbart nicht etwas, sondern sich selbst. So wird das ganze Heilsgeschehen dem Begriff der Offenbarung unterstellt. „Es gibt kein Heilsgeschehen außerhalb der Offenbarung."[78] Das II. Vaticanum gibt damit unter dem theologischen Hauptbegriff der Offenbarung einer radikalen Theozentrik Ausdruck. Als Charakteristikum erweist sich der Begriff des Mysteriums. Mysterium meint Geheimnis, das sich als Ereignis in die Welt hinein ereignet. „Mysterium" und „Offenbarung" gehören demgemäß zusammen. In der Offenbarung enthüllt sich das Mysterium Gottes selbst. Das II. Vaticanum hat die unter dem Begriff vom „mysterium salutis" vollzogene heilsgeschichtliche Wendung der katholischen Theologie erkannt, bestätigt und damit selbst befördert.[79]

Die Bewegung der Offenbarung geht ganz von Gott aus. Aus überströmender Liebe redet der unsichtbare Gott die Menschen wie Freunde an, heißt es entsprechend in der Offenbarungskonstitution.[80] Offenbarung geschieht auf Grund des allgemeinen Heilswillens Gottes, der sich trinitarisch vollzieht. Die Dogmati-

[77] DV 2.

[78] M. Seckler (Anm. 74), 66.

[79] Nachhaltig wurde das Konzept der Heilsgeschichte, wie es im Grundriss heilsgeschichtlicher Dogmatik realisiert wurde, durch Karl Rahner inspiriert. Mysterium Salutis steht selbst in einem engen Zusammenhang zum Zweiten Vaticanum (M. Löhrer, Zur Entstehung von Mysterium Salutis, in: J. Feiner / M. Löhrer [Hg.], Mysterium Salutis. Grundriß heilsgeschichtlicher Dogmatik. 5 Bde [=MySal]. Erg.Bd., Einsiedeln u.a. 1981, 36f.) Wirkungsgeschichtlich interessant, zumindest innerhalb der katholischen Theologie, ist der Beitrag von G. Bornkamm, Art. Mysterion, in: ThWNT 4, 827ff.

[80] DV 2.

sche Konstitution „Dei verbum" offeriert damit eine große trinitarische Komposition: Durch das Wort hat Gott alles geschaffen. Der Sohn, das ewige Wort Gottes, gibt den Menschen vom Innern Gottes Kunde. Er vollzieht das Heilswerk, das ihm der Vater aufgetragen hat, durch seinen Tod und seine Auferstehung. Dieses Heilsgeschehen vollendet sich schließlich durch die Sendung und den Beistand des Heiligen Geistes. Dass Gott sich so offenbart, zielt auf das Heil der Menschen. Heil bezeichnet als Zielpunkt des Offenbarungshandelns nichts anderes als das dem Menschen anteilgebende Wesen Gottes. Heil vollendet sich für den Menschen in der Gemeinschaft mit Gott. Offenbarung ist deshalb Heils-Geschehen, ist Zuwendung des Heils zum Menschen im Vollzug der Selbstoffenbarung, durch die Gott selbst die Gemeinschaft schafft, in die er die Menschen einlädt und beruft. Das ist der umfassende heilsgeschichtliche Rahmen, in dem die Offenbarungskonstitution den Begriff und das Verständnis der Offenbarung entfaltet. Erst dieser Rahmen ermöglicht die Überwindung des rein informationellen Offenbarungsbegriffs.

2.1.2. Offenbarung als Ereignis der freien und ungeschuldeten Selbstmitteilung Gottes

Die neuere katholische Theologie hat unter dem Einfluss der protestantischen Theologie – vor allem der Karl Barths – wesentlich zur Profilierung des Offenbarungsbegriffs im Sinne des allgemeinen Heilsverständnisses beigetragen. Der Offenbarungsbegriff kann danach als fundamentaler Begriff einer theoretischen Selbstverständigung des christlichen Glaubens charakterisiert werden. Offenbarung meint „eine seinshafte Selbstmitteilung Gottes".[81] Danach besagt Selbstmitteilung Gottes, „dass das Mitgeteilte wirklich Gott in seinem eigenen Sein"[82] ist. Karl Rahner hebt drei elementare Dimensionen hervor: Selbstmitteilung Gottes ist frei, ungeschuldet und absolut. Gott selbst ist es, der sich an das Nicht-Göttliche mitteilt. Der Geber ist in sich selber die

---

[81] K. Rahner, Grundkurs des Glaubens. Einführung in den Begriff des Christentums, Freiburg i.Br. u.a. 1976, 122.
[82] Ebd., 124.

Gabe.[83] Solche Selbstmitteilung ist ein „Akt höchster personaler Freiheit Gottes".[84] Er ist ein Akt absoluter freier Liebe. Insoweit ist dieser Akt ungeschuldet, weil er immer schon jedem endlichen Seienden gegenüber voraus ist. In dieser Fassung impliziert der fundamentale Begriff der Offenbarung als Selbstmitteilung Gottes den Grundsatz der rechtfertigenden Gnade. Denn Gegenstand der Selbstmitteilung Gottes ist der Mensch, dem sich Gott in seinem dreifaltigen Sein zuwendet. „Der allgemeine oder universale Heilswille Gottes meint die grundsätzliche Liebesabsicht Gottes, allen Menschen das Heil zu ermöglichen."[85] Der Mensch ist also das „Ereignis einer freien, ungeschuldeten und vergebenden, absoluten Selbstmitteilung Gottes".[86] Insofern muss also Selbstmitteilung Gottes als Gnade unterschieden werden von der Annahme der Gnade, die aber selbst noch einmal Ereignis der Gnade ist. So sieht man deutlich, dass der Begriff der Offenbarung unzweideutig in Kategorien der Gnade und der Rechtfertigung vorgetragen werden kann. Das ist das Thema der Theologie Karl Rahners, der damit die Debatte über das Verhältnis von Natur und Gnade seit dem Ende des Zweiten Weltkrieges weit gehend beherrschte.

Die im Begriff der Offenbarung als Selbstmitteilung festgemachte radikale Theozentrik ist zweifellos das Merkmal heutiger katholischer Theologie. Auf diesem Wege rückt die Gnadenlehre wieder in das Zentrum der Theologie. Gott selbst ist die Gnade. „Die Gnade ist die Selbstmitteilung Gottes, und zwar als Handeln Gottes in der Geschichte zum Heil der Menschen."[87] Freilich findet diese Fassung des Offenbarungsbegriffs nicht ungeteilte Zustimmung. Leo Scheffczyk erhebt gegenüber der gnadentheologischen Fassung des Offenbarungsbegriffs Bedenken. Der Offenbarung dürfe nicht der Charakter der Mitteilung von Wahrheit genommen werden, weil er dem Begriff der Gnade wesentlich nicht zukomme. Deshalb müsse notwendigerweise ei-

---

[83] Ebd., 126.
[84] Ebd., 129.
[85] G. Kraus, Gnadenlehre - Das Heil als Gnade, in: W. Beinert (Hg.), Glaubenszugänge. Lehrbuch der Katholischen Dogmatik. 3 Bde, Paderborn 1995, Bd. 3, 275.
[86] K. Rahner, Grundkurs (Anm. 81), 122.
[87] G. Kraus (Anm. 85), 259.

ne Unterscheidung zwischen Offenbarung und Gnade vorgenommen werden.[88] Schwerer noch wiegt das andere Argument. Der Begriff der Gnade allein tauge nicht dazu, das Verhältnis Gottes zum Menschen insgesamt zu erfassen. Gnade und Annahme der Gnade im Menschen müssen unterschieden werden, denn sonst drohe die Gefahr, dass Gott in seinem Wirken als Gnade zur Konstitution des Menschen selbst gehört. Dieser Einwand verband sich schon immer mit der gnadentheologischen Fassung des Begriffs der Offenbarung bei Karl Rahner und geht auf die frühe Auseinandersetzung mit Hans Urs von Balthasar zurück.[89] So ist also unschwer zu erkennen, dass wir es im Streit um den Begriff der Offenbarung mit einer zentralen theologischen Kategorie zu tun haben, die aus dem Umfeld der kontroverstheologischen Auseinandersetzungen stammt. Im Begriff der Offenbarung ist also nicht alles gesagt, was zum Verhältnis des frei sich zum Menschen hin verhaltenden Gottes gesagt werden müsste. Daher sind Differenzierungen angebracht. Hier hat die katholische Theologie für die Unterscheidung von Natur und Gnade plädiert.[90]

2.1.3. „Ungeschaffene“ Gnade als Inbegriff der Offenbarung

Gegenüber der antireformatorischen Betonung der so genannten geschaffenen Gnade (gratia creata) ist es eines der bedeutendsten theologiegeschichtlichen Ereignisse des 20. Jahrhunderts, dass die katholische Theologie sich zu einem theologischen Gesamtverständnis von der Gnädigkeit Gottes durchgerungen hat.[91] Als spezifisch christlicher Begriff fasst Gnade das gesamte Heilshan-

---

[88] L. Scheffczyk, Die Heilsverwirklichung in der Gnade. Gnadenlehre, in: L. Scheffczyk / A. Ziegenaus, Katholische Dogmatik, Bd. 6, Aachen 1998, 267.
[89] H.U. von Balthasar (Anm. 70), 308-313.
[90] L. Scheffczyk, Die Heilsverwirklichung (Anm. 88), 186.
[91] H. Mühlen, Gnadenlehre, in: H. Vorgrimler / R. van der Gucht (Hg.), Glanz der Theologie im 20. Jahrhundert. Perspektiven, Strömungen, Motive in der christlichen und nichtchristlichen Welt, Bd. 3, Freiburg i.Br. u.a. 1970, 148-192.

deln Gottes in Jesus Christus zusammen. Gnade ist der Mittelbegriff der ganzen Offenbarung. Gnade wird zum Inbegriff und zur Zusammenfassung des Evangeliums.[92] Gnade meint die ganze Wirklichkeit, durch die Gott den Menschen zum Heil, d.h. zur Gemeinschaft mit ihm, führt.[93] Unter dieser Voraussetzung ist Gnade kein Spezialthema der Theologie, sondern bestimmt die Grundlage aller theologischer und dogmatischer Gegenstände.

Mit diesen grundsätzlichen Ausführungen gelingt der katholischen Theologie die Rückbesinnung auf die so genannte ungeschaffene Gnade (gratia increata). Dies bedeutet zugleich eine entscheidende Überwindung der ding- und sachhaften Auffassung der Gnade, wie sie noch in der neuscholastischen Theologie weithin ausgeführt wurde. So nimmt etwa Joseph Pohle die grundlegende Einteilung der Gnade zwischen wirklicher (gratia actualis) und heiligmachender Gnade (gratia habitualis oder gratia iustificans) vor. „Die wirkliche Gnade ist ein übernatürlicher Beistand aus den Verdiensten Christi zu heilskräftiger Tätigkeit.“[94] Die heiligmachende Gnade bestimmt Pohle demgegenüber als eingegossenen Habitus. Über die Verhältnisbestimmung dieser beiden Grunddimensionen göttlicher Gnade hat es im vergangenen Jahrhundert eine lange Debatte gegeben. Sie führte schließlich zur Erkenntnis, dass die Zuwendung Gottes zum Menschen als die eigentliche Wirklichkeit der Gnade bezeichnet werden muss. Gnade ist primär der sich selbst dem Menschen gnädig zuwendende Gott. Sekundär und in strikter Relation zu dieser Auffassung ist die Gnade eine geschaffene Wirkung und zugleich Voraussetzung einer freien, den Menschen in sich verwandelnden und wahrhaft umschaffenden Annahme der Selbstmitteilung Gottes durch den Menschen. Ungeschaffene Gnade meint die persönliche Hingabe Gottes an den Menschen, geschaffene Gnade demgegenüber eine durch die Gnade geschaffene Wirkung am und im Menschen, auf Grund derer der Mensch fähig wird, Gottes Liebe anzunehmen und mit der eige-

[92] O.H. Pesch, Art. Gnade, in: NHThG 2, 119; ders., Freisein aus Gnade. Theologische Anthropologie, Freiburg i.Br. u.a. 1983, 76.

[93] G. Greshake, Gnade als konkrete Freiheit. Eine Untersuchung zur Gnadenlehre des Pelagius, Mainz 1972, 281.

[94] J. Pohle, Lehrbuch der Dogmatik, Bd. 2, Paderborn ^{6}1914, 368.

nen Hingabe zu antworten.[95] An die Stelle der Konzentration auf die Wirklichkeit der Gnade im Menschen tritt nun die Rückbesinnung auf deren Quelle, die Zuwendung Gottes zum Menschen.[96] Die Überzeugung, die so genannte geschaffene Gnade sei das Proprium der Gnadenlehre des Konzils von Trient, bestimmt die Ausformulierung der katholischen Gnadenlehre bis weit in das 20. Jahrhundert hinein. Danach wird Gnade als ein absolut übernatürlicher Habitus aufgefasst, der als akzidentelle Form, als Qualität in die Essenz der Seele, in die substanzielle Form des Menschen aufgenommen wird. Die Gnade bewirkt eine „Wiedererschaffung des begnadeten Menschen, wodurch dieser der göttlichen Natur teilhaftig wird".[97] Die Hervorhebung dieses katholischen Anliegens zeigt sich schließlich in der kaum mehr vermittelbaren und heute auch Unverständnis hervorrufenden Auffassung, die ungeschaffene Gnade folge der geschaffenen und ist deren Wirkung. Das hört sich bei Joseph Pohle folgendermaßen an: „Ihren höchsten und letzten Gipfelpunkt ersteigt die ganze Rechtfertigung durch die persönliche Einwohnung des Hl. Geistes in den Seelen der Gerechten … Adäquat betrachtet, besteht die persönliche Einwohnung Gottes folglich in einer doppelten Gnade: der geschaffenen (gratia creata) und der ungeschaffenen (gratia increata), aber so, dass jene die Grundlage und Voraussetzung der Letzteren und diese die Vollendung und oberste Spitze jener darstellt."[98] Hier erweisen sich die historisch notwendig gewordenen Differenzierungen im Begriff und im Begriffsgefüge der Gnade als eine schwere Hypothek im katholischen Denken.[99] Die theologische Notwendigkeit der gratia creata mag noch darin aufleuchten, dass es im Menschen einer übernatürlichen, Gott angemessenen Realität bedarf, „die gleich-

[95] G. Greshake, Geschenkte Freiheit. Einführung in die Gnadenlehre, Freiburg i.Br. u.a. 1977, 57ff.
[96] O.H. Pesch, Neubeginn in der katholischen Theologie, in: O.H. Pesch / A. Peters, Einführung (Anm. 72), Darmstadt 1981, [3]1994, 371.
[97] G.B. Sala SJ, Die „gratia creata" – Ein philosophisches Argument zum Beweis ihrer Existenz, in: FKTh 17 (2001) 259. Vgl. dazu auch: I. Willig, Geschaffene und ungeschaffene Gnade. Bibeltheologische Fundierung und systematische Erörterung, Münster 1964.
[98] J. Pohle (Anm. 94), 589ff.
[99] L. Scheffczyk, Die Heilsverwirklichung (Anm. 88), 261.

sam das verbindende Glied zum inneren Kontakt mit der ungeschaffenen, personalen göttlichen Gnade herstellt. Ohne ein solches real-physisches Element im menschlichen Geist, ohne ein dem Menschen innerlich anhaftendes übernatürliches Fundament wäre eine reale Beziehung des natürlichen Geistes zu einer göttlichen Person nicht zu leisten … So wird die geschaffene Gnade in Form der heiligmachenden Gnade und des übernatürlichen, bleibenden Gehabens als letzte und vollkommenste Disposition für das Einwohnen der ungeschaffenen Gnade verständlich."[100] Aber eine solche im System der Gnadenlehre berechtigte Auffassung vermag schließlich doch den personalen Charakter des Gnadengeschehens selbst nicht mehr angemessen zur Sprache zu bringen. Dass es sich bei der habituellen Gnade nicht um ein statisches Akzidens handelt, muss dann eigens immer erst erläutert werden.

Heutige katholische Gnadenlehre behauptet demgegenüber also zu Recht die Priorität der ungeschaffenen Gnade vor der geschaffenen. Sie muss auch als Wirk- und Zielursache verstanden werden. Die geschaffene Gnade ist demgegenüber die Folge der ungeschaffenen und hat in dieser ihren uneinholbaren Grund.[101] „Auf diesem Erklärungswege gewinnt die ungeschaffene Gnade, ohne dass der Bedeutung der geschaffenen Gnade Abbruch getan würde, die ihr eigentlich von ihrem Wesen her zukommende Dominanz in der komplexen Wirklichkeit der Gnade."[102] Das Grund-Folge-Verhältnis ist somit klargestellt: Die ungeschaffene Gnade, Gott selbst in seinem Wirken und Handeln nach außen, ist der Grund allen heilschaffenden Handelns, dem die Umkehr und die Erneuerung des Menschen als die von Gott hervorgerufene Handlung des Menschen folgt und nicht umgekehrt.

Die Konsequenzen für das katholische Rechtfertigungsverständnis liegen auf der Hand:

(1.) Die entscheidende Entdeckung der neueren katholischen Gnadentheologie ist die theologische Fassung der Gott-Mensch-Relation in personalen Kategorien. „Der Gefahr, die mittelalter-

---

[100] Ebd., 271.

[101] O.H. Pesch, Neubeginn in der katholischen Theologie (Anm. 96), 371.

[102] L. Scheffczyk, Die Heilsverwirklichung (Anm. 88), 273.

liche Theorie von der Gnade als ‚Qualität' dahin auszulegen, die Gnade sei in sich stehende, von Gott ‚hervorgebrachte' Wirklichkeit im Menschen, ist die Theologie nach dem 13. Jahrhundert nicht entkommen. Nun aber wird wieder klar: Gnade ist ein Vorgang unter Personen, ist personale Begegnung zwischen Gott, dem Vater, dem Sohne, dem Heiligen Geiste und dem Menschen."[103] Die ganze Gnadenlehre kann als personales Geschehen der Kommunikation von Gott und Mensch verstanden werden.[104] Dies bedeutet allerdings auch, dass die ganze Gnadenlehre im Horizont und in den Kategorien einer personalen Dialogik betrieben werden muss. Der Mensch hat es mit dem Gott des Heils zu tun, der ihn aus Liebe und Barmherzigkeit wie einen Freund anspricht, um ihn in seine Gemeinschaft einzuladen und zur Heiligkeit zu berufen.[105] Das hat zur Folge, dass mit der personal verstandenen und ausgelegten Gnadenlehre auch die personale Struktur des Menschseins aussagbar wird.[106]

(2.) Die Neuentdeckung des personalen Charakters allen Gnadenhandelns führt auch zu einer weit gehenden ökumenischen Annäherung. „Unter hermeneutischem und sprachtheologischem Aspekt verkennt heute kaum jemand noch, dass die Scholastik sich der Denk- und Sprachkategorien der aristotelischen Metaphysik bedient, um den Wirklichkeitsbezug des Glaubens zu reflektieren. Umgekehrt ist erkannt, dass Luther und die Reformatoren diese Sprechweise ablehnten, weil sie der Sprache der Bibel zu neuem Recht verhelfen wollten."[107] Soweit sich die „Gemeinsame Erklärung zur Rechtfertigungslehre" der Sprache der

---

103 O.H. Pesch, Neubeginn in der katholischen Theologie (Anm. 96), 372.

104 L. Scheffczyk, Die Heilsverwirklichung (Anm. 88), 274.

105 Siehe hierzu vor allem DV 2 und LG 39. Vgl. zu diesem Kontext die einschlägigen Ausführungen von Th. Pröpper, Freiheit als philosophisches Prinzip der Dogmatik. Systematische Reflexionen im Anschluß an Walter Kaspers Konzeption der Dogmatik, in: E. Schockenhoff / P. Walter (Hg.), Dogma und Glaube. Bausteine für eine theologische Erkenntnislehre, Mainz 1993, 177-192.

106 G. Greshake, Der dreieine Gott. Eine trinitarische Theologie, Freiburg i.Br. 1997, 173.

107 Lehrverurteilungen - kirchentrennend? I. Rechtfertigung, Sakramente und Amt im Zeitalter der Reformation und heute. Hg. v. K. Lehmann u. W. Pannenberg, Freiburg i.Br.-Göttingen 1986 (DiKi 4), 44.

personalen Dialogik bedient, bereitet sie damit den Konsens in der Sache vor: „Dieses neue personale Verhältnis zu Gott gründet ganz und gar in der Gnädigkeit Gottes und bleibt stets vom heilsschöpferischen Wirken des gnädigen Gottes abhängig, der sich selbst treu bleibt und auf den der Mensch sich darum verlassen kann. Deshalb wird die Rechtfertigungsgnade nie Besitz des Menschen, auf den er sich Gott gegenüber berufen könnte."[108] Das als Gnade beschriebene Wechselverhältnis von Gott und Mensch meint jene Dialogik des Glaubens, in der Gott als der in seiner Liebe Ursprüngliche und Freie, der Mensch aber als der zu dieser schlechthin ursprünglichen und erfüllenden Liebe Ermächtigte und zu freier Antwort Eingeladene erscheint. Diese Sicht wird erst einer Sprachlogik der Freiheit gerecht.

2.1.4. Rechtfertigung – Das zentrale Heilsgeschehen im Glauben der Kirche

Die heilsgeschichtliche und personal-dialogische Fassung der Gnadenlehre bereitet das Entscheidende in der Beschreibung der Begegnung von Gott und Mensch vor. Rechtfertigung erscheint darin als Zentrum und Höhepunkt des Gnadengeschehens und ist zugleich Zentralbegriff christlicher Heilslehre.[109] Die Inkorporation der Rechtfertigungslehre in die Gnadenlehre hebt deren Bedeutung eigens hervor. Die allgemeine Gnadenlehre bereitet die Rechtfertigungslehre vor, diese ist eine Explikation der Gnadenlehre.

Die zentrale Aussage katholischer Rechtfertigungslehre nach dem II. Vaticanum findet sich in folgender Passage der Kirchenkonstitution „Lumen gentium" (LG): „Die Anhänger Christi sind von Gott nicht kraft ihrer Werke, sondern aufgrund seines gnädigen Ratschlusses berufen und in Jesus dem Herrn gerechtfertigt, in der Taufe des Glaubens wahrhaft Kinder Gottes und der göttlichen Natur teilhaftig und so wirklich heilig geworden. Sie müssen daher die Heiligung, die sie empfangen haben, mit Got-

---

[108] Text der „Gemeinsamen Erklärung" [=GER] in: DwÜ 3, 419-441, hier 426, Nr. 27.

[109] L. Scheffczyk, Die Heilsverwirklichung (Anm. 88), 446.

tes Gnade im Leben bewahren und zur vollen Entfaltung bringen."[110] Wenn auch das Zweite Vatikanische Konzil keine gegenüber Trient revidierte Rechtfertigungslehre vorgelegt hat, so ist doch andererseits eine neue Orientierung des zentralen Rechtfertigungsgeschehens deutlich genug erkennbar. Das II. Vaticanum führt mit der Einbeziehung der Thematik der Heiligung eine neue Theozentrik bzw. Christozentrik ein, die jeden Verdacht auf Werkgerechtigkeit zerstreut. Christus ist allein Heiliger (solus Sanctus),[111] der sich für die Menschen hingegeben hat, um sie zu heiligen. Der hier aufgeführte zentrale Satz aus der Kirchenkonstitution lässt sich in einzelnen grundlegenden Aspekten entfalten und erläutern.

(1.) Christus ist allein Heiliger. Diese zentrale christologische Aussage wird im Kontext der Ekklesiologie, hier insbesondere im Zusammenhang des Kapitels über die allgemeine Berufung zur Heiligkeit der Kirche, entfaltet.[112] Die Kernthese dieses Abschnittes lautet zunächst: Christus ist es, der die Kirche als Ganze heiligt und zur Heiligkeit ruft. Christus hat sich für die Seinen hingegeben, um sie zu heiligen. Christus allein ist der Weg zum Heil (unus enim Christus).[113] Allgemeine Berufung zur Heiligkeit heißt dann in diesem Kontext: Es kommt nicht auf die moralische Vollkommenheit, nicht auf den sittlichen Heroismus des Menschen an, nicht durch sie erwirbt man Heiligkeit, sondern: Die den Erlösten ohne ihr Verdienst geschenkte Heiligkeit, die Gott selbst ist, ist Grund der Heiligung. Der Wille Gottes zur Versöhnung bildet die Grundlage für die Heiligungsgnade, die Christus den Menschen in seinem Tod und seiner Auferstehung schenkt. Die Fülle der Gnade ist Christus selbst. Die Gnade ist unabdingbar mit dem Versöhnungshandeln Christi verbunden. So heißt es deshalb zu Recht in der „Gemeinsamen Erklärung zur Rechtfertigungslehre": „Allein durch Christus werden wir gerechtfertigt, indem wir im Glauben dieses Heil empfangen."[114]

---

[110] LG 40.
[111] LG 39.
[112] Kapitel 5 umfasst die Nummern 39-42.
[113] LG 14.
[114] GER Nr. 16.

Alle Aussagen zur Gnaden- und Rechtfertigungslehre hängen an dieser klaren zentralen christologischen These.

(2.) Gnade ist Gottes ewiger Ratschluss, sein allgemeiner Heilswillle, der sich an den Einzelnen richtet. Der unsichtbare Gott redet die Menschen aus überströmender Liebe an, heißt es etwa in der Offenbarungskonstitution.[115] Gott will das Heil des Menschen, die Vergebung der Sünden und die Erneuerung des Menschen. Er selbst ist der gnadenhafte Ursprung des Heilswillens. Gnade ist Gott selbst in seinem Heilswillen, den er den Menschen kundtut.[116] Gnade heißt: Sie ist das barmherzige und liebende Sich-Hin-Neigen Gottes in Christus zum sündigen Menschen. Hier zeigt sich zwar eine Unterscheidung von Gnade und Rechtfertigung, wonach anzumerken bleibt: Gnade wird gemäß der klassischen katholischen Lehre immer auch als Gabe verstanden, als Geschenk. Dieses Geschenk ist aber niemals losgelöst vom Schenkenden selbst, Gnade lässt sich nie von Gott selbst ablösen und verselbstständigen. Gott handelt aus Gnade um des Menschen Heils willen. Dieses Sich-Hin-Neigen Gottes zielt auf den Menschen, den Gott als Adressaten anspricht. Ganz im Kontext dieser katholischen Verständigung sagt deshalb die „Gemeinsame Erklärung zur Rechtfertigungslehre“: „Dieses neue personale Verhältnis zu Gott gründet ganz und gar in der Gnädigkeit Gottes und bleibt stets vom heilsschöpferischen Wirken des gnädigen Gottes abhängig … Deshalb wird die Rechtfertigungsgnade nie Besitz des Menschen, auf den er sich Gott gegenüber berufen könnte.“[117]

(3.) Rechtfertigung geschieht durch Glauben in der Taufe. In der klassischen Sprache der katholischen Theologie geht es hierbei um die den Menschen heiligende Rechtfertigungsgnade. Im Zentrum steht der Vorgang der Rechtfertigung selbst, nämlich: die in Christi Erlösungstat geschehende Vergebung der Sünden und die dadurch bewirkte Überführung in den Stand der heiligmachenden Gnade, die hier nun – gegenüber der klassischen Spra-

---

[115] DV 2.
[116] DV 6.
[117] GER Nr. 27.

che der Gnadenlehre – einfacher Heiligung genannt wird. Gemeint ist: Diese Heiligung ist Geschenk. Sie zielt auf die Teilhabe an Gottes Wesen und Natur. Instrumentale Ursachen sind der Glaube und die Taufe. Die Taufe ist hierbei eindeutig das Sakrament des Glaubens, kein Werk des Menschen. Glaube und Taufe sind auf das Wort Gottes bezogen: „Die an Christus glauben, werden … durch das Wort des lebendigen Gottes (vgl. 1 Petr 1,23) wiedergeboren … aus dem Wasser und dem Heiligen Geist."[118] Die Taufe ist Bekenntnis des Glaubens. Schließlich ist die Taufe auf das Wachstum im Glauben angelegt. In diesem Sinne spricht katholische Theologie von der Mehrung der Gnade im Glauben. Gemeint ist: Gottes Gnade im Leben bewahren und zur Entfaltung bringen. Die „Gemeinsame Erklärung" sagt dazu im Kontext einer katholischen Verständigung: „Der Mensch wird als Hörer des Wortes und Glaubender durch die Taufe gerechtfertigt."[119]

(4.) Der Glaube ist personale Entscheidung. Die Offenbarungskonstitution „Dei verbum" führt hier zunächst als Kernsatz aus: „Dem offenbarenden Gott ist der Gehorsam des Glaubens zu leisten."[120] Hier kommt es darauf an, den ganzheitlichen Charakter des Glaubens hervorzuheben. Dazu weist der Text selbst auf den biblischen Begriff des Glaubensgehorsams hin, nämlich: „zum Gehorsam des Glaubens führen" (Röm 16,26; 1,5). Gehorsam (griechisch „upakoé") ist Terminus technicus der frühen Missionssprache und umschreibt die Bekehrung als Unterwerfung unter das Evangelium.[121] Gehorsam und Glauben stehen parallel,[122] im Blick ist nicht primär die Glaubensbotschaft, sondern der Glaubensvollzug. Wenn man von der Exegese her kommt, ist klar, wie zu interpretieren ist: Der Glaubensgehorsam bezieht sich auf die Christusoffenbarung, er meint die Annahme der Heilsbotschaft. Natürlich steht der knappe Text in der Offenbarungskonstitution „Dei verbum" in der Tradition des I. Vatica-

---

[118] LG 9.
[119] GER Nr. 27.
[120] DV 5.
[121] Vgl. hierzu U. Wilckens, Der Brief an die Römer, Zürich u.a. 1978, 2. verbesserte Auflage 1987 (EKK VI/1, 1. Teilband), 66.
[122] Ebd., 67.

nums; danach ist Glaube Zustimmung zu den von der Kirche vorgelegten Wahrheiten des Glaubens. Der Zusammenhang ist auch hier nicht aufzulösen: „Dieser Glaube aber … ist nach dem Bekenntnis der katholischen Kirche eine übernatürliche Tugend, durch die wir mit Unterstützung und Hilfe der Gnade Gottes glauben, dass das von ihm Geoffenbarte wahr ist.“[123] „Dei verbum“ bringt dieses Verständnis nun in den Zusammenhang des neuen Offenbarungsverständnisses ein und legt damit das Schwergewicht auf den inneren Glaubensvollzug, ohne die Tradition zu verdrängen. Die Antwort des Glaubens auf die Selbstoffenbarung Gottes ist also nicht in erster Linie und allein Zustimmung zu den Artikeln des Glaubens, sondern ein Sich-Einlassen auf Gott selbst. „Dieser Glaube kann nicht vollzogen werden ohne die zuvorkommende und helfende Gnade Gottes und ohne den inneren Beistand des Heiligen Geistes, der das Herz bewegen und Gott zuwenden, die Augen des Verstandes öffnen und ‚es jedem leicht machen muss, der Wahrheit zuzustimmen und zu glauben‘.“[124] Glaube ist also personale Hingabe, die sich in Liebe vollzieht. Der Glaube ist das persönliche Ja des Menschen zu Gott.[125] Nach der „Gemeinsamen Erklärung zur Rechtfertigungslehre“ heißt dies wiederum: „Glauben heißt, sich selbst ganz Gott anvertrauen.“[126] In diesen Glauben ist dann die Zustimmung zu den Wahrheiten der Offenbarung einbezogen. Noch einmal zeigt sich hier das neu bestimmte Verhältnis von Wort Gottes und Glaube: Das Wort Gottes ist Gottes Kraft zum Heil für jeden, der glaubt.[127] Die Verkündigung des Evangeliums ist ausgerichtet auf die Weckung des Glaubens an Jesus, den Christus. Der Glaube an Christus wird durch das Wort genährt.

(5.) Der Glaube wird durch die Liebe wirksam. „Jedem ist also klar, dass alle Christgläubigen jeglichen Standes oder Ranges

---

[123] DzH 3008.
[124] DV 5.
[125] Bilaterale Arbeitsgruppe der Deutschen Bischofskonferenz und der Kirchenleitung der Vereinigten Evangelisch-Lutherischen Kirche Deutschlands, Communio Sanctorum. Die Kirche als Gemeinschaft der Heiligen, Paderborn-Frankfurt a.M. 2000, 60, Nr. 113.
[126] GER Nr. 36.
[127] Vgl. DV 17.

zur Fülle des christlichen Lebens und zur vollkommenen Liebe berufen sind."[128] Der Glaube geht der Liebe voraus, nur in der Liebe wird der Glaube wirksam. „Jeder muss nach seinen eigenen Gaben und Gnaden auf dem Weg eines lebendigen Glaubens, der die Hoffnung weckt und durch Liebe wirksam ist, entschlossen vorangehen."[129] Die Liebe ist also kein Beitrag des Menschen zum Werk der Erlösung, sondern Erscheinungsform der rechtfertigenden Gnade Gottes selbst.[130] Im Zusammenspiel von göttlicher Gnade und menschlichem Mittun kommt der Gnade Gottes immer der Primat zu. Die Liebe selbst ist eine Gabe Gottes, die im Menschen Gestalt gewinnt. Wenn die Menschen „alles aus der Hand des himmlischen Vaters im Glauben entgegennehmen",[131] so machen sie dadurch die Liebe kund. So verstanden kann katholische Theologie vom Zusammenwirken mit Gottes Willen sprechen. Aber das Grund-Folge-Verhältnis bleibt auch hier gewahrt: Gott ist die Liebe, er gießt seine Liebe in unsere Herzen aus durch den Heiligen Geist. Jeder Gläubige muss das Wort Gottes bereitwillig hören, damit die Liebe wie ein Same wachse.[132] Auf das Engste hängt die Liebe mit der Rechtfertigung im Glauben zusammen. Die vergebende Gnade Gottes ist immer mit dem Geschenk eines neuen Lebens verbunden, das sich in tätiger Liebe, unter dem Wirken des Heiligen Geistes, auswirkt, so führt die „Gemeinsame Erklärung zur Rechtfertigungslehre" die katholische Differenzierung aus.[133] Im Glauben wird die Liebe entgegengenommen und verwirklicht. Deswegen nochmals: Jeder Gläubige muss das Wort Gottes bereitwillig hören. Der Glaube ist also das Erste und das Grundlegende. Die Liebe ist dann die Ausdrucksform des Glaubens, die ihm folgt. Durch die dem Menschen geschenkte Liebe kann dieser selbst als Gerechtfertigter und Erlöster leben. Die Liebe Gottes befähigt ihn, Gott über alles und den Nächsten zu lieben. „Nach katholischer Auffassung tragen die guten Werke, die von der Gnade und dem Wirken des Heiligen Geistes erfüllt sind, so

[128] LG 40.
[129] LG 42.
[130] O.H. Pesch, Freisein aus Gnade (Anm. 92), 233.
[131] LG 41.
[132] LG 42.
[133] GER Nr. 24.

zu einem Wachstum in der Gnade bei, dass die von Gott empfangene Gerechtigkeit bewahrt und die Gemeinschaft mit Christus vertieft werden", heißt es dazu in der katholischen Auslegung der „Gemeinsamen Erklärung zur Rechtfertigungslehre".[134] Wie ist hier von Mitwirkung zu reden? Nach katholischem Verständnis ist der Glaube ein Akt der Hingabe und des Glaubens, der den Verstand und den Willen des Menschen einschließt. Der Glaube ist von der Gnade Gottes erwirkt, die Antwort des Menschen, auch die von Gott geschenkte, ist eine Bewegung des Menschen auf Gott hin, personale Zustimmung des Menschen, aber kein Tun des Menschen aus eigenen Kräften. Die herangezogenen Texte des Konzils weisen klar und deutlich auf diese personale Zustimmung des Menschen hin. Es ist das Wirken des Heiligen Geistes, der das Herz des Menschen bewegt und Gott zuwendet, die Augen des Verstandes öffnet. Gott wirkt die Vervollkommnung des Glaubens „ständig durch seine Gaben".[135]

(6.) Die Gemeinschaft, die durch Teilhabe an Gott entsteht, ist Folge des rechtfertigenden Handelns Gottes. Darauf zielt das Geschehen der Rechtfertigung. Deshalb ordnet die Kirchenkonstitution das Thema der Rechtfertigung der Ekklesiologie zu. Der Glaube des Einzelnen, personal und individuell, kann nur in Gemeinschaft vollzogen werden. Der Grundgedanke, Gemeinschaft entsteht durch Teilhabe an Jesus Christus, lässt sich freilich erst im Kontext des Sakraments der Eucharistie entfalten. An dieser Stelle wird dann der Grundgedanke einer Ekklesiologie der Communio zu entfalten sein.

2.1.5. Konsequenzen für die katholische Theologie: Theologie ist Heils-Theologie

Die katholische Theologie ist bei den durch das Zweite Vatikanische Konzil hervorgerufenen Klärungen der Gnaden- und Rechtfertigungslehre nicht stehen geblieben. Die verschiedenen Ausführungen des Konzils markieren den Erkenntnisstand der 60er-

[134] GER, hier Nr. 38.
[135] DV 5.

Jahre des 20. Jahrhunderts. Sie dokumentieren noch den Umbruch in der Gnadenlehre, vom System der Gnaden und Gaben hin zu einem konzisen Heilsverständnis, das Gnade als Gottes Werk versteht, in das er den Menschen mit einbezieht und ihn zugleich befähigt, sich auf sein Werk vollends einzulassen. Die „Gemeinsame Erklärung zur Rechtfertigungslehre" von 1999 repräsentiert in diesem Zusammenhang bereits einen weitergehenden Stand der innerkatholischen Diskussion um Gnade und Rechtfertigung. „Es ist unser gemeinsamer Glaube, dass die Rechtfertigung das Werk des dreieinigen Gottes ist. Der Vater hat seinen Sohn zum Heil der Sünder in die Welt gesandt. Die Menschwerdung, der Tod und die Auferstehung Christi sind Grund und Voraussetzung der Rechtfertigung. Daher bedeutet Rechtfertigung, dass Christus selbst unsere Gerechtigkeit ist, derer wir nach dem Willen des Vaters durch den Heiligen Geist teilhaftig werden. Gemeinsam bekennen wir: Allein aus Gnade im Glauben an die Heilstat Christi, nicht auf Grund unseres Verdienstes, werden wir von Gott angenommen und empfangen den Heiligen Geist, der unsere Herzen erneuert und uns befähigt und aufruft zu guten Werken."[136] Es zeigt sich hier nun, dass die Aussagen der „Gemeinsamen Erklärung", welche die katholische Position widerspiegeln, sich in den Kontext der konziliaren Aussagen, die wir hier rekonstruiert haben, integrieren lassen. Was in den Texten des Zweiten Vaticanums noch fehlt, das ist die klare Hervorhebung und Positionierung der gemeinsamen Basis als Grundwahrheiten im Rechtfertigungsverständnis. Die Momentaufnahme lässt aber bereits erkennen, dass das Konzil selbst diesen Prozess der Veränderung bestätigt und bekräftigt. Deshalb ist die „Gemeinsame Erklärung" kein partikulares Ereignis innerhalb der katholischen Kirche, sondern ein erstrangiges Zeugnis eines umfassenden theologischen Veränderungsprozesses, an dem die katholische Kirche und ihre Theologie selbst teilhaben.

Unter dem Einfluss der neueren Rechtfertigungslehre lässt sich eine schärfere Fassung der heilsgeschichtlich konzipierten Theologie vornehmen. Die Bestimmung der Theologie als Heilstheologie gibt die neuere katholische systematische Theologie selbst

[136] GER Nr. 15.

zu erkennen, wenn sie formuliert: Theologie ist Soteriologie. Die Soteriologie ist kein regionaler Traktat im Gesamt der katholischen Dogmatik, sondern Fokus der ganzen Theologie. Theologie als Soteriologie heißt: Theologie ist die Rede von Gottes heilschaffendem Wirken.[137] Diese soteriologische Fassung der Heilsgeschichte zeigt deutlich auf: Das Heil kommt von Gott allein, er allein ist der Urheber des Heils, das er dem Menschen zuwendet, er wendet es dem Menschen zu, nicht ohne ihn zuvor darauf angesprochen zu haben, nicht ohne vom Menschen zu erwarten, dass er sich selbst aufmacht, um Gottes Heil entgegenzutreten. Zwar hatte dies schon das Konzil von Trient selbst gesehen, aber die Geschichte der Konfessionalisierung zeigt uns deutlich, dass diese Botschaft im Zeitalter der Unterscheidungen und Abgrenzungen nicht mehr verstanden wurde. Erst im 20. Jahrhundert ist es gelungen, diese Abgrenzungen zu überwinden und das Gemeinsame wieder in den Mittelpunkt zu stellen.

2.2. Offenbarung des Wortes Gottes als Heilige Schrift. Ökumenische Annäherungen

Die Wiederentdeckung der Gemeinsamkeit in der Überzeugung von der Autorität der Heiligen Schrift gehört zu den grundlegenden theologischen Verständigungen innerhalb der ökumenischen Bewegung des zwanzigsten Jahrhunderts. Das Gespräch über kontroverstheologische Themen, die über Jahrhunderte als kirchentrennend eingestuft wurden, kommt durch den Rückgang in den gemeinsamen Horizont der Bibel in Gang. Dieser Vorgang einer gemeinsamen Verständigung unter der Autorität der Heiligen Schrift kann selbst nicht hoch genug eingeschätzt werden, um den ökumenischen Dialog in seinem Verlauf und seiner Wirkung zu verstehen. Ich möchte daher im Folgenden das Augenmerk auf diese im Dialog nicht immer sichtbar gewordene, aber gemeinsam errungene fundamentale Erkenntnis richten, um da-

[137] Vgl. hierzu insbesondere D. Sattler, Im Geist Jesu Christi erlöst leben. Ansatz und Konsequenzen einer relationalen Soteriologie, in: Dies., Aufgebrochen. Theologische Beiträge, Mainz 2001, 244.

bei die Rede von der Autorität der Heiligen Schrift ins rechte Licht zu rücken. Um es auf einen Punkt zu bringen: Die gemeinsam vollzogene Anerkennung der Autorität der Heiligen Schrift als Wort Gottes hat den ökumenischen Dialog überhaupt erst möglich gemacht.

Von Beginn an bilden die Anerkenntnis der Bibel als gemeinsamer Grundlage des christlichen Glaubens und die Berufung auf die Heilige Schrift als dessen Norm die notwendige Voraussetzung für den beginnenden ökumenischen Dialog. „Die neuere Bibelforschung hat viel dazu beigetragen, die getrennten Kirchen zusammenzubringen, indem sie sie zum Zentrum der Heiligen Schrift und damit zur TRADITION leitete.“[138] Eine ganze Reihe internationaler bilateraler ökumenischer Dialoge hat diese Grundübereinstimmung in der Besinnung auf das biblische Zeugnis und der darin zum Ausdruck kommenden Verständigung über die Autorität der Heiligen Schrift bekräftigt. Sie bilden die Ausgangsbasis für die Gespräche. Dabei geht es darum, wie es der methodistisch-römisch-katholische Dialog zu Protokoll gegeben hat, „das Empfinden für die Autorität und Verbindlichkeit der Hl. Schrift wiederzugewinnen“.[139] Der Ökumenische Arbeitskreis stellte seine weiterführenden Überlegungen zur Frage der Lehrverurteilungen ausdrücklich unter die Fragestellung der Autorität der Heiligen Schrift und ihrer Auslegung als Grundlage der Verständigung.[140] Ohne eine Verständigung über die Autorität der Heiligen Schrift scheint demnach ein ökumenischer Dialog nicht möglich zu sein.[141]

---

[138] So die Vierte Weltkonferenz für Glauben und Kirchenverfassung, 12. bis 26. Juli 1963 in Montreal, in: Die Einheit der Kirche. Material der ökumenischen Bewegung. Im Auftrag des Referates für Glauben und Kirchenverfassung. Hg. v. L. Vischer, München 1965 (Theologische Bücherei 30), 201. „Wir unterscheiden in unserem Bericht zwischen verschiedenen Bedeutungen des Wortes Tradition … Mit der TRADITION ist das Evangelium selbst gemeint … Mit Tradition meinen wir den Traditionsvorgang. Der Begriff der Traditionen wird in einem doppelten Sinn gebraucht. Einerseits, wenn wir von der Verscheidenheit der Ausdrucksformen sprechen, andererseits aber auch, wenn von dem die Rede ist, was wir gemeinhin konfessionelle Traditionen nennen …“ (Ebd., 196).

[139] Denver-Bericht (1971), Nr. 36, in: DwÜ 1 (1983) 396.

[140] Lehrverurteilungen - kirchentrennend? I. (Anm. 107), 29-33.

[141] Verbindliches Zeugnis III. Schriftverständnis und Schriftgebrauch. Hg. v.

„Ich gebe zu, dass es recht ist, wenn die alleinige Autorität der Heiligen Schrift sämtliche Stimmen aller Sterblichen überstimmt. Doch wir streiten hier nicht um die Autorität der Heiligen Schrift. Dieselbe Heilige Schrift wird von beiden Parteien geliebt und verehrt. Um den Sinn der Heiligen Schrift geht unser Kampf."[142] Dass die Schrift selbst in der Kirche maßgebende Autorität hat, ist eine Überzeugung, die sowohl in der Alten Kirche als auch im Mittelalter gemeinsam vertreten werden konnte. Auch Luther bekannte sich uneingeschränkt zu dieser Tradition. Allerdings bedarf die Autorität der Schrift der sorgfältigen Erwägung. Im Streit mit Rom sah sich Luther immer stärker dazu genötigt, die Schrift mehr und mehr kritisch gegen bestimmte Traditionen und Lehrmeinungen geltend zu machen. Das von ihm angewandte Schriftprinzip hat also eine kritische Funktion, steht aber zur Zeit seiner Auseinandersetzung mit Erasmus noch nicht gegen die in der Kirche geltende Lehrauffassung von der Autorität der Heiligen Schrift. Hierin konnte er sich sehr wohl mit Erasmus einig sein. Nach Luther bedarf es aber einer ungleich schärferen Bemühung um den eigentlichen Sinn und den genauen Inhalt der biblischen Aussage, um die Schriftautorität recht zu verstehen. An dieser Stelle nahm Luther eine Bestimmung vor, die er zusehends gegen die herrschende Lehrmeinung zur Geltung brachte. Luther hat die Lehre von der Autorität der Heiligen Schrift in die bekannte Formel gebracht: Die Heilige Schrift legt sich selber aus – sacra scriptura sui ipsius interpres.[143] In diesem Grundsatz kommt die Auffassung zum Tragen, Gott begegnet uns im Wort. Dieses Wort ist mündliches Wort, darum lebendige Verkündigung. Deshalb ist die Schrift ganz aus sich selbst gewiss, weil

---

Th. Schneider u. W. Pannenberg, Freiburg i.Br.-Göttingen 1998 (DiKi 10) 292f.

[142] Erasmus von Rotterdam, Vom freien Willen, verdeutscht v. O. Schumacher, Göttingen ^{4}1979, 19.

[143] WA 7,97,23: „… ut sit ipsa per sese certissima, facillima, apertissima, sui ipsius interpres, omnium omnia probans, iudicans et illuminans" (Assertio omnium articulorum per bullam Leonis X. novissimam damnatorum). Vgl. dazu B. Lohse, Luthers Theologie in ihrer historischen Entwicklung und in ihrem systematischen Zusammenhang, Göttingen 1995, 204ff.

darin Gott selbst sich ausspricht. Heilige Schrift ist Gottes Wort. Deshalb sagt Luther gegen Erasmus: „Nimm Christus aus der Schrift: Was wirst du außerdem noch darin finden?“[144] Darum geht also der Streit: „Wir disputieren über das Wort Gottes.“[145] Mehr und mehr macht Luther gegen Erasmus und die herrschende kirchliche Lehre deutlich, dass das Wort Gottes nicht gebunden ist, sondern frei ist, sich zu binden, wo immer es sich selbst binden will.[146] Das aber heißt dann, die Schrift legt sich selber aus, weil Gott es selbst ist, der sich in der Schrift auslegt. So beginnt Luther zwischen der Schrift und Gott, zwischen Gott und der Schrift Gottes zu unterscheiden. Daher empfiehlt Luther dem Erasmus, zwischen dem Wort Gottes und Gott selbst zu unterscheiden.[147] Diese Unterscheidung ist nicht weniger scharf als die zwischen Schöpfer und Geschöpf, welche ebenfalls zwei Dinge sind.[148] Christus hat uns den Sinn der Schrift aufgetan, so dass wir die Schrift klar verstehen können. Das will Luther mit der Formel von der sich selbst auslegenden Schrift deutlich machen. Seine Formel richtet sich gegen die Tradition der Kirche, sie richtet sich gegen die Autorität der Kirche, weil sie sich demgegenüber einzig auf die Autorität Gottes selbst beruft. „Denn so gut werdens weder Concilia, Veter, noch wir machen, wens auch auffs höhest und beste geraten kan, als die heilige Schrifft, das ist Gott selbs, gemacht hat.“[149]

Hatte Erasmus eher der Erwägung und dem Argumentieren Raum gewährt, so will Luther Erasmus im Disput um die Autorität der Schrift beim Wort nehmen. So aber kommt ein Sachdialog nicht mehr zustande, urteilt Bernhard Lohse.[150] Wohl folgt Luther den einzelnen Argumentationen des Erasmus, aber er selbst will den Streit, und er führt ihn auf meisterhafte Weise.

---

[144] WA 18,606,28f. (De servo arbitrio); Übersetzung in: Martin Luther, Ausgewählte Werke. Hg. v. H.H. Borcherdt u. G. Merz, Ergänzungsreihe 1. Bd., München [3]1975, 16.

[145] WA 18,630,41 (Übersetzung [Anm. 144], 40).

[146] WA 18,628,39 (Übersetzung [Anm. 144], 38).

[147] WA 18,685,120 (Übersetzung [Anm. 144], 108).

[148] WA 18,606,12 (Übersetzung [Anm. 144], 15).

[149] WA 50,657,25-27 (Vorrede zum ersten Band der Wittenberger Gesamtausgabe 1539).

[150] B. Lohse (Anm. 143), 211-213.

Luther zielt auf den zentralen Inhalt der Heiligen Schrift, nämlich auf Christus. Christus ist der Inhalt der Heiligen Schrift, und aus ihm bezieht die Heilige Schrift allein ihre Autorität. Die Konsequenz, die Luther aus seiner Überzeugung zieht, geht schließlich doch in eine andere Richtung, als Erasmus sie im Sinn hatte. Erasmus hält die Autorität der Heiligen Schrift und die Auslegungskompetenz der Kirche zusammen fest, Luther zieht schließlich einen Schlussstrich unter den Disput mit Erasmus und setzt die Unterscheidung zwischen Gesetz und Evangelium durch. Die entscheidenden Aussagen der Schrift sind aus sich selbst heraus klar und eindeutig, sie bedürfen nicht mehr der Autorität einer vermittelnden Auslegungsinstanz. So bildet der Dialog zwischen Erasmus und Luther so etwas wie einen Nukleus im Blick auf die beginnende konfessionelle Auseinandersetzung.

Die Einheit der abendländischen Kirche bricht in der Mitte der Schrift, genauer: sie bricht im Verständnis der Autorität der Schrift auseinander. Sola scriptura auf der einen Seite, Schrift und Tradition auf der anderen Seite sind schließlich die Eckpunkte einer Entwicklung, welche die Konfessionen und ihre Lehren kontradiktorisch auseinander führte. Wolfhart Pannenberg hat die hier offenbar gewordenen Kernfragen einmal so zusammengefasst: „Die für den theologischen Dialog zwischen der römisch-katholischen und den reformatorischen Kirchen kontroverstheologisch relevanten Problemkreise in der Lehre von der Heiligen Schrift betreffen den Umfang des Kanons (beim Alten Testament), das Verhältnis von Schrift und Tradition, sowie das Verhältnis von Kirche und Schriftauslegung."[151] Im Kern ist es also die Frage, welche Funktion der Kirche und ihrem mit der Lehrverkündigung beauftragten Amt bei der Auslegung der Schrift zukommt. Findet die Selbstauslegung der Schrift gerade durch die authentische Schriftauslegung der Kirche statt? Oder bedeutet die Auslegung durch die Kirche eine Ergänzung des Schriftinhaltes, wie die Reformatoren argwöhnten? Die historisch-kritische Forschung, welche sich zu Beginn

[151] Zum Stand der Diskussion im Ökumenischen Arbeitskreis: Verbindliches Zeugnis II. Schriftauslegung – Lehramt – Rezeption. Hg. v. W. Pannenberg u. Th. Schneider, Freiburg i.Br.-Göttingen 1995 (DiKi 9), 9.

der Neuzeit ausbreitete, verschärft diese Frage nochmals, bringt aber auch die beiden Kontrahenten in einen neuen Sachbezug hinein. Die Stellung der Autorität der Schrift im Leben der Kirche, das ist das zentrale Problem, an dem die Einheit der abendländischen Kirche zerbricht.

2.2.2. Die Bibelbewegung und die Einheit der Kirche

Im 19. und 20. Jahrhundert erfolgte eine tief greifende Neubesinnung auf die Bibel in einem weltweiten Kontext. Diese Rückbesinnung auf die Bibel kann als entscheidender Impuls für die Entstehung der ökumenischen Bewegung verstanden werden.[152] Es sind zunächst Erweckung und Mission, die vom ausgehenden 18. Jahrhundert an eine Besinnung auf die Bibel mit sich brachten. Hier gebührt dem Pietismus das Verdienst, eine Konzentration auf die Bibel und ihre persönliche Anwendung hervorgerufen zu haben. Mit ausdrücklicher Bezugnahme auf die persönliche Erfahrung des Einzelnen hat der Pietismus eine existenzielle Dimension der Schriftauslegung betont. Ihr verdankt sich die Hinwendung zur Bibel. Im Horizont der persönlichen Erfahrung konnte die Bibel neu angeeignet werden. Der Pietismus hat auch zu einer intensiven Bibelverbreitung beigetragen. Es ist schließlich August Hermann Francke, der durch die Cansteinsche Bibelanstalt zu einer bis zum damaligen Zeitpunkt nie da gewesenen Verbreitung der Bibel beiträgt. „Erweckung und Mission forcierten die vom Pietismus ausgelöste Besinnung auf die Bibel.“[153] Durch die Entstehung der Bibelgesellschaften erhält die wachsende Bibelorientierung zugleich eine praktische Ausrichtung. Zu Beginn des 19. Jahrhunderts kommt es zur Gründung einer Vielzahl von Bibelgesellschaften, die das Bibellesen und die intensive Beschäftigung mit biblischen Themen förderten. Zusammen mit dem Gedanken der Verbreitung der Bibel kommen auch die entstehenden Missionsgesellschaften zu neuer

---

[152] Vgl. hierzu insgesamt M. Haudel, Die Bibel und die Einheit der Kirchen. Eine Untersuchung der Studien von „Glauben und Kirchenverfassung“, Göttingen 1993 (KiKonf 34).
[153] Ebd., 27.

Wirkung. Trachteten die Missionsgesellschaften danach, die Bibel bis an die Enden der Welt zu verbreiten, so stellte sich hier rasch der Gedanke einer notwendigen Zusammenarbeit unter den Gesellschaften ein. Das ist die Geburtsstunde der ökumenischen Bewegung am Ende des 19. Jahrhunderts, zunächst nur im protestantischen Umfeld. So führen Mission, Erweckung und die damit einhergehende Verbreitung der Bibel zur modernen ökumenischen Bewegung des 20. Jahrhunderts. Die Bibelbewegung trägt insoweit von Anfang an ökumenischen Charakter. Sämtliche ökumenische Aufbrüche des 19. Jahrhunderts lassen sich im Kontext der wachsenden Bibelorientierung festmachen.
Ging die Bibelorientierung im 19. und 20. Jahrhundert eindeutig vom Boden des Protestantismus aus, so vollzog sich doch auch in der römisch-katholischen Kirche eine Bibelbewegung, die sich freilich zunächst gänzlich anders darstellte. Vom Ausgang des Reformationszeitalters an bis in die Neuzeit hinein kann man nicht von einer Massenverbreitung der Bibel in Händen von katholischen Gläubigen sprechen. Dies war schon aus wirtschaftlichen oder auch technischen Gründen gar nicht denkbar. Nur der Adel, Klöster oder auch reiche Stadtpfarrkirchen und andere begüterte Organisationen und Institutionen konnten es sich überhaupt leisten, eine oder mehrere Bibeln zu erwerben. Aufgrund mangelnder Sprachkenntnisse und eines weit verbreiteten Analphabetismus konnte man von einem generellen Zugang zur Lektüre der Bibel innerhalb der katholischen Bevölkerung kaum sprechen. Das Wort Gottes wurde vielmehr in der Predigt, in der Katechese oder in den so genannten Armenbibeln verbreitet. Mittel der Verbreitung der Bibel und ihres Inhaltes stellten also in aller Regel andere Vermittlungsformen als das Lesen selbst dar.
Hier kann man einen charakteristischen Unterschied zwischen den im 16. Jahrhundert entstehenden Konfessionen feststellen. Gerade durch die Einführung des protestantischen Schriftprinzips, also die Beseitigung der hierarchischen Schranke im Blick auf die Verfügbarkeit der Heiligen Schriften, wurde der Weg für den breiten Zugang der Bevölkerung zur Bibel geebnet. Dies setzt Bildung und Kultur und natürlich auch die Fähigkeit zum Lesen der Bibel voraus. An dieser Stelle sieht man sehr deutlich, dass und inwiefern die Reformation zum Lesen der Bibel, ja zum

Lesen überhaupt erst angeregt hat. Nicht ohne Grund hält sich gerade im evangelischen Bereich bis heute hartnäckig das Vorurteil, dass Bildung, Kultur und Protestantismus eine innere Einheit bilden. Dennoch entspricht es aber der historischen Wahrheit, dass auch innerhalb der katholischen Bevölkerung gerade das Lesen der Bibel und die Erkenntnis der Teilhabe an der bürgerlichen Kultur nach und nach immer größeres Gewicht gewinnen. Die nur verspätet einsetzenden Bemühungen um die Bildung der katholischen Bevölkerung im 19. Jahrhundert lösen einen ähnlichen Effekt aus wie im Protestantismus des 16. und 17. Jahrhunderts. Hier kommen freilich die schon im hohen Mittelalter sich ausbreitenden Erneuerungsbewegungen, die man als konsequent biblisch bezeichnen kann, zu einer neuen Blüte. Gerade die im Mittelalter entstandenen Orden werden zum Hort einer neuen Bibelorientierung. Aber erst nach der Aufklärung kam es dann auch im katholischen Raum zu einer ungeahnten Vermehrung der Bibelübersetzungen und entsprechender Hilfsmittel zum Bibellesen. Maßgebliche Gestalt für die Entstehung einer neuzeitlichen katholischen Bibelbewegung war Johann Michael Sailer (1751-1832), Professor in Ingolstadt, Dillingen und Landshut, später Bischof von Regensburg. Sailer strebte eine pastorale Erneuerung ausgehend von einer innerkatholischen Erweckungsbewegung an. 1805 rief Georg Michael Wittmann, Regens und später selbst Bischof in Regensburg, die erste deutsche katholische Bibelgesellschaft ins Leben.[154]
Auch die Päpste im 19. Jahrhundert machten sich die Impulse der katholischen Bibelerneuerung zu eigen. Papst Leo XIII. forderte mit seiner Enzyklika „Providentissimus Deus“ vom 18. November 1893 die katholische Bibelarbeit in zeitgemäßer Form und öffnete der modernen historisch-kritischen Methode erstmals den Weg in die katholische Bibelauslegung.[155] Von hier ging eine liturgische und biblische Erneuerung aus, die im französischen und deutschen Sprachraum auch die ökumenischen Impulse umfasste. In diesem Klima innerkatholisch-biblischer

---

[154] Vgl. zum Ganzen P.-G. Müller, Die römisch-katholische Bibelbewegung und ihre Vorgeschichte, in: T. Berger / E. Geldbach (Hg.), Bis an die Enden der Erde. Ökumenische Erfahrungen mit der Bibel, Zürich-Neukirchen-Vluyn 1992 (Ökumene konkret 1), 38-69.
[155] DzH 3280-3294.

Erneuerung kam es zur Beteiligung katholischer Christen an der zunächst im Protestantismus entstandenen ökumenischen Bewegung. Die Enzyklika Pius XII. „Divino afflante spiritu“ vom 30. September 1943 führte dann zum entscheidenden Umschwung in der Verhältnisbestimmung der katholischen Kirche zum Bibellesen und zur wissenschaftlichen Exegese.[156]

Berücksichtigt man die zunächst unter ganz unähnlichen Voraussetzungen entstandenen Bewegungen, so stellt sich als gemeinsame Orientierung heraus: Sowohl die protestantische wie die katholische Bibelbewegung münden konsequenterweise in die ökumenischen Bemühungen ein. Darin spiegelt sich die Einsicht, dass die Bibel selbst den gemeinsamen Horizont bildet, in dem sich Christen insgesamt bewegen. Diese Erkenntnis, zunächst gewonnen aus Überlegungen zur Übersetzung und Verbreitung der Bibel in den jeweiligen Sprachgebieten, führt am Ende zu einer theologischen Erkenntnis. Diese zieht lediglich die Konsequenz aus den Entwicklungen, die sich fast von selbst ergaben. Die Bibel ist Ursprung und Norm des ganzen christlichen Lebens. So zeigt sich hier, dass die ökumenische Idee aus einer vielfältig gestalteten Bewegung hervorgegangen ist, deren Ausdruck sie ist, nicht deren Ursache.

2.2.3. Das gemeinsame Hören auf das Wort Gottes

Obwohl es seit der Zeit der Alten Kirche und besonders seit der Reformation unterschiedliche Auffassungen über den Umfang der Heiligen Schrift, deren Auslegung und über die damit verbundene Rolle der kirchlichen Lehrautorität gibt, vermögen diese als trennende Faktoren zu wertenden Divergenzen dennoch nicht zu verhindern, dass sich die neue ökumenische Einsicht immer stärker durchzusetzen beginnt: „Die Kirche lebt aus dem Wort Gottes, das ihr im Zeugnis der Heiligen Schrift gegeben ist.“[157] Es ist das Verdienst der ökumenischen Bewegung, zu dieser bemerkenswerten Verständigung beigetragen zu haben.

---

[156] DzH 3825-3831.

[157] Verbindliches Zeugnis I. Kanon – Schrift - Tradition. Hg. v. W. Pannenberg u. Th. Schneider, Freiburg i.Br.-Göttingen 1992 (DiKi 7), 371.

„Wir nennen gemeinsam die Heilige Schrift Gottes Wort, weil in ihr das Zeugnis der Propheten und Apostel, die Gott mit seinem Wort betraut hat, gültig zusammengefasst ist.“[158] Erst diese im ökumenischen Dialog gemeinsam errungene theologische Unterscheidung zwischen Gottes Wort und Heiliger Schrift, die Gottes Wort bezeugt, ermöglicht, die Differenzen in der Verhältnisbestimmung zwischen Schrift und Tradition zu lösen. Die Wahrnehmung dieser Grundunterscheidung kann als Urgestein der ökumenischen Verständigung gelten. So hat es auch das Dokument der Kommission für Glauben und Kirchenverfassung des Ökumenischen Rates der Kirchen schon 1963 formuliert: „Wir gehen davon aus, dass wir alle in einer Tradition leben, die auf unseren Herrn selbst zurückgeht und ihre Wurzeln im Alten Testament hat, und dass wir alle dieser Tradition insofern verpflichtet sind, als wir die geoffenbarte Wahrheit, das Evangelium, empfangen haben, wie es von Generation zu Generation weitergegeben wurde. So können wir sagen, dass wir als Christen durch die Tradition des Evangeliums (die Paradosis des Kerygmas) existieren, wie sie in der Schrift bezeugt und in und durch die Kirche kraft des Heiligen Geistes übermittelt worden ist. Tradition in diesem Sinne wird gegenwärtig in der Predigt des Wortes, in der Verwaltung der Sakramente und im Gottesdienst, in christlicher Unterweisung und in der Theologie, in der Mission und in dem Zeugnis, das die Glieder der Gemeinde durch ihr Leben für Christus ablegen.“[159] Die Rede von der Autorität der Heiligen Schrift dokumentiert die im Dialog zurückgewonnene gemeinsame Überzeugung von der Normativität des Wortes Gottes. Deswegen heißt es zu Recht: „Wir lehren gemeinsam die unüberbietbare und unersetzbare Autorität der Heiligen Schrift.“[160]

Aus historischer Betrachtung heraus ist es Karl Barth gewesen, der durch seine emphatische Betonung der Theologie des Wortes Gottes die katholische Theologie zu einer eigenen Rückgewin-

[158] Bilaterale Arbeitsgruppe der Deutschen Bischofskonferenz und der Kirchenleitung der Vereinigten Evangelisch-Lutherischen Kirche Deutschlands, Kirchengemeinschaft in Wort und Sakrament, Paderborn-Hannover ²1985, 17.
[159] Der Text in: Die Einheit der Kirche (Anm. 138), 196.
[160] Kirchengemeinschaft in Wort und Sakrament (Anm. 158), 18.

nung der Theologie des Wortes Gottes bewegt hat.[161] Obwohl Karl Barth mit der Ausformulierung der Lehre vom Worte Gottes keineswegs ökumenische Verständigung erzielen wollte, so ist doch gerade umgekehrt die von ihm eingeleitete Abkehr von der liberalen protestantischen Theologie katholischerseits als Einkehr in die ökumenische Bewegung verstanden worden. Ohne diese Abkehr vom liberalen Protestantismus hätte es eine ökumenische Verständigung auf katholischer Seite wohl kaum gegeben. „Kritischer müssten mir die Historisch-Kritischen sein!",[162] diese Kritik an der historisch-kritischen Methode innerhalb der protestantischen Theologie verstanden katholische Theologen als Aufruf zur Rückkehr und Hinwendung zur Sache, von der die Theologie zu reden hat. Diese Sache heißt Jesus Christus. Dieser Ruf zur Sache wurde in der katholischen Theologie als Ruf zum gemeinsamen Nachdenken über das Wort Gottes verstanden. Lorenz Kardinal Jaeger, der Gründer des Johann-Adam-Möhler-Institutes, hat es zur Eröffnung des Institutes in seinem Referat klar und deutlich zum Ausdruck gebracht: „Weil es in der evangelischen Theologie nun wieder Hinwendung zur Offenbarung, zu Gott in Christus, zum Worte Gottes gibt und auch wieder die Zwei-Naturen-Lehre und z.T. sogar die Jungfrauengeburt gelehrt wird, ist ein echtes Gespräch mit ihr möglich."[163]

Die Hinwendung zu einer Theologie des Wortes Gottes und die Einkehr in die gemeinsame Bibelbewegung als ökumenischer Bewegung erscheinen hier wie zwei Seiten ein und derselben

---

[161] K. Barth, Die Kirchliche Dogmatik I/1. Die Lehre vom Wort Gottes, München [2]1935.

[162] „Kritischer müssten mir die Historisch-Kritischen sein! Denn wie ‚das was da steht' zu verstehen ist, das ist nicht durch eine gelegentlich eingestreute, von irgend einem zufälligen Standpunkt des Exegeten bestimmte Wertung der Wörter und Wortgruppen des Textes auszumachen, sondern allein durch ein tunlichst lockeres und williges Eingehen auf die innere Spannung der vom Text mit mehr oder weniger Deutlichkeit dargebotenen Begriffe. *Krinein* heißt für mich einer historischen Urkunde gegenüber: das Messen aller in ihr enthaltenen Wörter und Wörtergruppen an der Sache, von der sie, wenn nicht alles täuscht, offenbar reden …": K. Barth, Der Römerbrief, Zürich [11]1976, XII (Vorwort zur zweiten Auflage).

[163] L. Kardinal Jaeger, Einheit und Gemeinschaft. Stellungnahmen zu Fragen der christlichen Einheit, Paderborn 1972 (KKTS 31), 69.

Medaille. Das eine ist die von Menschen getragene Bewegung, das andere die von Theologen geführte Reflexion über dieses Phänomen der gemeinsamen Verständigung im Worte Gottes. So mag denn die emphatische Formulierung doch zutreffen: Allein die Autorität der Heiligen Schrift vermag die christlichen Bekenntnisgemeinschaften in ein Gespräch miteinander zu bringen. Die Einkehr in das gemeinsame Gespräch in der Mitte des 20. Jahrhunderts ist der Erweis dieser christlichen Urtatsache. Christen haben einen gemeinsamen Bezugspunkt, das ist die Offenbarung des Wortes Gottes in Jesus Christus, wie sie im Zeugnis der Heiligen Schrift zum Ausdruck kommt. Durch die Heilige Schrift hören wir Gottes Wort. Eine größere Gemeinsamkeit können Christen nicht zum Ausdruck bringen.

2.2.4. Das Bekenntnis zu Jesus Christus

Die Rückgewinnung der grundlegenden Perspektive von der Autorität der Heiligen Schrift zählt zu den zentralen Vorgängen innerhalb der ökumenischen Bewegung und der ökumenischen Theologie des 20. Jahrhunderts. „Ist von Autorität der Bibel in spezifischem Sinn die Rede, dann ist daran gedacht, dass sie Gottes Wort hörbar macht und so Menschen zum Glauben führen kann. Sie hat dann nicht Autorität als Schriftstück oder wegen ihres literarischen Wertes und auch nicht als die älteste Urkunde des apostolischen Zeugnisses, sondern ihre Autorität liegt darin, dass Menschen von dieser Botschaft ergriffen werden, dass sie aus der Bibel Gottes Anrede vernehmen. Diese Autorität ist freilich letztlich die Autorität Gottes selbst und nicht diejenige der Bibel als Buch. Die Bibel kann in diesem Sinn Autorität nur beanspruchen, weil sie durch ihr Zeugnis Gott selbst und seine Autorität erkennbar werden lässt. Sie hat daher immer nur abgeleitete Autorität. Wer freilich in der Bibel einmal dem lebendigen Gott in Christus begegnet ist, der wird immer wieder von neuem zu dieser Quelle zurückkehren.“[164]

[164] Die Autorität der Bibel, in: Löwen 1971. Studienberichte und Dokumente der Sitzung der Kommission für Glauben und Kirchenverfassung. Hg. v. K. Raiser, Stuttgart 1971 (ÖR.B 18/19), 12.

Es gehört zu den grundlegenden Erkenntnissen ökumenischer Theologie, den Gedanken von der Autorität der Heiligen Schrift als Klammer zwischen den kontroverstheologisch verhärteten Positionen neu zur Geltung zu bringen. Die Emphase, die sich heute in der Markierung dieser gemeinsamen Verständigung zum Ausdruck bringen lässt, ist kaum zu überbieten: Ursprung und Norm der Kirche und ihrer Lehre ist die Heilige Schrift. Während über Jahrhunderte hinweg seit der Zeit der Reformation die Verständigung über die Autorität der Schrift in den kontroverstheologischen Positionen verharrte – hier die Verhältnisbestimmung von Schrift und Tradition und dort die Lehre von der Selbstauslegung der Schrift –, gewinnt im 20. Jahrhundert die Einsicht Raum, dass es allein der Autorität der Heiligen Schrift als Zeugnis des Wortes Gottes gelingen kann, die wie verfeindet erscheinenden Positionen letztlich zu überwinden. Während evangelischerseits die Einsicht in den Traditionsprozess der Evangeliumsverkündigung die Selbstauslegung der Schrift nicht verhindert, sondern hervorbringt, so gewinnt auf der anderen Seite die Einsicht vom Worte Gottes als Inhalt von Schrift und Tradition die Oberhand und setzt sich als Bindung des Lehramtes der Kirche an das Wort Gottes durch: „Das Lehramt ist nicht über dem Wort Gottes, sondern dient ihm, indem es nichts lehrt, als was überliefert ist.“[165] Es gelingt dem Zweiten Vatikanischen Konzil auf diesem Wege, die Autorität der Schrift im Blick auf das Leben der Kirche so zu positionieren, dass damit das reformatorische Anliegen der Selbstauslegung der Schrift zumindest ansatzweise zum Tragen kommt. Umgekehrt ist nicht zu leugnen, dass auch die Schrift selbst sich einem Traditionsprozess verdankt, ohne den sie nicht lebensfähig ist. Beides ist erst möglich dadurch, dass an der Spitze der Hierarchie der Wahrheiten allein die Heilige Schrift als Zeugnis des Wortes Gottes zu stehen kommt. Darin macht sich die Autorität der Heiligen Schrift bemerkbar, dass sie diese Hierarchie der Wahrheiten zuallererst möglich macht. Im Lichte dieser gemeinsamen Einsicht verlieren die kontroverstheologischen Differenzen ihre kirchentrennende Wirkung. Nicht mehr und nicht weniger bewirkt diese Grundeinsicht die Umkehr in der Sichtweise der bisherigen

[165] DV 10.

theologischen Positionen, die man über Jahrhunderte hinweg für unüberwindbar gehalten hat.
Darin macht sich freilich die Grunderkenntnis geltend: Jesus Christus ist Quelle und Norm des ganzen christlichen Lebens. Darin gründet die Autorität der Heiligen Schrift. „Je mehr wir auf Jesus Christus zugehen, umso näher kommen wir einander."[166] Das hohe Maß an gemeinsamer Verständigung hängt mit dieser Grundtatsache zusammen: Christus selbst ist es, der uns in die Einheit führt. „Die christlichen Kirchen bekennen gemeinsam, dass sich Gott, der Schöpfer und Erhalter, in Jesus Christus endgültig als Gott des Lebens kundgetan hat: Gott belebt alle seine Geschöpfe durch seinen Geist; er befreit alle Menschen aus den Fängen der Sünde und des Todes und vollendet alles Gute, das in ihm seinen Ursprung hat."[167] Wie sehr dieser heilsökonomische Grundsatz von der Selbstoffenbarung Gottes die Autorität der Schrift begründet und von dieser Autorität der Schrift ausgehend die gesamte Theologie durchdringt, ist eine Entscheidung, die immer neu ins Gedächtnis und ins Bewusstsein gerufen werden muss. Hier hat das Zweite Vatikanische Konzil zu neuer Klarheit verholfen: Jesus Christus ist es, der die Wahrheit der Offenbarung erfüllt, nämlich dass Gott mit uns ist und uns zu seiner Gemeinschaft beruft und uns teilhaft werden lässt seiner göttlichen Natur.[168] Noch klarer hervorgehoben: Gott selbst will sich durch seine Offenbarung kundtun und mitteilen, in Tod und Auferstehung seines Sohnes, welche die Offenbarung abschließen. Mit dieser offenbarungstheologischen Grundausrichtung der ganzen Theologie wird die im ökumenischen Dialog errungene Unterscheidung zwischen Grund und Gestalt der Offenbarung allererst möglich gemacht. Die Theologie begreift Offenbarung als Selbstmitteilung Gottes durch die Selbstüberlieferung Jesu Christi zu unserem Heil. In dieser Umwendung liegt die epochale Bedeutung der offenbarungstheologischen Grundlegung der Theologie.

---

[166] Lehrverurteilungen - kirchentrennend? I. (Anm. 107), 43.
[167] Verbindliches Zeugnis III. (Anm. 141), 295.
[168] So in DV 2, 4.

2.2.5. ÜBEREINSTIMMUNG IM VERSTÄNDNIS DES EVANGELIUMS

Das gemeinsame Hören auf die in der Heiligen Schrift verkündigte frohe Botschaft, das Evangelium Jesu Christi, ist der Konsens, auf dem die Diskussion der theologischen und dogmatischen Grundwahrheiten im ökumenischen Dialog aufbaut. In der ökumenischen Verständigung lässt sich jetzt das „ökumenische Grundgesetz" entdecken: Die Bibel ist hierbei zunächst der gemeinsame Sprachrahmen, der gemeinsame Sprachhorizont, der gemeinsame Erbe- und Wirkungszusammenhang, in dem Christen stehen. Das Bewusstwerden dieses gemeinsamen Horizontes führt auch in der Verständigung der theologischen Differenzen näher und bildet die Grundlage für die Überwindung ihrer kirchentrennenden Wirkungen. So ist die Erkenntnis der Autorität der Heiligen Schrift nicht eine bloße Floskel, sondern eine Generalregel, auf die sich die ökumenische Bewegung verständigt hat. Darin dürfte meines Erachtens auch die enorme Bedeutung der „Gemeinsamen Erklärung zur Rechtfertigungslehre" liegen, die zwischen Lutherischem Weltbund und römisch-katholischer Kirche 1999 vereinbart wurde.

Die „Gemeinsame Erklärung" ist nicht nur eine Verständigung in einer wichtigen und bedeutsamen kontroverstheologischen Fragestellung, dem Verständnis der Rechtfertigung, sondern sie führt geradezu in das Zentrum der gemeinsamen ökumenischen Verständigung hinein. Ausgangspunkt ist hierbei die biblische Rechtfertigungsbotschaft. Sie wird im Text folgendermaßen konsensual beschrieben: „Paulus beschreibt das Evangelium als Kraft Gottes zur Rettung des unter die Macht der Sünde gefallenen Menschen … In Christi Tod und Auferstehung sind alle Dimensionen seines Erlösungswerkes verwurzelt … Rechtfertigung ist Sündenvergebung … Sie ist Aufnahme in die Gemeinschaft mit Gott … Sie geschieht im Empfangen des Heiligen Geistes."[169] In der gegensätzlichen Auslegung dieser Botschaft lag ein Hauptgrund für die Spaltung der abendländischen Kirche. Für die Überwindung der Kirchentrennung ist daher die Rückgewinnung eines gemeinsamen Verständnisses der Recht-

[169] GER Nr. 10f.

fertigung grundlegend. Die entscheidende Frage ist hierbei, auf welchem Wege dies gelingen kann. Beide Kirchen bringen ihre Überzeugung zum Ausdruck, dass das „gemeinsame Hören auf die in der Heiligen Schrift verkündigte frohe Botschaft“[170] zu einer neuen Gemeinsamkeit führen wird. Ist dies gemeinsame Hören des Evangeliums mehr eine Formel, oder verbirgt sich hier ein methodisches Konzept?
Die Botschaft von der Rechtfertigung verweist auf die Mitte des neutestamentlichen Zeugnisses. Zentrum dieser Botschaft ist Gottes Heilshandeln in Christus durch den Heiligen Geist. Die Gemeinsame Erklärung, die hier zu Recht zwischen Botschaft und Lehre unterscheidet, will diese Botschaft von Gottes Gerechtigkeit, die uns in Christus zuteil wird, in ihrer kriteriologischen Funktion zum Ausdruck bringen. Das sagen folgende Ausführungen: Die Lehre von der Rechtfertigung ist „ein unverzichtbares Kriterium, das die gesamte Lehre und Praxis der Kirche unablässig auf Christus hin orientieren will“.[171] So ist sie nichts anderes als die theologisch formulierte Einsicht in die Funktionsweise der Heiligen Schrift als Zeugnis der Offenbarung Gottes, dessen Inhalt die Botschaft von der Rechtfertigung ist, nämlich in ihrer Wirkweise als norma normans non normata. Die Lehre von der Rechtfertigung will daher die Autorität des Wortes Gottes zur Geltung bringen, d.h. sie will sie theologisch-reflexiv absichern. Die Autorität der Heiligen Schrift als Wort Gottes ist somit direkt verknüpft mit dem so verstandenen Inhalt und Zentrum der Botschaft des Evangeliums, nämlich Erlösung und Errettung des Gottlosen durch den Erlösungstod Jesu Christi. Der Konsens in Grundwahrheiten der Rechtfertigungslehre offenbart uns daher den ökumenischen Grundkonsens in der Verständigung über die Heilige Schrift als Wort Gottes insgesamt, der Autorität, Inhalt und Wirkung des Wortes Gottes miteinander verbindet.

---

[170] GER Nr. 14.
[171] GER Nr. 18.

2.2.6. Das Ursprungszeugnis im Kontext der Bezeugungsinstanzen

Theologisch lässt sich der oben beschriebene Anspruch der Heiligen Schrift, welche das Wort von der Autorität zum Ausdruck bringt, in einem einzigen kohärenten Lebens-, Funktions- und Erkenntniszusammenhang zusammenfassen. Das lutherisch-katholische Dialog-Dokument „Communio Sanctorum“ bietet einen solchen Lebens- und Funktionszusammenhang, in dem die einzelnen Elemente, die bisher je gesondert den Anspruch auf Gesamtinterpretation mit sich führten, sind genau dadurch eingebunden, dass sie in einen solchen Zusammenhang hineingestellt werden. Die Grundthese dieses Kernstücks der gemeinsamen Verständigung über die Autorität der Heiligen Schrift ist, dass verschiedene Bezeugungsinstanzen zusammenwirken müssen. Diese sind die Heilige Schrift als Ursprungszeugnis der Wahrheit des lebendigen Gottes, die Überlieferung des Glaubens, das Zeugnis des ganzen Volkes Gottes, das kirchliche Amt (Lehramt) und die Theologie.

„Die Heilige Schrift ist das Ursprungszeugnis der Wahrheit des lebendigen Gottes, die uns in Fülle und Klarheit in Jesus Christus geoffenbart wurde.“[172] Gerade weil die Heilige Schrift das Wort Gottes bezeugt, ist sie die letzte Norm des Glaubens und damit Ausdruck für die unüberbietbare und unersetzbare Autorität der Heiligen Schrift. Die Heilige Schrift aber ist insgesamt auf die Kirche als Ganze verwiesen, und so ist diese eine Traditionsgemeinschaft. Überlieferung ist damit nichts anderes als der gläubige Lebensvollzug der Kirche, die ihren Ausgang nimmt von der in Christus beginnenden Offenbarung des Wortes Gottes. Die Weitergabe der verbindlichen apostolischen Botschaft macht erst die vielfältigen Lebensäußerungen innerhalb der Kirche Jesu Christi möglich. Und so bringt die Tradition keinen inhaltlichen Zusatz zur Heiligen Schrift, wohl aber ist die Schrift unverzichtbar an diesen Traditionsprozess gebunden. In diesem ist die Botschaft der Heiligen Schrift der Gesamtheit der Gläubigen verheißen. Von der Aufgabe der Verkündigung des Evangeliums und der Förderung des Glaubens her werden das Amt und

---

[172] Communio Sanctorum (Anm. 125), 33, Nr. 46.

das von den Bischöfen ausgeübte Lehramt bestimmt und begrenzt.[173] Das ist der Sinn der Aussage: Das Lehramt steht nicht über dem Wort Gottes, sondern dient ihm.
Letztlich vermag nur eine nach den neueren Grundsätzen ökumenischer Hermeneutik verfahrende Theologie diesen Lebens- und Funktionszusammenhang des christlichen Zeugnisses einsichtig zu machen; insofern nimmt sie also selbst eine kritisch-hermeneutische Funktion innerhalb der Weitergabe der Botschaft Jesu Christi wahr. Der kritische Sinn der unter der Rede von der Autorität der Heiligen Schrift gewollten Autorisierung des gesamten Traditionsprozesses kommt so letztlich in der Formel von der Selbstauslegung der Heiligen Schrift zur Geltung, die das normative Zeugnis von der Offenbarung Gottes in Christus selbst ist. Noch einmal wird das ökumenische Grundgesetz klar: Die Bibel ist der gemeinsame Horizont, die Bibel ist – in einer den alltäglichen Sinn übersteigenden Weise – die Sprache, die uns gemeinsam ist. Sie ist uns deshalb gemeinsam, weil uns Christus in sie eingeführt hat. Christus ist der Logos, der Logos Gottes, und das heißt nichts anderes: Christus selbst hat uns sprachfähig gemacht dadurch, dass er sich uns in seiner Selbstoffenbarung vermittelt hat. In diesem Vermittlungsprozess sind die Bezeugungsinstanzen unter der Autorität der Heiligen Schrift mitenthalten.

2.2.7. Ein kurzes Fazit

Gemeinsame Verständigung in kontroverstheologischen Fragen setzt die gemeinsame Verständigung über die Autorität der Heiligen Schrift und ihrer Verbindlichkeit als Wort Gottes voraus. Der ökumenische Dialog hat in erster Linie dazu beigetragen, die Eckpunkte unserer oft gegeneinander ausdifferenzierten Lehren und Traditionen wieder gemeinsam unter der Autorität der Heiligen Schrift zu vereinen. Traditionen stehen sich nicht kirchentrennend gegenüber, sondern müssen verstanden werden als differenzierte Gesichtspunkte der einen vielfältigen Tradition innerhalb der Traditionen unserer Kirchen und Gemeinschaften.

[173] Ebd., 39, Nr. 63.

So soll denn auch dem Zeugnis des Erasmus Gerechtigkeit widerfahren, wohl nicht gegen, sondern gerade mit Luther, dass wir hier nicht um die Autorität der Heiligen Schrift streiten. Nein, die Heilige Schrift wird von allen geliebt und verehrt. Die Berufung auf die Heilige Schrift als Norm des christlichen Glaubens bildet eine ständig wachsende Basis der gemeinsamen Vergewisserung des einen christlichen Erbes innerhalb der ökumenischen Bewegung. Ohne eine Verständigung über die Autorität der Heiligen Schrift sind weitere Schritte aufeinander zu nicht möglich. Um den rechten Sinn der Heiligen Schrift in der Auslegung der kirchlichen Traditionen ging der theologische Streit im Abendland, die Wiedergewinnung der Autorität der Heiligen Schrift bildet heute die Basis für die ökumenische Verständigung.

3. Kapitel
Sein, Existenz und Sendung der Kirche

3.1. Das Konzil der Kirche über die Kirche

Wie kein Konzil in der Kirchengeschichte zuvor hat sich das II. Vaticanum (1962-1965) als ein Konzil der Kirche über die Kirche in das Gedächtnis der Kirche eingebrannt. „Seit der Eröffnung des II. Vatikanischen Konzils bestand allgemein deutlich der Eindruck, dass die dogmatische Erklärung über die Kirche das Hauptstück des Konzils werden würde.“[174] So schien sich auch das Wort Romano Guardinis vom „Erwachen der Kirche in den Seelen“ zu bestätigen. Dieses Konzil hat die Kirche erstmals selbst in den Mittelpunkt konziliarer Entscheidungen gestellt. Die Dogmatische Konstitution über die Kirche „Lumen gentium“ bestimmt Wesen, Sendung und Struktur der Kirche, die Pastoralkonstitution „Gaudium et spes“ stellt das Verhältnis von Kirche und Welt in den Mittelpunkt der theologischen Erörterung, die Erklärung „Dignitatis humanae“ klärt das Verhältnis von Kirche und moderner Gesellschaft, das Ökumenismusdekret „Unitatis redintegratio“ richtet schließlich das Verhältnis der katholischen Kirche zu den von ihr getrennten Kirchen und kirchlichen Gemeinschaften in neuer Weise aus ebenso wie „Nostra aetate“ das Verhältnis zu Judentum, Islam und anderen Religionen. In dieser Hinsicht hat das Zweite Vatikanische Konzil die Kirche zum umfassenden, fast allbeherrschenden Thema gemacht. Es hat erstmals zu verbindlichen Aussagen zur Kirche in der Geschichte der Kirche gefunden.

War Thema mittelalterlicher Konzilien durchweg das Verhältnis von Papst und Konzil gewesen[175], so wurde die Kirchenfrage selbst erst durch die Reformation herausgefordert. Doch gelang

---

[174] G. Philips, Die Geschichte der Dogmatischen Konstitution über die Kirche „Lumen gentium“, in: LThK.E I (1966) 139.

[175] Vgl. zum geschichtlichen Kontext von „Lumen gentium“: P. Hünermann, I. Der geschichtliche Kontext von *Lumen gentium*, in: Ders., Theologischer Kommentar zur dogmatischen Konstitution über die Kirche *Lumen gentium*, in: HThK Vat. II 2 (2004) 271-288.

es dem Konzil von Trient (1545-1563) nicht, sie zu klären. Das Erste Vatikanische Konzil (1869-70) beabsichtigte, Wesen und Natur der Kirche, und zwar unter den Voraussetzungen der Entwicklung des modernen nationalen Verfassungsstaates, zu bestimmen, eine Entscheidung kam aber nicht mehr zustande. So suchten die diesem Konzil folgenden Päpste durch Enzykliken die Kirchenfrage voranzutreiben. Unter ihnen ragen die Enzykliken „Satis cognitum" Leos XIII. von 1896 sowie „Mystici corporis" Pius' XII. von 1943 heraus. Fast 100 Jahre nach dem Ersten Vatikanischen Konzil gelang es dann dem II. Vaticanum nach langer Vorbereitung und teilweise kontroverser Diskussion unter den Konzilsvätern, die seit annähernd 500 Jahren durch die reformatorischen Auseinandersetzungen offen gebliebene Kirchenfrage einer Klärung zuzuführen.

In dem zwischen dem I. und II. Vaticanum liegenden Jahrhundert schwoll die theologische Literatur über das Thema der Kirche geradezu flutartig an. Im Rückgriff auf die neutestamentliche Exegese und die patristische Forschung werden verschiedene Kirchenbegriffe, Kirchenverständnisse und Kirchenbilder in den Mittelpunkt theologischer Untersuchungen gerückt.[176] Im deutschen und französischen Sprachraum erscheinen eine Vielzahl von Büchern und anderen Schriften, die eine neue Orientierung in der Ekklesiologie einleiten. Dahinter stehen Entwicklungen in Bibelbewegung, liturgischer und ökumenischer Bewegung. Sowohl in der katholischen wie der evangelischen Theologie beginnt eine umfassende Besinnung auf die ekklesiologische Frauge. Beiträge zur Ekklesiologie beziehen sich auf einzelne Begriffe wie der mystische Leib Christi, das Volk Gottes, die Kirche als Sakrament. Die Stoßrichtung dieser Veröffentlichungen ist klar, sie richten sich gegen die einseitige Festlegung auf die juridisch-apologetische Sichtweise der Kirche.

[176] Vgl. den Überblick bei Y. Congar, Die Lehre von der Kirche. Vom Abendländischen Schisma bis zur Gegenwart, Freiburg u.a. 1971 (HDG III/3d), 114-119.

3.1.1. Die Überwindung eines univoken Kirchenbegriffs

Der kontroverstheologischen Sicherung der Kirche galt die Aufmerksamkeit der katholischen Theologie seit der Zeit der Reformation. Gegenüber dem analogen Sprachgebrauch des Kirchenbegriffs noch zur Zeit der mittelalterlich-scholastischen Theologie[177], nimmt die Kirchenkonzeption des italienischen Kontroverstheologen und Jesuiten Robert Bellarmin nur noch einen eingeschränkten und eindimensionalen Sprachgebrauch in Anspruch. Zwar führt auch Bellarmin die Kirche inkarnatorisch auf Christus zurück, doch definiert er Kirche als jene Gruppe von Menschen, die durch dasselbe Bekenntnis des christlichen Glaubens und die Gemeinschaft derselben Sakramente verbunden sind, und zwar unter der Herrschaft der legitimen Hirten und vor allem des einen Stellvertreters Christi auf Erden, des römischen Pontifex.[178] Im Rückgriff auf den in der Scholastik und von Thomas von Aquin verwendeten corpus-Begriff bezieht Bellarmin den Kirchenbegriff mit seinen verschiedenen Dimensionen ganz auf die Perspektive der organisatorisch-juridischen Gestalt der Kirche und des darin enthaltenen Aspekts der Sichtbarkeit. Zwar sind damit nicht alle Aspekte des Bellarminschen Kirchenbegriffs genannt. Dennoch aber wird diese exponierte Definition bis in das 20. Jahrhundert hinein zur vorherrschenden und wirkungsmächtigen ekklesiologischen Leitmarke. Diese „univoke Redeweise bringt für die Ekklesiologie eine Engführung mit sich.“[179] Die congregatio sanctorum wird ganz und einseitig als societas perfecta interpretiert.[180]

---

[177] Vgl. hierzu J. Ratzinger, Das neue Volk Gottes. Entwürfe zur Ekklesiologie, Düsseldorf 1969, 75-89; Y. Congar, Die Lehre von der Kirche (Anm. 176), 52-62.

[178] R. Bellarmin, Disputationes de controversiis Christianae Fidei adversus huius temporis haereticos IV, 3,2 (Opera omnia, ed J. Fèvre, Bd. II, Paris 1870, 317f.).

[179] P. Hünermann, Theologischer Kommentar LG (Anm. 175), in: HThK Vat. II 2 (2004) 273.

[180] Vgl. Th. Dietrich, Die Theologie der Kirche bei Robert Bellarmin (1542-1621). Systematische Voraussetzungen des Kontroverstheologen, Paderborn 1999 (KKTS 69), 510.

Die institutionelle Sicherung der Kirche beherrscht auch den Entwurf einer Konstitution über die Kirche Christi auf dem Ersten Vatikanischen Konzil (1870-1871). Dabei tritt das am Staatsbegriff orientierte Leitbild einer vollendeten öffentlichen Gesellschaft vollends hervor.[181] Zweieinhalb Jahrzehnte nach dem Ersten Vatikanischen Konzil führte Papst Leo XIII. in seiner Enzyklika „Satis cognitum" von 1896 das Wesen der Kirche ganz auf die Absicherung und Abgrenzung nach außen zurück. Bei der Bestimmung der Kirche ist der Aspekt der Einheit besonders zu berücksichtigen. Die „eine und einzige Kirche Jesu Christi" schließt alle diejenigen aus, die gesondert gehen, also vom Willen der Vorschrift Christi abweichen und den Weg des Heils verlassen haben.[182] In besonderer Weise rückt dann Papst Pius XII. in seiner Enzyklika „Mystici corporis" von 1943 den Aspekt der Kirche als mystischer Leib Jesu Christi in den Mittelpunkt, ohne freilich das traditionelle Kirchenbild zu korrigieren.[183] Die unter der Vorstellung vom mystischen Leib Christi durchgeführte Retheologiesierung des Kirchenbegriffs fängt den Aspekt der Sichtbarkeit ein. Vom Wesen der Kirche kann hinfort nicht mehr gesprochen werden ohne Berücksichtigung dieses mystischen Gedankens. Dabei kann diese Enzyklika theologische Neuansätze an der Wende vom 18. zum 19. Jahrhundert von Johann Michael Sailer, Johann Sebastian Drey und Johann Adam Möhler aufgreifen. „Der Begriff der Kirche wird einseitig bestimmt, wenn man sie eine Anstalt nennt oder einen Verein, gestiftet zur Erhaltung und Fortpflanzung des christlichen Glaubens; sie ist vielmehr ein Erzeugnis des christlichen Glaubens, eine Wirkung der in den Gläubigen durch den Heiligen Geist lebendigen Liebe."[184] Noch vor dem Zweiten Vatikanischen Konzil konzentrierte sich daher die theologische Debatte auf die drei grundlegenden Wesensbestimmungen der Kirche als Sakrament, als mystischer Leib Jesu Christi, als Volk Gottes.

---

[181] Der erste Entwurf der Konstitution über die Kirche, in: J. Neuner / H. Roos, Der Glaube der Kirche in den Urkunden der Lehrverkündigung, neubearbeitet v. K. Rahner u. K.-H. Weger, Regensburg [11]1971, 261f.

[182] DzH 3304f.

[183] DzH 3809.

[184] J.A. Möhler, Die Einheit in der Kirche oder das Princip des Katholicismus, Tübingen 1825, 193.

3.1.2. Das Verständnis der Kirche als universales Sakrament des Heils

Hatte die Enzyklika Pius XII. bereits einen mehrstufigen Kirchengliedschaftsbegriff eingeführt, so entwickelt sich daraus allmählich auch ein mehrstufiger Kirchenbegriff, der dann in der für das Zweite Vatikanische Konzil ausschlaggebenden Dogmatischen Konstitution „Lumen gentium" eingeführt wird. Freilich hatte die das Konzil vorbereitende Konzilskommission zunächst noch die neuscholastische Sichtweise vorgelegt und damit blieben die Grundlinien dieses Entwurfes auf die apologetische Sichtweise der Kirche eingeschränkt. Dieses vorbereitende Schema lässt das traditionelle Bild von der Kirche als Gesellschaft erkennen.[185] Bereits die ersten Sitzungen des Zweiten Vatikanischen Konzils 1962 machten jedoch deutlich, dass die Mehrheit der Konzilsväter dem Entwurf der römischen Vorbereitungskommission nicht mehr folgen wollten. Der Entwurf der deutschsprachigen Bischofskonferenzen, in dessen Mittelpunkt das Thema der Kirche als Sakrament des Heils stand, wurde mehrfach überarbeitet und bildete schließlich den Grundansatz für die Dogmatische Konstitution „Lumen gentium".[186]

Die dogmatische Behandlung der Lehre von der Kirche führte erst im zwanzigsten Jahrhundert zu einer Entfaltung der Ekklesiologie als systematischem Traktat innerhalb der Dogmatik als Fach der Theologie. Die nicht unerheblichen Schwierigkeiten, die sich bei der Suche nach einem theologischen Begriff der Kirche ergaben, haben wohl auch damit zu tun, dass die dogmatische Theologie nicht auf eine größere Tradition systematischer Ekklesiologie zurückgreifen konnte. Erschwerend kommt hinzu, dass sich aus dem Neuen Testament ebenfalls keine systematische Lehre von der Kirche erheben lässt. Das Zweite Vatikanische Konzil hat dieser theologischen Debatte zweifellos neue Nahrung gegeben.

---

[185] Das lassen die Themen erkennen: Natur und Sendung der Kirche, die Mitglieder der Kirche, die Lehrautorität der Kirche, das Bischofsamt, die Laien, Kirche und Staat, die Kirche und die Rückkehr der getrennten Christen.

[186] Vgl. G. Wassilowsky, Universales Heilssakrament Kirche. Karl Rahners Beitrag zur Ekklesiologie des II. Vatikanums, Innsbruck 2001 (IThS 59).

Mehr als in anderen Traktaten muss die Ekklesiologie dem Gestaltwandel der Kirche, dem diese nicht nur seit dem letzten Konzil unterworfen ist, Rechnung tragen. Theologische Reflexion und Veränderungen im Leben und in den Strukturen der Kirche beeinflussen und bedingen sich gegenseitig. Nichts zeigt dies deutlicher als die Diskussion über die Leitbilder: Das Leitbild „Leib Christi“ verdankt sich der wachsenden Kritik an der Erstarrung des äußeren Lebens der Kirche in Hierarchie und Institution und der zunehmenden Erkenntnis der „actuosa participatio“ des gesamten Volkes Gottes. Das Leitbild „Volk Gottes“ versteht sich – theologiegeschichtlich betrachtet – als Reaktion auf die durch den Begriff „Leib Christi“ herbeigeführte Romantisierung des Kirchenbegriffs und will der Geschichtlichkeit und der historischen Bedingtheit der Kirche, ihrem viatorischen Charakter, stärkeren Ausdruck verleihen. Das Leitbild „Kirche als universales Sakrament des Heils“ will der Verhältnisbestimmung von der nur im Glauben fassbaren verborgenen Wirklichkeit der Kirche und ihrer sichtbar-institutionellen Gestalt dienen und ist Ausdruck der neu gewonnenen heilsgeschichtlichen Sichtweise. Das Leitbild „Kirche als Communio“ schließlich kommt der Ursehnsucht der Menschen nach personaler Gemeinschaft entgegen und bereitet dem Verständnis der Kirche als Orts-Kirche und Orts-Gemeinde den Weg.
Lassen sich die hier genannten Bilder, wie J. Auer dies fordert, in einem übergreifenden theologischen Terminus als dogmatischem Modellbegriff erfassen?[187] Sieht man hierzu die ekklesiologische Begriffsbildung durch, so lässt sich leicht erkennen, dass sich unter der grundlegenden Perspektive einer sakramentalen Denkstruktur eine solche Synthese durchführen lässt. Der Begriff der Sakramentalität gehört zu den Grundlagen der konziliaren Ekklesiologie.[188] Wenigstens siebenmal führen Texte des Zweiten Vatikanischen Konzils zumindest in sachlicher, wenn auch nicht in begrifflicher Übereinstimmung, die Aussage

[187] J. Auer, Die Kirche - Das allgemeine Heilssakrament, Regensburg 1983 (KKD 8), 85.

[188] W. Beinert, Die Sakramentalität der Kirche im theologischen Gespräch, in: J. Pfammater / F. Furger (Hg.), Theologische Berichte. IX. Kirche und Sakrament, Zürich u.a. 1980, 13-63.

vom sakramentalen Charakter der Kirche an.[189] „Christus ist das Licht der Völker. Darum ist es der dringende Wunsch dieser im Heiligen Geist versammelten Heiligen Synode, alle Menschen durch seine Herrlichkeit, die auf dem Antlitz der Kirche widerscheint, zu erleuchten, indem sie das Evangelium allen Geschöpfen verkündet (vgl. Mk 16, 15). Die Kirche ist ja in Christus gleichsam das Sakrament, das heißt Zeichen und Werkzeug für die innigste Vereinigung mit Gott wie für die Einheit der ganzen Menschheit."[190] Vorstellung und Begriff der Sakramentalität haben sich der katholischen Theologie so tief eingeprägt, dass sie in ihr eine „durchlaufende Denkstruktur der Ekklesiologie"[191] zu erkennen glaubt. Die Vorstellung von der Sakramentalität der Kirche hatte seit dem 19. Jahrhundert bis zur Rezeption durch das II. Vaticanum bereits eine Entwicklung durchgemacht, in der sich verschiedene Entwürfe mit- und gegeneinander profiliert hatten. Erst nach dem Zweiten Weltkrieg gewinnt dieser ekklesiologische Topos seine bis heute ungebrochene Bedeutung. Es ist dies das Verdienst der beiden Theologen O. Semmelroth und K. Rahner.[192] Wichtige Impulse leisteten aber auch E. Schillebeeckx[193] und J. Ratzinger[194]. Sie konnten dabei auf verschiedene Arbeiten der Theologen H. de Lubac[195] und Y. Congar[196] zurückgreifen.

Am Vorabend des Konzils hatten sich Vorstellung und Begriff der Sakramentalität der Kirche innerhalb der katholischen Theologie so weit etabliert, dass sie sozusagen kirchenamtlich rezipiert werden konnten. Dabei stachen zwei Grundmuster heraus, die das Konzil zu verbinden trachtete: die auf O. Semmelroth zurückgehenden funktionalen Entwürfe (Sakrament als Instrument des Heiles)[197] und die auf K. Rahner zurückgehenden Ent-

---

[189] LG 1, 9, 48, 59; SC 5, 26; UR 3.
[190] LG 1.
[191] H. Döring, Grundriß der Ekklesiologie, Darmstadt 1986, 100-123.
[192] Vgl. hierzu G. Wassilowsky, Universales Heilssakrament Kirche (Anm. 186).
[193] Christus - Sakrament der Gottbegegnung, Mainz 1960.
[194] Art. Kirche. III. Systematisch, in: LThK^2 6 (1961) 173-183.
[195] Corpus Mysticum. L'Eucharistie et l'Eglise au Moyen Age, Paris 1949.
[196] Esquisses du mystère de l'Eglise, Paris 1941.
[197] Die Kirche als Sakrament des Heiles, in: MySal IV/1 (1972) 309-355.

würfe, die die Zeichenhaftigkeit in den Vordergrund rückten (Sakrament als signum)[198]. Mit der fundamentalen Aussage, die Kirche sei in Christus gleichsam das Sakrament, d.h. Zeichen und Werkzeug, suchte das Konzil diese beiden Grundvorstellungen zu integrieren. Für die nachfolgende theologische Diskussion erwies sich die ekklesiologische Rezeption des Begriffs der Sakramentalität als das vorherrschende Sachproblem. Denn es konnte nicht unberücksichtigt bleiben, dass mit dem ekklesiologisch rezipierten Begriff eine andere Qualität des Begriffes „Sakrament" angezielt war. Damit wird ein analoger Gebrauch des Begriffs der Sakramentalität notwendig.[199]
Die Kirchenkonstitution „Lumen gentium" führt das sakramentale Verständnis von Kirche unter dem Titel „Mysterium Ecclesiae" ein und bezieht so beide Vorstellungen, die vom Sakrament und die vom Mysterion, aufeinander. Das ist im Ganzen ein ekklesiologisches Programm, mit dem folgende Zusammenhänge erfasst und dargelegt werden sollen:

(1.) „Ecclesia sit in Christo veluti sacramentum" (LG 1). Nur in Christus ist die Kirche „Sakrament". Die Kirche ist also nicht in einem absoluten Sinne „Sakrament", sondern in Relation zu Christus. In Wahrheit ist also die Aussage über die Kirche eine christologische. Christus selbst ist das Licht der Völker, nicht die Kirche, in ihr allerdings leuchtet das Licht Christi auf. Christus ist somit das Subjekt des Heilshandelns.

(2.) „Signum et instrumentum" (LG 1): In einem übertragenen Sinn muss die Kirche im Heilswerk Christi verstanden werden als von ihm selbst eingesetztes Zeichen und Werkzeug; die Kirche fungiert wie ein Sakrament „für die innigste Vereinigung mit Gott wie für die Einheit der ganzen Menschheit", sie ist aber selbst kein Sakrament. So ist die Kirche die Vermittlung zwischen Gott und Menschheit, in ihm handelt die Kirche als eigenständiges Subjekt.

---

[198] Kirche und Sakramente, Freiburg u.a. 1960 (QD 10).
[199] Vgl. hierzu W. Thönissen, Gemeinschaft durch Teilhabe an Jesus Christus. Ein katholisches Modell für die Einheit der Kirchen, Freiburg u.a. 1996, 158-174.

(3.) „Ecclesia, seu regnum Christi iam praesens in mysterio" (LG 3): Die Kirche ist heilsökonomisch-trinititarisch in das Mysterium der Selbstoffenbarung Gottes in Christus durch den Heiligen Geist eingespannt. Ihr Grund liegt in Gottes schöpferischem Handeln für die Menschheit, ihr Ziel in der eschatologischen Wiederkunft Christi zur Erlösung der Menschheit. Insoweit ist die Kirche das Mysterium des Gottesreiches selbst und damit Gegenstand des Glaubens.

(4.) „In mundo visibiliter" (LG 3): Durch die Kraft Gottes wächst die Kirche sichtbar in der Welt. Die Sichtbarkeit der Kirche ist somit ein wesentliches, dem trinitarisch-heilsökonomischen Mysterium entsprechendes Moment ihrer Sakramentalität.

In Anknüpfung an diese fundamentalen Aussagen eines sakramentalen Kirchenverständnisses führt LG Art. 8 in nochmaliger Verdichtung und Vertiefung aus: „Der einzige Mittler Christus hat seine heilige Kirche, die Gemeinschaft des Glaubens, der Liebe und der Hoffnung, hier auf Erden als sichtbares Gefüge verfasst und trägt sie unablässig … Die mit hierarchischen Organen ausgestattete Gesellschaft und der geheimnisvolle Leib Christi, die sichtbare Versammlung und die geistliche Gemeinschaft, die irdische Kirche und die mit himmlischen Gaben beschenkte Kirche sind nicht als zwei verschiedene Größen zu betrachten, sondern bilden eine einzige komplexe Wirklichkeit, die aus menschlichem und göttlichem Element zusammenwächst …".[200] Danach kann Kirche als Mysterium im sakramen-

[200] Der ganze Text in LG 8 lautet: „Der einzige Mittler Christus hat seine heilige Kirche, die Gemeinschaft des Glaubens, der Hoffnung und der Liebe, hier auf Erden als sichtbares Gefüge verfasst und trägt sie als solches unablässig; so gießt er durch sie Wahrheit und Gnade auf alle aus. Die mit hierarchischen Organen ausgestattete Gesellschaft und der geheimnisvolle Leib Christi, die sichtbare Versammlung und die geistliche Gemeinschaft, die irdische Kirche und die mit himmlischen Gaben beschenkte Kirche sind nicht als zwei verschiedene Größen zu betrachten, sondern bilden eine einzige komplexe Wirklichkeit, die aus menschlichem und göttlichem Element zusammenwächst. Deshalb ist sie in einer nicht unbedeutenden Analogie dem Mysterium des fleischgewordenen Wortes ähnlich. Wie nämlich die angenommene Natur dem göttlichen Wort als lebendiges, ihm unlöslich

talen Sinne begriffen werden, wobei genauerhin drei Ebenen unterschieden werden müssen: (1.) das tranzendental-göttliche Element, (2.) das irdisch-menschliche Element, (3.) die Vereinigung dieser beiden Elemente als das Sakrament. Kirche gibt es nach diesem Verständnis nur als Sakrament, das heißt als Zeichen und Werkzeug im Heilswerk Jesu Christi. Das Mysterium „Kirche“ erscheint hier in der Spannungseinheit von sichtbarer und verborgener Kirche, eine Einheit, die nicht auseinander gerissen werden darf. „Der springende Punkt dieses sakramentalen Kirchenverständnisses liegt nun darin: Kirche im vollen theologischen Sinn des Wortes existiert nur auf der dritten Ebene, also in der Einheit von transzendent göttlichem und immanent menschlichem Element.“[201] Kirche zeichnet sich dadurch so als „Sakrament“ aus, dass sich das „Göttliche“ unter dem Wirken des Heiligen Geistes gleichsam in einer konkret geschichtlich-gesellschaftlichen Gestalt „inkarniert“. Kirche ist deshalb auch als Institution eine geschichtliche „Größe“, und zwar gerade in der Spannungseinheit von gesellschaftlichem Gefüge und dem Heiligen Geist, dem, wie der Text sagt, dieses Gefüge zum Wachstum des Leibes Christi dient. Somit weist Kirche in einer Bewegung des Transzendierens in ihrem Selbstvollzug immer über sich hinaus auf Christus selbst und ist auch als irdisch-geschichtliche Größe „epiphan“ für das „Göttliche“.[202]

Dieser mehrdimensionale und komplexe Kirchenbegriff bringt unter dem Leitbegriff der Sakramentalität mehrere theologische Grundeinsichten zur Geltung:

---

geeintes Heilsorgan dient, so dient auf eine ganz ähnliche Weise das gesellschaftliche Gefüge der Kirche dem Geist Christi, der es belebt, zum Wachstum seines Leibes (vgl. Eph 4, 16). Dies ist die einzige Kirche Christi, die wir im Glaubensbekenntnis als die eine, heilige, katholische und apostolische bekennen. …. Diese Kirche, in dieser Welt als Gesellschaft verfasst und geordnet, ist verwirklicht in der katholischen Kirche, die vom Nachfolger Petri und von den Bischöfen in Gemeinschaft mit ihm geleitet wird. Das schließt nicht aus, dass außerhalb ihres Gefüges vielfältige Elemente der Heiligung und der Wahrheit zu finden sind, die als der Kirche Christi eigene Gaben auf die katholische Einheit hindrängen.“

[201] Vgl. M. Kehl, Die Kirche und die Kirchen, in: W. Thönissen (Hg.), „Unitatis redintegratio“ (Anm. 28), 120.

[202] So die Ausführungen von M. Böhnke, Die komplexe Wirklichkeit der Kirche als pneumatologisches Problem, in: Cath(M) 61 (2007) 264-278.

(1.) Jesus Christus ist das „Ursakrament". Wenn von Kirche gesprochen wird, dann soll damit die bleibende Herkünftigkeit der Kirche aus dem Geheimnis Jesu Christi ausgesagt werden. Die Kirche ist Geheimnis, weil sie selbst Gegenstand des Offenbarwerdens des grundlegenden göttlichen Mysterions ist, auf das sich der Glaube bezieht. Sie geht aus diesem Geheimnis Gottes als Zeichen und Werkzeug des göttlichen Heilswirkens hervor.

(2.) Die Kirche ist universales Heilssakrament Jesu Christi. Weil sie von Christus herkommt und zu ihm zurückkehrt, ist Kirche in dieser Bezogenheit auf Christus Zeichen für Christus selbst wie Instrument seiner vergegenwärtigenden Selbstmitteilung in der Welt. Als Geheimnis ist die Kirche gleichsam wirksames Zeichen der Nähe Gottes in Jesus Christus durch das Wirken des Heiligen Geistes. Dieser Grundgedanke wird dann von „Lumen gentium" unter dem Begriff von der Kirche als communio im Sinn der Eucharistie feiernden Gemeinschaft entfaltet.

(3.) Die Kirche ist als das von Christus gestifte Sakrament Ort des ganzen sakramentalen Lebens der Gläubigen. In dieser Weise verweist die Kirche auf den Vollzug der Sakramente wie diese selbst innerhalb der Kirche zur Verwirklichung gelangen. So bildet die Kirche selbst eine lebendige sakramentale Wirklichkeit.[203] „Lumen gentium" entfaltet diesen Gesichtspunkt unter dem Begriff vom Volk Gottes.[204] Insoweit erweist sich der Sakramentsbegriff als weit genug, die Vorstellungen vom Leib Christi, Volk Gottes, Communio sinnvoll zu integrieren.[205]

---

203 Vgl. W. Kasper, Die Kirche als universales Sakrament des Heils, in: Ders., Theologie und Kirche, Mainz 1987, 245-251.

204 LG 9-17.

205 Mein eigener Versuch einer Ekklesiologie in ökumenischer Perspektive suchte die sakramentale Denkstruktur auf der Grundlage einer eucharistischen Communio-Eklesiologie durchzubuchstabieren: W. Thönissen, Gemeinschaft durch Teilhabe (Anm. 199).

3.1.3. DIE KONKRETE EXISTENZFORM DER KIRCHE. DAS „SUBSISTIT“

Die Kirchenkonstitution „Lumen gentium“ hat für die ekklesiologische Fragestellung mit ihren Differenzierungen im Kirchenbegriff eine signifikante Unterscheidung eingeführt. Diese hatte sich schon einige Zeit vor dem Zweiten Vatikanischen Konzil angedeutet. Die Enzyklika Pius XII. von 1943 „Mystici corporis“, welche das sakramentale Kirchenverständnis der Kirchenkonstitution „Lumen gentium“ vorbereitete, entwickelte neben der Lehre von der Kirchengliedschaft, in der wesentliche Gedanken Kardinal Bellarmins kirchenamtlich aufgenommen werden[206], die These vom Votum Ecclesiae[207], also jenen Gedanken vom unbewussten Sehnen und Verlangen auf den mystischen Leib des Erlösers für all diejenigen außerhalb der sichtbaren katholischen Kirche. Diese Bezugnahme auf die Kirche als den mystischen Leib Jesu Christi ist nun entscheidend. Denn dieser Gedanke kann nur verwendet werden, wenn er die Unterscheidung von physischem Leib – das ist der auferstandene Christus – zum gesellschaftlichen Leib Christi mit sich führt.[208] Diese Differenzierung erlaubt überhaupt erst, von einem Sehnen und Verlangen derer zu sprechen, die nicht dem gesellschaftlichen Leib Christi angehören und damit die Einheit nicht wahren, aber dennoch auf persönliche Weise ihrem wahrhaftigen Streben nach Christus selbst Ausdruck verleihen. Weil Christus selbst und sein Heiliger Geist die gesellschaftliche Ordnung immer überragen und sie letztlich tragen, ist die gesellschaftliche Ordnung der Kirche und ihre Einheit auf das übernatürliche Prinzip, nämlich den Heiligen Geist, bezogen. Das gesellschaftliche Gefüge dient dem Heiligen Geist zum Aufbau des mystischen Leibes Christi. Das ist dann bereits die Aussage von „Lumen gentium“ Nr. 8, eine der komplexesten Aussagen der Kirchenkonstitution „Lumen gentium“. Hier erfüllt der Subsistenzbegriff („Subsistit“) eine entscheidende Funktion, er ist die ontologische Brücke zwischen dem mysti-

---

[206] DzH 3802. Vgl. dazu K. Rahner, Die Gliedschaft in der Kirche nach der Lehre der Enzyklika Pius' XII. „Mystici Corporis Christi“, Freiburg u.a. 2003 (Sämtliche Werke 10), 3-71.

[207] DzH 3821.

[208] DzH 3809f.

schen Leib Christi, der Gegenstand des Glaubens ist, und dem gesellschaftlichen Gefüge der Kirche mit ihren Institutionen. Das „Est" wäre hier unangemessen, denn es könnte diese Unterscheidung zwischen Christus und der Kirche nicht aussagen. Freilich bilden der mystische Leib und das gesellschaftliche Gefüge der Kirche eine komplexe Wirklichkeit, aber die Verbindung zwischen beiden Bereichen muss per viam analogiam vollzogen werden. Nur so ist die Unterscheidung keine Trennung. Warum ist diese Unterscheidung notwendig?

Bei genauerem Hinsehen entpuppt sich diese neue Perspektive als eine notwendige, wenn auch nicht allein hinreichende Differenzierung im ekklesiologischen Selbstverständnis. Natürlich ist von der Kirche Jesu Christi die Rede. Sie ist eine einige und einzige, und zwar als Mysterium in und durch Christus.[209] Die ekklesiologische Differenzierung setzt genau da an, wo ein sakramental-geschichtliches Verständnis der Kirche eine Unterscheidung im Verhältnis von verborgener, die Kirche als Geheimnis betreffend, und der sichtbaren Kirche als irdischer Institution einfügt. Diese auf dem Gedanken der Analogie beruhende Differenzierung führt eine Öffnung herbei und stellt zugleich eine epochale Wende im Verständnis und Verhältnis der katholischen Kirche zu den von ihr getrennten Kirchen und Gemeinschaften dar. So könnte man, um in einem Bild zu sprechen, darauf hinweisen, dass gerade die durch das Konzil erneuerte Ekklesiologie, das sakramental-symbolische Verständnis von Kirche, „der Nagel ist, an dem die ganze Ökumene hängt". Die ekklesiologischen Fragen stehen damit naturgemäß im Vordergrund der Interpretation des Ökumenismusdekretes. Die ganze Tragweite dieser grundlegenden Entscheidung des Konzils wird aber erst nach und nach klar. Entscheidend geht es um die Frage, ob das „Subsitit" aus „Lumen gentium" Nr. 8 als Öffnungsklausel in sprachlicher und begrifflicher Differenzierung im Kontext der erneuerten Ekklesiologie verstanden werden kann. Dabei hängt die Interpretation nicht am lateinischen „Subsistit" allein, entscheidend ist vielmehr der ekklesiologische Rahmen, der die Substanz des ekklesiologischen Denkens des Zweiten Vatikanischen Konzils enthält.

---

[209] UR 2: „unitatis Ecclesiae sacrum mysterium".

Das in der ökumenischen Debatte weithin als Schlagwort geführte und ekklesiologisch umstrittene „Subsistit" bezieht sich dem Wortlaut nach auf einen Passus aus der Kirchenkonstitution „Lumen gentium": „Haec Ecclesia ... subsistit in Ecclesia catholica" (LG 8). Dem in der dritten Sitzungsperiode 1964 von der Mehrheit der Konzilsväter angenommenen Endtext der Kirchenkonstitution gingen zahlreiche Schemata voraus, in denen es noch geheißen hatte: „Haec igitur Ecclesia ... est Ecclesia Catholica". In der letzten Fassung wurde das „Est" durch ein „Subsistit" ersetzt, nachdem die Theologische Kommission sich für das einfache „Subsistit in" entschieden hatte. Die Debatten während des Konzils zeigen deutlich, dass das „Subsistit" gewählt wurde, um die Aussage über die Existenz der Elemente der Heiligung und der Wahrheit außerhalb des sichtbaren Gefüges der katholischen Kirche bestätigen zu können. Darin kommt die Intention des Konzils zum Ausdruck, zwei grundsätzliche Auffassungen miteinander zu verknüpfen, die durch das ökumenische Problem gestellt sind:

(1.) Christus hat eine einige und einzige Kirche gegründet (una et unica ecclesia), als sichtbares Gefüge auf Erden.

(2.) Außerhalb ihres sichtbaren Gefüges gibt es vielfältige Elemente der Heiligung und der Wahrheit. Es besteht heute in der Forschung weithin Übereinstimmung darüber, dass mit der Entscheidung des Zweiten Vatikanischen Konzils über das „Subsistit" auch über den ekklesialen Status nichtkatholischer Kirchen und kirchlicher Gemeinschaften mitentschieden wurde.

Ist die Kirche im Sinne des sakramentalen Verständnisses eine komplexe Wirklichkeit, kann von ihr auf der Ebene der Sichtbarkeit ausgesagt werden: „Diese Kirche, in dieser Welt als Gesellschaft verfasst und geordnet, ist verwirklicht (subsistit) in der katholischen Kirche, die vom Nachfolger Petri und von den Bischöfen in Gemeinschaft mit ihm geleitet wird". Die Analyse dieser Textpassage zeigt vier entscheidende Merkmale ihrer konkreten Existenzweise auf:

(1.) Die eine Kirche Jesu Christi existiert in geschichtlicher Konkretheit; sie findet ihre konkrete Gestalt in der katholischen Kirche. Hier ist sie „strukturell vollständig verwirklicht“[210] – integral wie UR 22 sagt.

(2.) Die katholische Kirche ist nicht schlechthin – ununterscheidbar – identisch mit der einen Kirche Christi, sie existiert in einer grundlegenden, wesensmäßigen, substanziellen Übereinstimmung mit ihr. Das Sein der Kirche Jesu Christi ist, um ein Wort von J. Ratzinger aufzugreifen, freilich immer größer als die konkrete Existenz der katholischen Kirche.[211]

(3.) Die eine Kirche Christi ist wahrhaft anwesend in den Ortsgemeinschaften der Gläubigen, die in Verbundenheit mit ihren Bischöfen selbst Kirchen heißen (LG 26). Die vom Nachfolger Petri und den Bischöfen in Gemeinschaft geleitete Kirche existiert konkret also „in und aus den Teilkirchen“ (LG 23). Die eine Kirche realisiert sich in den verschiedenen von Bischöfen geleiteten Kirchen, die untereinander eine einträchtige Vielfalt von Ortskirchen darstellen. Das „Subsistit“ begründet insofern die Gemeinschaft der vielen Teil-Kirchen.

(4.) Das „Subsistit“ begründet die nachfolgende Aussage über die ekklesialen Elemente, auch außerhalb der katholischen Kirche. In dieser Sicht stellt das „Subsistit“ eine ekklesiologische „Öffnungsklausel“ (Lothar Ullrich) dar. Die hier erkennbare Relationalität im Kirchenverständnis lässt Raum, um das Kirche-Sein der von Rom getrennten Kirchen und kirchlichen Gemeinschaften zu erfassen und zu bewerten. Auch außerhalb der katholischen Kirche kann von der „Gegenwart des Ekklesialen“[212] gesprochen werden; auch außerhalb der katholischen Kirche gibt es „Kirchenwirklichkeit“, es besteht außerhalb kein „kirchliches

---

210 M. Kehl, Die Kirche und die Kirchen (Anm. 201), 124.

211 So J. Kardinal Ratzinger in einem Artikel der Frankfurter Allgemeinen Zeitung: 221 (Freitag, 22. September 2000) 51.

212 Notifikation der Kongregation für die Glaubenslehre zu dem Buch „Kirche: Charisma und Macht. Versuch einer militanten Ekklesiologie“ von Pater Leonardo Boff OFM vom 11. März 1985. Hg. v. Sekretariat der Deutschen Bischofskonferenz, Bonn 1985 (VApS 67), 6.

Vakuum“[213]. Im „Subsistit“ liegt somit das ganze ökumenische Problem verborgen.

Begriffsgeschichtlich betrachtet, gelangt das lateinische „Subsistere“ infolge des christologischen und trinitätstheologischen Konflikts im 5. Jahrhundert zu philosophischer und theologischer Bedeutung. Das Verb „subsistere“ meint „anhalten, stehenbleiben, unter etwas stellen“.[214] Im Mittelalter bildet sich als grundlegende Bedeutung das Charakteristikum heraus: als Subjekt existieren. Subsistenz zeigt das selbständige Sein des konkreten Subjektes an. Nach Thomas von Aquin bezeichnet Subsistenz den Akt, mit dem Wesen oder Natur seine Existenz erhält.[215] K. Rahner stützt sich schließlich in seiner Neuformulierung der kirchlichen Trinitätslehre auf den Begriff der Subsistenz und bringt mit ihm die Existenzweise des einen göttlichen Wesens in drei distinkten Subsistenzweisen zum Ausdruck. Der Ausdruck „Subsistenz“ will somit keine Multiplikation des Wesens Gottes nahe legen, aber die konkrete Existenz des einen Gottes als Vater, Sohn und Heiliger Geist aussagen. Das „Subsistit“ will deshalb, ekklesiologisch betrachtet, auch keine Multiplikation der Kirche, sondern ein dynamisches Beziehungsgefüge zwischen der Einheit der Kirche und der Existenz ekklesialer Elemente zum Ausdruck bringen. Das deutsche Wort „verwirklichen“, welches das lateinische „Subsistit“ nur unvollkommen wiedergibt, weist auf diese dynamische Komponente hin. „Subsistenz“ und „Elemente“ stehen in einer dynamischen Beziehung zueinander.[216] So verstanden, markiert das „Subsistit“ die bleibende Aufgabe der katholischen Kirche, trotz aller konfessioneller Ungleichartigkeit und bestehender dogmatischer Differenzen ihr Verhältnis zu nichtkatholischen Kirchen und kirchlichen Gemeinschaften auf dem Weg des ökumenischen Dialoges zu klären. Eine einfache „Rückkehr-Ökumene“ hat das Konzil mit dieser Grundsatzentscheidung über das „Subsistit“ verworfen.

---

[213] Johannes Paul II., Enzyklika „Ut Unum Sint“ (Anm. 59), Nr. 13.
[214] Ch. Horn, Art. Subsistenz; in: HWP 10 (1999) 486-493.
[215] „Subsistentia autem idem est quod res subsistens“ (S.th. III, q. 2, a. 3).
[216] Vgl. Notifikation der Glaubenskongregation (Anm. 212), 6.

3.1.4. Kirche als Communio. Die ökumenische Bedeutung der katholischen Ekklesiologie

Die Herausforderung durch das sakramentale Kirchenverständnis besteht in der Aufgabe, Konsequenzen für die ökumenische Fraugestellung zu ziehen, und zwar im Blick auf die von der katholischen Kirche getrennten Kirchen und kirchlichen Gemeinschaften, mit denen keine Kirchengemeinschaft besteht. Das „Subsistit" zielt auf die reale Existenzweise der Kirche und öffnet zugleich den Blick auf sogenannte ekklesial-sakramentale Strukturelemente, die das Sein der Kirche in geschichtlichen und realsymbolischen Vollzügen definieren. Das heißt: Es sind Elemente der Wahrheit und der Heiligung, aus denen die Kirche insgesamt erbaut wird. Die finden sich dann auch außerhalb der katholischen Kirche, wenn auch nicht, so das römisch-katholische Selbstverständnis, integral in Fülle, sondern mit Mängeln behaftet.[217] Um diese Aussage allerdings richtig einzuordnen und zu verstehen, muss man darauf verweisen, dass auch die katholische Kirche die ihr eigene Katholizität aufgrund der Spaltungen der Christen nicht voll wirksam werden lassen kann, wie das Ökumenismusdekret ausführt.[218] Ja mehr noch, dies bedeutet auch für die Kirche „eine Wunde", die sie daran hindert, „ihre Universalität in der Geschichte voll zu verwirklichen"[219]. Darüber hinaus bleibt auch das legitime geistliche, theologische und liturgische Erbe der verschiedenen theologischen Traditionen zu berücksichtigen, das zur vollen Katholizität und Apostolizität der Kirche hinzugehört.[220] Das ist zweifellos eine ekklesiologi-

[217] So sagt es dann die Glaubenskongregation: „die Kirche Christi trotz der Spaltungen *voll nur* [Hervorhebung W.Th.] in der katholischen Kirche weiter besteht": Kongregation für die Glaubenslehre, Erklärung „Dominus Iesus" über die Einzigkeit und die Heilsuniversalität Jesu Christi und der Kirche. Antworten auf Fragen zu einigen Aspekten bezüglich der Lehre über die Kirche. Hg. v. Sekretariat der Deutschen Bischofskonferenz, Bonn ^{4}2007 (VApS 148), 30.

[218] UR 4.

[219] Kongregation für die Glaubenslehre, Schreiben an die Bischöfe der katholischen Kirche über einige Aspekte der Kirche als Communio. Hg. v. Sekretariat der Deutschen Bischofskonferenz, Bonn 1992 (VApS 107), Nr. 17.

[220] UR 17.

sche Bewertung nichtkatholischer Kirchen und Gemeinschaften, die im ökumenischen Dialog weiterhin zu klären ist.
Das Ökumenismusdekret entwickelt im Anschluss an die Aussagen von „Lumen gentium“ eine realistische ökumenische Perspektive auf folgender Grundlage: Glaube und Taufe bilden die Grundvoraussetzungen der in Christus gestifteten Gemeinschaft unter all denen, die zu Recht den Namen Christi tragen.[221] Deshalb richtet sich der Anspruch aller Getauften – zunächst christologisch – auf das Bekenntnis zu Jesus Christus selbst. Er selbst trägt das wahre Erbe der Kirche. Deshalb führt die Taufe in den wahren Leib Jesu Christi hinein. Der christologischen Grundaussage folgt die ekklesiologische, und nicht umgekehrt. Das bedeutet: Wer in rechter Weise, auch außerhalb der sichtbaren Kirche, getauft wurde, gehört zu Christus und zu seiner Kirche, dieser Christ steht damit in einer gewissen, wenn auch nicht vollkommenen Gemeinschaft mit der katholischen Kirche. Der Hinweis auf die Elemente und Güter der Heiligung und der Wahrheit, die auch außerhalb der katholischen Kirche existieren können, lässt sich weiter differenzieren. Hierzu gibt das Ökumenismusdekret einen entscheidenden Hinweis und insoweit erweist sich dieser Text als dritter entscheidender Referenztext nach LG 1 und LG 8 für die Klärung der ekklesiologischen Problematik in ökumenischer Perspektive. Es heißt nämlich: aus diesen Elementen der Heiligung und der Wahrheit wird letztlich die Kirche erbaut, und zwar, sowohl was das innere Geheimnis der Kirche ausmacht wie auch ihre sichtbare Verfassung, d.h. letztlich all das, was von Christus ausgeht und zu ihm zurückführt: „das gehört rechtens zu der einzigen Kirche Christi“[222]. Man sieht, worauf diese Argumentation hinausläuft: Das Kirche-Sein erschließt sich nicht allein über die sichtbare äußere Gestalt,

---

[221] UR 3.

[222] UR 3. Der Text lautet: „Hinzu kommt, dass einige, ja sogar viele und bedeutende Elemente oder Güter, aus denen insgesamt die Kirche erbaut wird und ihr Leben gewinnt, auch außerhalb der sichtbaren Grenzen der katholischen Kirche existieren können: das geschriebene Wort Gottes, das Leben der Gnade, Glaube, Hoffnung und Liebe und andere innere Gaben des Heiligen Geistes und sichtbare Elemente: all dieses, das von Christus ausgeht und zu ihm hinführt, gehört rechtens zu der einzigen Kirche Christi.“

sondern vom mysterialen Charakter der Kirche als Ganze. In Christus ist sie Zeichen und Werkzeug der Gemeinschaft mit Gott. So umfasst die Kirche als eine einzige komplexe Wirklichkeit sichtbare Elemente und innere Gaben des Heiligen Geistes, nämlich das geschriebene Wort Gottes, Gnade, Glaube, Hoffnung und Liebe. Insoweit können die von Christus ausgehenden Elemente und Güter der Wahrheit und der Heiligung berechtigterweise auch auf andere, von der katholischen Kirche getrennten Kirchen und kirchlichen Gemeinschaften angewendet werden.
Das Zweite Vatikanische Konzil hat die hier mit dem Begriff der „Subsistenz“ beschriebene ekklesiologische Verhältnisbestimmung – J. Ratzinger spricht von einer ontologischen Brücke zu der Existenz anderer Kirchengemeinschaften[223] – entschieden in die Perspektive des Gemeinschaftsgedankens gerückt.[224] Das Konzil hat dafür den in verschiedenen Bezügen und Qualifikationen verwendeten Begriff der Communio (Gemeinschaft) herangezogen. Er kann heute als ein weiterer Schlüsselbegriff der Ekklesiologie des II. Vaticanums bezeichnet werden, der insbesondere die Materie der Gemeinschaft im sakramentalen Leben normiert.[225] Ansatzpunkt für das hieraus zu entfaltende Konzept von Gemeinschaft ist das Verständnis des neutestamentlichen und in der patristischen Theologie verwendenten Wortes von der Koinonia: „Gemeinschaft (communio) entsteht durch Teilhabe (participatio) an Jesus Christus“ ist die Kurzformel hierfür. Insoweit ist der griechische Begriff „koinonia“ weiter als der lateinische Begriff „communio“.[226] Er umfasst sowohl die Bedeutung von Teilhabe (participatio) wie Gemeinschaft (communio). Von dieser Leitperspektive aus betrachtet erscheint die ekklesiale Wirklichkeit im Licht des eucharistischen Mysteriums (communio eucharistica). In diesem Sinne spricht das Ökumenismusdekret

---

[223] J. Cardinal Ratzinger, Weggemeinschaft des Glaubens. Kirche als Communio. Festgabe zum 75. Geburtstag, Augsburg 2002, 207f.
[224] Vgl. hierzu insgesamt meine Studie: W. Thönissen, Gemeinschaft durch Teilhabe (Anm. 199).
[225] Vgl. M. Kehl, Die Kirche. Eine katholische Ekklesiologie, Würzburg 1992; J. Meyer zu Schlochtern, Sakrament Kirche. Wirken Gottes im Handeln der Menschen, Freiburg i.Br. 1992.
[226] Grundlegend ist hierfür LG 7.

zu Recht von der „ursprünglichen und vollständigen Wirklichkeit (substantia) des eucharistischen Mysteriums“[227]. Anwendung findet diese so verifizierte Idee der Communio in verschiedenen ekklesialen Kontexten.[228] Sowohl die Frage nach der Kirchenzugehörigkeit wie die Frage des Verhältnisses der getrennten Christen zur katholischen Kirche werden mit dieser Grundkonzeption verbunden. Die Kirchenkonstitution „Lumen gentium“ spricht von Graden der Zugehörigkeit und unterscheidet die volle Eingliederung des katholischen Gläubigen von der Verbundenheit mit der katholischen Kirche.[229] Das Ökumenismusdekret gebraucht im selben Problemkontext allerdings auch den Begriff der Communio, um die Verbundenheit der getrennten Christen mit der katholischen Kirche auszudrücken: communio cum Ecclesia catholica, etsi non perfecta.[230] Gleichzeitig sind nicht nur einzelne Individuen im Blick, sondern auch die Gemeinschaften und Kirchen, denen sie angehören. Insoweit verbindet vor allem das Ökumenismusdekret – und das ist programmatisch zu lesen – den Begriff der Communio mit der Frage nach dem Verhältnis der katholischen Kirche zu den von ihr getrennten Kirchen und kirchlichen Gemeinschaften. Deshalb kommt es zu dem bis dahin in der Tradition nicht geläufigen Begriff der communio plena bzw. communio non plena. Die entscheidende ökumenische Stoßrichtung erhält diese Communio-Idee dadurch, dass sie die klassische Einheitsvorstellung, die wohl im Ganzen in Geltung bleibt, neu ausrichtet und gewichtet. Die neuere Ausrichtung wird man auf die Kurzformel bringen dürfen: Einheit kann von nun an verstanden werden als Gemeinschaft, als communio ecclesiarum.

Das Entscheidende an diesem Gedankengang ist die folgende Erkenntnis: Maßstab der ekklesiologischen Beurteilung sind die ekklesialen Strukturelemente, die, von Christus eingesetzt, zu den Grundelementen des Kircheseins zählen. Hier ist entschei-

---

[227] UR 22.

[228] Hierbei erfährt die Communio-Vorstellung freilich selbst verschiedene Brüche innerhalb unterschiedlicher ekklesiologischer Traditionen. Vgl. hierzu insbesondere J. Werbick, Kirche. Ein ekklesiologischer Entwurf für Studium und Praxis, Freiburg u.a. 1994, bes. 11-15.

[229] LG 15.

[230] UR 3.

dend, dass die Kirche nicht als geschlossene sichtbare Heils-Anstalt ins Feld geführt wird, sondern als Mysterium des Glaubens in den Blick kommt, welches sichtbare und verborgene Elemente enthält. Dazu zählen im Kern die Verkündigung des Evangeliums, der Glaube der Kirche, die Sakramente, Taufe und Eucharistie, und das geistliche Amt in der Kirche nebst Bischofsamt und Papstamt. In ihnen und aus ihnen ist die Kirche wirksam und zeichenhaft lebendig. Im ökumenischen Prozess kommt es darauf an, diese Elemente der Wahrheit und der Heiligung gegenseitig zu entdecken und miteinander teilzuhaben. Der Weg der gegenseitigen Anerkennung der Kirchen läuft so über die gegenseitige Wahrnehmung und Anerkennung dieser wahren Elemente der Kirche. Die Lehre vom „Subsistit" begründet die Existenz dieser für die Kirche und ihr Sein wahrhaftigen Elemente und Güter. Es kommt deshalb im ökumenischen Dialog darauf an, die Diskussion über das „Subsistit" zu führen, und zwar in allen Kirchen. Die These vom „Subsistit" ist keineswegs eine die Ökumene hemmende Vorstellung, sondern ihre einzige Möglichkeit. Insoweit ist das „Subsistit" keine apologetische Abgrenzungs-, sondern eine ökumenische Öffnungsklausel. Sie ist zugleich eine Chiffre für die ökumenische Herausforderung auf dem Weg zur Einheit der Kirche Jesu Christi.

3.2. Elemente der Heiligung und der Wahrheit. Ein ökumenisch umstrittenes Lehrstück

In Kommentaren und Beiträgen zu „Lumen gentium" und insbesondere zum „Subsistit" von LG 8 hat sich seit langem eingebürgert, die Rede von den Elementen der Heiligung und der Wahrheit, die sich außerhalb der katholischen Kirche finden und auf die katholische Einheit hindrängen, mit dem in der ökumenischen Bewegung bekannten Motiv der vestigia Ecclesiae, das in verschiedenen konfessionellen Traditionen bekannt ist, zu verknüpfen. Im Hintergrund der entsprechenden Passagen der Kirchenkonstitution „Lumen gentium" und des Ökumenismusdekretes „Unitatis redintegratio", aber auch der Enzyklika „Ut Unum Sint" von Johannes Paul II. lässt sich in der Tat ein Text ausmachen, der für den Ökumenischen Rat der Kirchen in den Fünfzi-

gerjahren eine ausschlaggebende Bedeutung erlangt hatte und der die Konzilsväter beeindruckt und beeinflusst haben mag, die an der Abfassung der entsprechenden Texte des Zweiten Vatikanischen Konzils beteiligt waren. Es handelt sich hierbei um die sog. Toronto-Erklärung von 1950, mit der der ÖRK die Bereitschaft der Mitgliedskirchen ausloten wollte, in den jeweils anderen Kirchen mindestens Spuren oder Elemente der wahren Kirche entdecken zu können, um so den Prozess der gegenseitigen Anerkennung der Mitgliedskirchen untereinander fördern und anregen zu können.
Diese Rede von Elementen der Kirche tauchte bereits im Vorfeld des Zweiten Vatikanischen Konzils in der von katholischen Theologen mitgeprägten ökumenischen Debatte auf und wurde dann – vermittelt über das deutsche Schema „De Ecclesia" – zum Schlüsselbegriff der ökumenischen Öffnung der katholischen Kirche. Zwar lässt sich heute vermuten, dass hinter der Rede von den Elementen, wie sie in LG 8 erscheint, jene Idee von den vestigia Ecclesiae steht, wie sie im Umfeld des Ökumenischen Rates der Kirchen ausgearbeitet wurde, doch ist damit nicht bewiesen, ob es einen sachlichen und begrifflichen Zusammenhang zwischen beiden Redeweisen gibt. Möglicherweise ergeben sich bei der Rekonstruktion dieser komplexen Wirkungsgeschichte Motive, die bei der Interpretation der bis heute diskutierten Redeweise hilfreich sein könnten. Die Rede von den Elementen der Heiligung und der Wahrheit ist auch heute noch nicht selbstverständlich, ja der Erklärung bedürftig.

3.2.1. Zu den Fundorten der Rede von den Spuren resp. Elementen der Kirche

Dass sich das Motiv von den Spuren oder Elementen der Kirche Johannes Calvin verdankt, der es in seiner „Institutio Christianae Religionis" verwendet, um auch unter den „Papisten" noch Spuren der Kirche aus der Zerrüttung entdecken zu können, war schon während des Zweiten Vatikanischen Konzils bekannt.[231]

[231] Es handelt sich um folgenden Text: „Trotzdem … so sprechen wir auch heute den Papisten nicht ab, was der Herr unter ihnen als Spuren der Kirche

Was sich bei Calvin kontroverstheologischem Interesse verdankte, mutierte im ökumenischen Zeitalter zu einem auf beiden Seiten verwendbaren ökumenischen Motiv, das die Möglichkeit zur gegenseitigen ekklesialen Entdeckung und Wahrnehmung bereithält. Die Übernahme der Rede von den vestigia Ecclesiae in die katholische Theologie ist dabei ausdrücklich als ökumenischer Fortschritt bewertet worden.[232] Im Calvin-Jahr 2009 wird daher nicht ungern von katholischer Seite auf dieses von Johannes Calvin stammende Motiv hingewiesen.[233]

Der Urheber der Rede von den Spuren der Kirche im ökumenischen Zusammenhang, Willem Visser t'Hooft, hat allerdings nicht Calvins „Institutio Christianae Religionis" als Erstort dieses Motivs ausgewiesen. Der erste Generalsekretär des ÖRK verweist vielmehr auf die lutherische Tradition, hier insbesondere auf Hermann Sasse, dem er das Motiv verdanke.[234] So eindeutig wie heute versichert wird, ist also die Herkunft der Rede von den vestigia Ecclesiae keineswegs, und diese angebliche Herkunft bei Calvin erklärt erst recht nicht deren Sinn. Doch die Dinge sind noch komplexer als zunächst vermutet.

Zwar steht fest, dass die Idee von den vestigia Ecclesiae resp. Elementen der wahren Kirche[235] im Umfeld des Ökumenischen

---

aus der Zerrüttung hat übrigbleiben lassen wollen. … Obgleich wir also den Papisten den Namen ‚Kirche' nicht rundweg zugestehen wollen, so leugnen wir deshalb doch nicht, dass es bei ihnen Kirchen gibt, sondern wir streiten mit ihnen allein über die wahre und rechtmäßige Gestaltung der Kirche, die sich einerseits in der Gemeinschaft an den Sakramenten findet, die die Zeichen des Bekenntnisses sind, andererseits aber vor allem in der Gemeinschaft der Lehre." (J. Calvin, Institutio Christianae Religionis, IV,2, 11 und 12; übersetzt u. bearbeitet v. O. Weber, Neukirchen-Vluyn 1955, ^{4}1986, 712f.) Vgl. dazu den Kommentar von J. Feiner, in: LThK.E II (1967) 53, aber auch in neuerer Zeit der Kommentar von B.J. Hilberath, in: HThK Vat. II 3 (2005) 123f.

[232] W. Dietzfelbinger, Die Grenzen der Kirche nach römisch-katholischer Lehre, Göttingen 1962, 172.

[233] So E.-M. Faber, Johannes Calvin – Reformator um der Ehre Gottes Willen, in: SKZ 27-28 (2009) 479.

[234] Ursprung und Entstehung des Ökumenischen Rates der Kirchen, deutsche Ausgabe veröffentlicht in: ÖR.B 44 (1983) 72.

[235] Zwischen Spuren und Elementen wird zunächst im Text des ÖRK der Sache nach nicht unterschieden. Es handelt sich um Textabschnitt Nr. 12 innerhalb des Dokumentes „Die Kirche, die Kirchen und der Ökumenische

Rates der Kirchen entwickelt wurde, den Begriff der elementa Ecclesiae allerdings, wie er aus dem ökumenischen Umfeld aufgenommen und dann in „Lumen gentium“[236] und „Unitatis redintegratio“[237] entfaltet wird, wird man doch eher im Zusammenhang der von Robert Kardinal Bellarmin kontroverstheologisch ausgeprägten Lehre von der Kirchengliedschaft verorten müssen. Erstaunlich ist hieran die Erkenntnis, dass die an der Ausprägung der ökumenischen Redeweise beteiligten katholischen Theologen das Motiv von den vestigia Ecclesiae mittelbar auf Bellarmins Gliedschaftslehre bezogen, freilich über den Umweg über die Enzyklika Pius XII. Mystici corporis von 1943. Hier hat

---

Rat der Kirchen“: „Die Mitgliedskirchen des Ökumenischen Rates der Kirchen erkennen in anderen Kirchen Elemente der wahren Kirche an. Sie sind der Meinung, dass diese gegenseitige Anerkennung sie dazu verpflichtet, in ein ernstes Gespräch miteinander einzutreten; sie hoffen, dass diese Elemente der Wahrheit zu einer Erkenntnis der vollen Wahrheit und zur Einheit, die auf der vollen Wahrheit begründet ist, führen werden. Allgemein wird in den verschiedenen Kirchen gelehrt, dass andere Kirchen bestimmte Elemente der wahren Kirche haben, die in manchen Traditionen vestigia ecclesiae genannt werden. Zu diesen Elementen gehört die Verkündigung des Wortes Gottes, die Auslegung der Heiligen Schrift und die Verwaltung der Sakramente. Diese Elemente sind mehr als blasse Schatten des Lebens der wahren Kirche. Sie enthalten eine wirkliche Verheißung und machen es möglich, sich in freimütigem und brüderlichem Verkehr für die Verwirklichung einer volleren Einheit einzusetzen. … Die ökumenische Bewegung ist auf der Überzeugung gegründet, dass man diesen ‚Spuren‘ nachgehen muss. Die Kirchen sollten sie nicht gering achten, als seien sie nur Elemente der Wahrheit, sondern sollten sich darüber freuen, weil sie hoffnungsvolle Zeichen sind, die auf eine wirkliche Einheit hinweisen. Denn was sind denn diese Elemente? Keine toten Überreste der Vergangenheit, sondern machtvolle Instrumente, durch die Gott sein Werk tut. Fragen über die Rechtmäßigkeit und Reinheit der Lehre und des sakramentalen Lebens können und müssen erhoben werden; es kann aber keine Frage sein, dass solche dynamischen Elemente des kirchlichen Lebens zu der Hoffnung berechtigen, dass die Kirchen, die sie bewahren, in vollere Wahrheit geleitet werden. Diese Anerkennung der Wahrheit wird gerade durch das ökumenische Gespräch erleichtert.“ (Die Kirche, die Kirchen und der Ökumenische Rat der Kirchen. Die ekklesiologische Bedeutung des Ökumenischen Rates der Kirchen. Vom Zentralausschuss des ÖRK in Toronto im Jahre 1950 entgegengenommen und den Kirchen zum Studium und zur Stellungnahme empfohlen, in: Die Einheit der Kirche [Anm. 138], 252-261, hier 258).

[236] LG 8.

[237] UR 3.

die Rede von den ekklesialen Elementen ihren sachlichen und theologiegeschichtlichen, aber nicht ihren begriffsgeschichtlichen Ort. Vollzogen und offenkundig wird diese Verbindung durch das Ökumenismusdekret, vorbereitet durch katholische Ökumeniker mit Kontakten zum ÖRK.[238]
Ist dieser erste theologiegeschichtliche Rekonstruktionsversuch zutreffend, so stellt sich die Frage, ob die Motiv- und Begriffsübernahme überhaupt zu Recht erfolgt ist, oder ob sie sich nicht doch eher einer euphorischen ökumenischen Dynamik der späten Vierziger- und frühen Fünfzigerjahre verdankt. Mehr noch stellt sich die Frage, ob es am Ende nicht gerade ein allzu gewagter Schachzug war, die im ÖRK entwickelte Rede von den Elementen der wahren Kirche auf Bellarmins Gliedschaftslehre zu beziehen, um diese ökumenisch fruchtbar zu machen. Dass in Fragen der katholischen Gliedschaftslehre an Bellarmin seit „Mystici Corporis“ von 1943 kein Vorbeikommen war, schien katholischen Ökumenikern dabei kein allzu großes Problem zu bereiten. So erhebt sich hier die Frage, ob es sachlich überhaupt möglich erscheint, an Bellarmins Theorem anzuknüpfen oder handelt es sich, wie vielfach an Texten des Zweiten Vatikanischen Konzils beobachtet, um einen unangemessenen „Kompromiss in Sachen der Lehre“.[239] So ließe sich dann der Kompromiss schließlich auf die eingängige Formel bringen, mit Calvin und Bellarmin gemeinsam auf der Spur der gegenseitigen Anerkennung der Kirchen als Kirchen. Hier steht aber die Glaubwürdigkeit kirchlicher Lehre erst Recht zur Debatte, wenn man hinzufügt, dass der Hauptgegner Bellarmins in seinen Kontroversen Johannes Calvin war.[240]

---

[238] UR 3. Der Kommentar von J. Feiner (Fn 231) stellt explizit die Verbindung zwischen der Rede von den Elementen und der Bellarminschen Gliedschaftslehre her.

[239] So etwa M. Seckler, Über den Kompromiß in Sachen der Lehre, in: Ders., Im Spannungsfeld von Wissenschaft und Kirche. Theologie als schöpferische Auslegung der Wirklichkeit, Freiburg i. Br. 1980, 99-109.

[240] R.W. Richgels, The Pattern of Controversy in a Counter-Reformation Classic: The Controversies of Robert Bellarmine, in: SCJ XI (1980) 3-15.

3.2.2. Vestigia Ecclesiae in der Toronto-Erklärung des ÖRK von 1950

Wenn nunmehr klar ist, dass das Vestigia-Motiv von katholischen Theologen in den Vierzigerjahren übernommen worden ist, worin schon früh auf evangelischer Seite ein ökumenischer Fortschritt erkannt worden ist, so bleibt zu klären, was katholische Theologen zu einer solchen Übernahme veranlasst haben mag. Der Umstand lässt sich heute einigermaßen deutlich erkennen. Willem Visser t'Hooft, der erste Generalsekretär des ÖRK, hatte Mitte der Achtzigerjahre in einem persönlichen Rückblick darüber aufgeklärt, dass die Erklärung des Zentralausschusses von 1950 mit dem Titel „Die Kirche, die Kirchen und der Ökumenische Rat der Kirchen" auf einem Text beruht, den er selbst im Vorfeld der Gründung des ÖRK bereits 1946 verfasst und dann in eine für die Gründungsphase 1948 selbst gedachte Publikation eingebracht hatte. Dieser Beitrag mit dem Titel „Die Bedeutung des Ökumenischen Rates der Kirchen" enthielt in einem sechsten Kapitel Aussagen über die Bedeutung der Mitgliedschaft im ÖRK für die Kirchen untereinander, die bei ihren Schwesterkirchen wenigsten „vestigia Ecclesiae" erkennen und so bejahen, dass die Kirche Jesu Christi alle Kirchen umfasse, was in der Mitgliedschaft selbst zum Ausdruck komme.[241] Dieser Text sollte die Grundlage für eine umfassende Diskussion bilden und löste tatsächlich eine umfassende Debatte über die

[241] In: Die Unordnung der Welt und Gottes Heilsplan. Erster Band: Die Kirche in Gottes Heilsplan. Ökumenische Studien. Hg. v. der Studienkommission des ÖRK in Genf, Zürich 1948, 213f: „Teilnahme am Ökumenischen Rat bedeutet keine relativistische Haltung im Blick auf die wesentlichen und unentbehrlichen Kennzeichen der wahren Kirche Christi. Aber das bedeutet die Mitgliedschaft beim Ökumenischen Rat, dass jede Kirche bei ihren Schwesterkirchen im Rate zum wenigsten die ‚vestigia ecclesiae' erkennt, also die Tatsache, dass die Kirche Christi irgendwie auch in ihnen vorhanden und dass der Herr der Kirche in ihrem Leben am Werke ist. Mit Recht ist gesagt worden (von Professor Hermann Sasse), die Schaffung des Ökumenischen Rates bedeute, dass die Kirchen zum ersten Male die sich aus der klassischen Lehre ergebenden Konsequenzen, die praktisch von allen Kirchen des Rates gelehrt wird, bejahen, nach der die Kirche Christi alle umfasst, die Seinen Namen bekennen, selbst wenn ihr Bekenntnis unvollständig oder mit Irrtum vermischt ist."

Folgen der Mitgliedschaft aus. Ein Jahr nach der Gründung des ÖRK ergab sich dann überraschenderweise die Gelegenheit zu einer ausführlichen Diskussion mit römisch-katholischen Ökumenikern.
Die Gründung des ÖRK war auf katholischer Seite auf ein zwiespältiges Urteil gestoßen; die holländischen Bischöfe schienen bereit, katholischen Priester und Laien eine Teilnahme an der Gründungsversammlung im August 1948 erlauben zu wollen, das Heilige Offizium dagegen erließ ein Verbot.[242] Freilich fand die Gründung des ÖRK unter katholischen Theologen erhebliches Interesse. Diesem Umstand ist es wohl zu verdanken, dass es schon ein Jahr später im September 1949 im Centre d'Études Istina in Paris zu einem Treffen zwischen Stabsmitgliedern und Mitarbeitern des ÖRK und zwei französischen katholischen Theologen kam, nämlich P. Yves Congar und P. Jean Daniélou. Bei diesem Gespräch unterstrichen die beiden katholischen Theologen die Bedeutung des Begriffs vestigia Ecclesiae und wiesen darauf hin, dass man zu einem dynamischen Verständnis der Elemente der wahren Kirche kommen müsse, beides Begriffe, die Visser t'Hooft in seiner Ausarbeitung genannt hatte, bei dem Treffen darlegte und die zum Gegenstand einer ökumenischen Diskussion wurden. Durch Bemerkungen beider katholischer Theologen angereichert ging Visser t'Hooft daran, die von ihm vorgelegten Thesen weiter auszuarbeiten. Der Exekutivausschuss des ÖRK beschloss im Februar 1950 in Bossey, eine zweite Fassung des Textes von Visser t'Hooft zu entwerfen und in dieser revidierten Form dem Zentralausschuss in seiner Sitzung im Juli 1950 in Toronto vorzulegen. Der Text wurde auf der Sitzung nochmals überarbeitet und einer intensiven Diskussion unterworfen, schließlich vom Zentralausschuss angenommen und den Mitgliedskirchen unter dem Titel „Die Kirche, die Kirchen und der Ökumenische Rat der Kirchen" zur Prüfung und Stellungnahme empfohlen. In den folgenden Jahren setzte der Text eine teilweise heftige Diskussion im Umfeld des ÖRK frei und nimmt heute als Toronto-Erklärung einen bedeutenden Platz in der Geschichte der Ökumenischen Bewegung ein.[243]

---

[242] Vgl. die umfangreiche Berichterstattung in: HerKorr 3 (1948/49) 86-96.
[243] So die Schilderung von Willem Visser t'Hooft in seinem Buch „Ur-

3.2.3. Die Rezeption der Vestigia-Lehre durch katholische Theologen

Schon bald nach dem Treffen im Jahre 1949 begann man im Centre d'Études Istina intensiv über das Motiv der vestigia Ecclesiae nachzudenken. Der Direktor des Instituts, Pater Christophe-Jean Dumont, eröffnete im April 1951 in dem vom Centre d'Études herausgegebenen Bulletin „Vers l'Unité Chrétienne" eine Debatte über „vestigia Ecclesiae", in dem er einen Fragebogen lancierte, um mit dessen Hilfe katholische Theologen zum Studium entsprechender Fragen anzuregen, ohne einen Anspruch auf umfassende systematische Darstellung der theologischen Problematik erheben zu wollen. P. Dumont stellte zwei Kategorien von Fragen. Die einen bezogen sich auf den Komplex von Herkunft, Tradition und Praxis dieses Lehrstücks, die anderen auf eine mögliche Lehre der vestigia Ecclesiae, auf Elemente und Werte, die in den getrennten Kirchen erkennbar sind und es erlauben, zwischen ihnen und der katholischen Kirche positive Beziehungen aufzubauen. Auf diese öffentliche Aufforderung an die Leser des Bulletins antwortete Yves Congar, dessen Beitrag „A propos des Vestigia ecclesiae" im Januar 1952 abgedruckt wurde.[244]

Yves Congar entfaltete zwei Sichtweisen, eine katholische und eine reformatorische. In der ersten konnte er sich nur annäherungsweise der Thematik nähern, indem er zwischen objektiven und subjektiven Elementen unterschied. So sei ja nicht zu leugnen, dass trotz der Trennungen zu den getrennten orthodoxen Kirchen Beziehungen bestünden, die in einer bestehenden apostolischen Sukzession begründet seien. So sei auch der Name „Kirche" den sog. altorientalischen Kirchen nicht rundweg abzustreiten. Ebenso dürfte es sich auch im Falle der Taufe verhalten. In einem zweiten Teil widmete er sich der Thematik bei Luther

---

sprung und Entstehung des Ökumenischen Rates der Kirchen", dt.e Ausgabe veröffentlicht in: ÖR.B 44 (1983) 71-83. Vgl. dazu den Beitrag von V. Borovoy, Die kirchliche Bedeutung des ÖRK. Vermächtnis und Verheißung von Toronto, in: Es begann in Amsterdam. Vierzig Jahre Ökumenischer Rat der Kirchen. Hg. v. ÖRK, in: ÖR.B 59 (1989) 151-168.

[244] In: Vers l'Unité Chrétienne. Bulletin Catholique D'Information 39 (Jan. 1952) 3-5.

und Calvin. Bei beiden Reformatoren finden sich Hinweise zur Redeweise und Begriffe von den vestigia Ecclesiae, bei Luther der Sache nach, bei Calvin explizit entfaltet.[245] Zu fragen sei daher, ob nicht die Redeweise von den vestigia einen Vergleich zwischen den Kirchen als Institutionen erlauben würde.
Jérome Hamer untersuchte noch im selben Jahr die Frage, was unter den vestigia zu verstehen sei, signa Ecclesiae oder „point fondamentaux". In einer langen Abhandlung suchte er den Zusammenhang von Taufe und Kirche herauszuarbeiten, um die Frage zu beantworten, ob die Taufe nicht bereits ein Element der Kirche sei, aus dem die Kirche selbst erbaut sei.[246] Gustave Thils nahm diese Fragestellung 1955 wieder auf, indem er auf das Dokument von Toronto und auf die Quellen hinwies.[247] Thomas Sartory unterzog sie einer ausführlichen Untersuchung. Dabei geht es ihm „um die Erkenntnis und Anerkenntnis der Wirklichkeiten des kirchlichen Seins, die in den von der römischen Einheit getrennten Gemeinschaften vorhanden sind"[248]. Wenn signa Ecclesiae Anzeichen der wahren Kirche sind, dann verhelfen sie dazu, aus katholischer Sicht über die vestigia bei den getrennten

---

[245] Luther kennt das Wort „Vestigia Ecclesiae" selbst nicht, doch finden sich zahlreiche Hinweise, die auf „Elemente der Kirche" hinweisen: die Taufe, das Wort, die Sakramente, die Gewalt der Schlüssel, die Schrift selbst, die Ämter. Calvin hingegen spricht von „marques" und „enseignes". Vgl. Y. Congar, Die Lehre von der Kirche (Anm. 176), 5. Zu Luthers Position vgl. W. Höhne, Luthers Anschauungen über die Kontinuität der Kirche, Berlin-Hamburg 1963, 13: „Für Luther gibt es einen ununterbrochenen Fortbestand der Kirche." Luther bejaht die Kontinuität der Kirche wohl in einem Calvin gegenüber viel ursprünglicheren Sinn. Während für Luther die wahre Kirche in einem unaufhebbaren und unablösbaren Gegenüber zur falschen Kirche „unter der Verheißung der kontinuierlichen göttlichen Erhaltung" (Ebd., 160) lebte, war die Entscheidung für Calvin bereits gefallen, für ihn stand nach dem Bruch die wahre der falschen Kirche klar und entschieden gegenüber. Von daher muss wohl zwischen Luthers Auffassung über den Erhalt der einen Kirche und Calvins Suche nach den Spuren der Kirche unter dem Zustand der Zerrüttung deutlicher unterschieden werden.

[246] Le Baptême et l'Église. A propos des „Vestigia Ecclesiae", in: Irén. 25 (1952) 142-164, 263-275.

[247] Histoire Doctrinale Du Mouvement Oecuménique, Louvain 1955, 142-147.

[248] Die ökumenische Bewegung und die Einheit der Kirche. Ein Beitrag im Dienste einer ökumenischen Ekklesiologie, Meitingen 1955, 147.

Glaubensgemeinschaften nachzudenken.[249] Der Reihe nach geht Sartory die einzelnen vestigia durch: den Glauben an Jesus Christus, die Sakramente und das Amt in der Kirche. In diesen drei vestigia lotet er die Gemeinsamkeiten, aber auch die Differenzen zwischen der katholischen und der protestantischen Lehre aus. Das Ergebnis seiner Untersuchungen lässt sich auf den Nenner bringen, dass die vestigia Ecclesiae geradezu nach einer „Wiedervereinigung“ riefen.[250] Edward Hanahoe suchte 1959 in einem umfassenden Essay die Bedeutungsfülle und den Wert der Rede von den vestigia Ecclesiae darzustellen.[251] Wolfgang Dietzfelbinger rekonstruierte schließlich die Rezeption der Rede von den Spuren der Kirche durch die katholische Theologie bis zum Beginn des Zweiten Vatikanischen Konzils.[252]

Bis hin zur Eröffnung des Zweiten Vatikanischen Konzils zieht sich also innerhalb der katholischen Theologie eine deutliche Spur. Einige Konturen der Fragestellung werden klarer, das Umfeld der Bedeutungen wird größer. Die Frage der Herkunft kann weithin geklärt werden. Doch von einer systematisch umfassenden und für die anstehenden ekklesiologischen Fragen verwertbaren Theorie oder auch nur Lehre von den vestigia Ecclesiae kann auch nach über 10 Jahren theologischer Debatte keine Rede sein. Eine umfassende Lehre, wie sie etwa E. Hanahoe vorlegt, trägt letztlich nicht zur Klärung bei. Alles hängt an der entscheidenden Frage, ob die katholische Kirche willens und in der Lage ist, den ekklesialen Status der nichtkatholischen Kirchen und Gemeinschaften ekklesiologisch zu definieren. Die Lehre der katholischen Kirche von der Identität von mystischem Leib Christi und der Ecclesia catholica Romana bleibt der entscheidende Angelpunkt zur Klärung der gestellten Frage. Die Identitätsfrage stellt sich damit als die im ökumenischen Umfeld am meisten zu klärende Frage heraus. Die These von den vestigia Ecclesiae hat zwar nichts zu einer sachlichen Klärung beitra-

---

[249] Ebd., 149.

[250] Ebd., 194.

[251] Vestigia Ecclesiae. Their Meaning and Value, in: One Fold. Essays and documents to commemorate the Golden Jubilee of the Chair of Unity Octave 1908-1958. Ed. by E.F. Hanahoe and T.F. Cranny, New York 1959, 272-383.

[252] Die Grenzen der Kirche (Anm. 232), 135-180.

gen können, aber die Problematik nachhaltig verschärft. Damit zeigt sich, dass das 1959 angekündigte Konzil, wenn es die ökumenische Frage wirklich umfassend klären will, die ekklesiologische Frage der ekklesialen Realität der nichtkatholischen Kirchen aufnehmen muss. Die Vorbereitungen hierzu hatten die im ökumenischen Dialog versierten katholischen Theologen wie Y. Congar, G. Thils und C.-J. Dumont bereits geleistet. Alle drei nehmen als Periti am Zweiten Vatikanischen Konzil teil. Schon im ersten Entwurf der deutschen Bischöfe, es ist das deutsche Schema De Ecclesia, taucht die Rede von den Elementen wieder auf:[253] „Dort steht das volle Zeichen des Heils oder die wahre Kirche, wo die drei Elemente des einen Zeichens – nämlich der eine Glaube, die eine Taufe und die eine Regierung – gleichzeitig und vollständig verifiziert sind, d.h. in der einen, heiligen, katholischen und apostolischen Kirche, die vom Nachfolger Petri zusammen mit dem Bischofskollegium regiert wird."[254] Im deutschen Entwurf ist die Rede von den Elementen schon ziemlich ausgereift und klar – wenn auch ohne Nennung – mit den aus der Enzyklika „Mystici corporis" her bekannten Ligamina der Kirchengliedschaftslehre Bellarmins verbunden.

3.2.4. Die Rezeption der Rede von den Elementen durch das Zweite Vatikanische Konzil

Das Zweite Vatikanische Konzil hat sich zweifelsfrei über den ekklesialen Status der nichtkatholischen Kirchen und kirchlichen Gemeinschaften erklärt. Intention, Wortlaut und den Sinn der Kirchenkonstitution Lumen gentium aufgreifend und zugleich weiterführend betont heutige katholische Theologie die ekklesiale Realität der Kirchen außerhalb der katholischen Kirche. Die von Rom getrennten Kirchen und kirchlichen Gemeinschaften haben eine gewisse Gemeinschaft mit ihr bewahrt.[255] Die Enzyk-

[253] Vgl. G. Wassilowsky, Universales Heilssakrament Kirche (Anm. 186).
[254] Lateinischer Text in: ASCOV I/4, 616.
[255] Päpstlicher Rat zur Förderung der Einheit der Christen, Direktorium zur Ausführung der Prinzipien und Normen über den Ökumenismus vom 25. März 1993 [=ÖD]. Hg. v. Sekretariat der Deutschen Bischofskonferenz, Bonn 1993 (VApS 110), Nr.18, 14f.

lika Johannes Pauls II. „Ut Unum Sint“ spricht in diesem Zusammenhang sogar von einer „Erweiterung des Wortschatzes“[256] und hält, die Aussagen des Konzils interpretierend, fest: „Außerhalb der Grenzen der katholischen Gemeinschaft besteht also kein kirchliches Vakuum. Viele und bedeutende Elemente, die in der katholischen Kirche zur Fülle der Heilsmittel und der Gnadengaben gehören, die die Kirche ausmachen, finden sich auch in den anderen christlichen Gemeinschaften.“[257] Wohl finden sich diese Elemente in ihrer ganzen Fülle nur in der katholischen Kirche, doch ist es Aufgabe der ökumenischen Bewegung, die schon bestehende Gemeinschaft zwischen der katholischen Kirche und den anderen kirchlichen Gemeinschaften und Kirchen wachsen zu lassen.[258] Damit kommt diesen noch näher zu kennzeichnenden Elementen – oder wie das Konzil ausgeführt hat – Gütern der Heiligung und der Wahrheit, eine außerordentliche Rolle in der Verhältnisbestimmung der katholischen Kirche zu den ihr verbundenen, aber von ihr getrennten Kirchen und Gemeinschaften zu. Welche Elemente sind gemeint, welche Elemente können Christen miteinander teilen?

An zwei entscheidenden Stellen hat sich das Zweite Vatikanische Konzil über die Elemente der Heiligung und der Wahrheit ausgelassen: in LG 8 und in UR 3. Beiden Texten kommt eine ausschlaggebende Bedeutung zu. Im ersten Text heißt es ohne jede einführende Vermittlung: „Das schließt nicht aus, dass außerhalb ihres Gefüges vielfältige Elemente der Heiligung und der Wahrheit zu finden sind, die als der Kirche Christi eigene Gaben auf die katholische Einheit hindrängen.“ Das Ökumenismusdekret nimmt diese Aussage auf und führt diese noch weiter aus: „Hinzu kommt, dass einige, ja sogar viele und bedeutende Elemente oder Güter, aus denen insgesamt die Kirche erbaut wird und ihr Leben gewinnt, auch außerhalb der sichtbaren Grenzen der katholischen Kirche existieren können: das geschriebene Wort Gottes, das Leben der Gnade, Glaube, Hoffnung und Liebe und andere innere Gaben des Heiligen Geistes und sichtbare Elemente: all dieses, das von Christus ausgeht und

[256] Johannes Paul II., Enzyklika „Ut Unum Sint“ (Anm. 59), Nr. 42.
[257] Ebd., Nr. 13.
[258] Ebd., Nr. 14.

zu ihm hinführt, gehört rechtens zu der einzigen Kirche Christi". Die von der katholischen Kirche getrennten Kirchen und kirchlichen Gemeinschaften sind „trotz der Mängel, die ihnen nach unserem Glauben anhaften, nicht ohne Bedeutung und Gewicht im Geheimnis des Heiles. Denn der Geist Christi hat sich gewürdigt, sie als Mittel des Heiles zu gebrauchen, deren Wirksamkeit sich von der der katholischen Kirche anvertrauten Fülle der Gnade und Wahrheit herleitet". Das Ökumenismusdekret hat darüber hinaus einen weiteren Zusammenhang hergestellt, der von der ekklesialen Bedeutung der Taufe handelt.

Diesen klaren Zusammenhang erschließt die Enzyklika „Ut Unum Sint", wenn sie festhält: „Die Elemente der Heiligung und der Wahrheit, die in den anderen christlichen Gemeinschaften in je unterschiedlichem Grad vorhanden sind, bilden in der Tat die objektive Grundlage der, wenn auch unvollkommenen Gemeinschaft, die zwischen ihnen und der katholischen Kirche besteht. In dem Maße, in dem diese Elemente in den anderen christlichen Gemeinschaften vorhanden sind, ist die eine Kirche Christi in ihnen wirksam gegenwärtig."[259] Dabei ist klar, dass erst die Enzyklika Johannes Pauls II. diese Verbindung der Elemente mit den sog. Ligamina herstellt. Erst die Enzyklika bietet eine Basis, die Rede von den Elementen und die Lehre von der Kirchengliedschaft, in der Gestalt der Kirchenkonstitution, aufeinander zu beziehen. LG 15 gibt lediglich einen Hinweis auf die Bezugnahme, sie spricht nämlich von geistlichen Gütern, nicht aber Elementen.

In Verbindung mit diesen Ausführungen zu den Elementen der Heiligung und der Wahrheit finden sich im Blick auf die Beschreibung der Einheit der Kirche jene drei in der katholischen Ekklesiologie bekannten Ligamina, die zunächst allerdings nur in einer lockeren Beziehung zu den Aussagen über die Elemente stehen: „Jene werden der Gemeinschaft der Kirche voll eingegliedert, die, im Besitze des Geistes Christi, ihre ganze Ordnung und alle in ihr eingerichteten Heilsmittel annehmen und in ihrem sichtbaren Verband mit Christus, der sie durch den Papst und die Bischöfe leitet, verbunden sind, und dies durch die Bande des Glaubensbekenntnisses, der Sakramente und der kirchlichen

[259] Ebd., Nr. 11.

Leitung und Gemeinschaft"[260]. Ebenso ist der Zusammenhang in UR so: „Jesus Christus will, dass sein Volk durch die gläubige Predigt des Evangeliums und die Verwaltung der Sakramente durch die Apostel und durch ihre Nachfolger, die Bischöfe mit dem Nachfolger Petri als Haupt, sowie durch ihre Leitung in Liebe unter der Wirksamkeit des Heiligen Geistes wachse, und er vollendet seine Gemeinschaft in der Einheit: im Bekenntnis des einen Glaubens, in der gemeinsamen Feier des Gottesdienstes und in der brüderlichen Eintracht der Familie Gottes."[261] Sinn und Intention dieser beiden Texte sind klar: Im Kern geht es um die Zugehörigkeit zu der in der katholischen Kirche verwirklichten Kirche Jesu Christi und damit um die Einheit der Kirche, die in beiden Texten durch drei wesenskonstitutive Elemente und Merkmale beschrieben wird: durch den Glauben der Kirche, durch die in ihr gespendeten Sakramente, durch das im Bischof mit dem Nachfolger Petri als Haupt in Fülle wirksame Amt in der Kirche. Diese Texte stehen in der Tradition des in der Gegenreformation ausgebildeten Kirchenbegriffs und der darin entfalteten Lehre von der Kirchengliedschaft, die zuletzt in der Enzyklika Pius XII., „Mystici corporis", ihren klaren Ausdruck fand.

„Mystici corporis" baut auf der Lehre R. Bellarmins auf: „Zu den Gliedern der Kirche sind aber in Wirklichkeit nur die zu zählen, die das Bad der Wiedergeburt empfangen haben und den wahren Glauben bekennen, die sich nicht selbst beklagenswerterweise vom Gefüge des Leibes getrennt haben oder wegen schwerster Vergehen von der rechtmäßigen Autorität abgesondert wurden … Daher können die, die im Glauben oder in der Leitung voneinander getrennt werden, nicht in diesem einen Leibe und in seinem einen göttlichen Geiste leben"[262]. Danach wird die Zugehörigkeit zur Kirche durch folgende Bedingungen definiert: (1.) durch den Empfang der Wassertaufe; (2.) durch das Bekenntnis des wahren Glaubens; (3.) durch die Unterordnung unter die rechtmäßige Autorität der Kirche. Die hier erstmals lehramtlich bestätigte Lehre Bellarmins ist Frucht der Auseinan-

[260] LG 14.
[261] UR 2.
[262] DzH 3802.

dersetzungen der Reformationszeit und hat in der Enzyklika „Mystici corporis" klärende Funktion. Sie stellt nämlich die sichtbare Einheit der Kirche Jesu Christi besonders heraus. Das ist deswegen von Bedeutung, weil die Enzyklika durch Aufnahme des Begriffs vom mystischen Leib Christi gegenüber der seit Bellarmin meist überbetonten Sichtbarkeit der Kirche ihre geheimnishafte Tiefendimension zurückgewinnen wollte. Damit unternimmt „Mystici corporis" den Versuch, das gnadenhafte Mysterium der Kirche und ihre sichtbare, äußere Gestalt in ein geordnetes Verhältnis zueinander zu bringen. In dieser Intention ist ihr die Kirchenkonstitution grundsätzlich gefolgt. Die Lehre von der Kirchengliedschaft ist somit nicht losgelöst von der Wesensdefinition der Kirche darzulegen. Insofern stellen die Bedingungen für Kirchengliedschaft nicht allein subjektiv, vom einzelnen Gläubigen einzufordernde Normen dar, sondern weisen zugleich auf objektive Wesensmerkmale der Kirche selbst hin, auf den Glauben der Kirche, auf ihre sakramentale Gestalt und auf ihre hierarchische Verfassung.

Gegenüber der von „Mystici corporis" vertretenen Lehre einer unteilbaren Kirchengliedschaft entfaltet „Lumen gentium" die Idee einer gestuften Zugehörigkeit. Die Entscheidung der Kirchenkonstitution war aufgrund einer durch „Mystici corporis" angeregten theologischen Diskussion und einer dadurch initiierten weiterführenden Interpretation möglich geworden. Für die Auffassung der Kirchenkonstitution entscheidend ist das Wort „plene" (voll). Es steht dem „reapse" von „Mystici corporis" gegenüber. Dieses Wort leistet einen klaren Beitrag zur Eingliederung der von R. Bellarmin herkommenden Tradition der Kirchengliedschaftslehre in die bereits lehramtlich verankerte Tradition. Die Zugehörigkeit zur Kirche stellt keine statische, sondern eine dynamische Größe dar, insofern sie verschiedene Intensitätsgrade aufweist. Dies geht auch daraus hervor, dass das Konzil in Art. 14 die Gliedschaft auf doppelte Weise verwirklicht sieht, auf der innerlich-geistigen und der äußeren-sichtbaren Ebene, angedeutet durch die den drei Bedingungen der Zugehörigkeit vorangestellte und auf sie bezogene Bemerkung vom „Besitze des Geistes Christi".

Für das Verhältnis der nichtkatholischen Christen zur Kirche Christi entscheidend ist die Taufe, insofern sie ein sakramentales

Band der Einheit zwischen allen rechtmäßig und gültig Getauften begründet. Das geht zunächst aus der besonderen Bedeutung der sakramentalen Taufe hervor. Die entscheidende Frage richtet sich hier darauf, ob die nicht in der römisch-katholischen Kirche gespendete und empfangene Taufe eine Eingliederung in die nichtkatholische Kirche oder kirchliche Gemeinschaft nach sich zieht und/oder eine Eingliederung in die oder eine Verbundenheit mit der römisch-katholischen Kirche begründet. Diese aufgrund der recht empfangenen Taufe vollzogene Eingliederung in Christus begründet auch eine Verbindung zur katholischen Kirche, eine gewisse, wenn auch nicht vollkommene Gemeinschaft mit ihr: „Nichtsdestoweniger sind sie durch den Glauben in der Taufe gerechtfertigt und Christus eingegliedert, darum gebührt ihnen der Ehrenname des Christen, und mit Recht werden sie von den Söhnen der katholischen Kirche als Brüder im Herrn anerkannt.“[263] Das Ökumenismusdekret sieht die Taufe auf die eucharistische Gemeinschaft (communio eucharistica) hingeordnet. Danach ist die Taufe auf die Eucharistie als das Sakrament der Einheit der Kirche bezogen; d.h. es ist in beiden Sakramenten Christus selbst, der die Seinen in die Gemeinschaft mit sich und untereinander zieht. Beide Sakramente sind eindeutig ekklesialen Charakters. Die Kirchenkonstitution entwirft zudem in Art. 11 das Bild einer sakramentalen Gemeinschaft, in der die Eucharistie die Quelle und den Höhepunkt des ganzen christlichen Lebens darstellt, und zwar aufgrund ihrer im Kreuzesopfer Christi wurzelnden Wirkung als ekklesiales Aufbauprinzip. Zusammengenommen heißt das: Die Beschreibung des Verhältnisses zu den von der katholischen Kirche getrennten Christen und Kirchen oder kirchlichen Gemeinschaften nimmt sakramentale Strukturelemente in Anspruch, die auf das ekklesiale Sein der Kirche selbst verweisen. Ausdrücklich bezieht das Ökumenismusdekret die Taufe auf die Rede von den Elementen. Somit sind jene Elemente oder Güter Heilsmittel, die dem Aufbau der Kirche als Ganzer dienen.

Die in Verbindung mit der Enzyklika „Mystici corporis“ reformulierte Lehre von der Kirchengliedschaft durch das Zweite Vatikanische Konzil enthält über die Aufnahme des Begriffs der

[263] UR 3.

Elemente aus der ökumenischen Diskussion der fünfziger Jahre eine klare ekklesiologische Richtungsansage. Das „Subsistit" von LG 8 begründet die außerhalb der katholischen Kirche existierenden Elemente und Güter der Heiligung und der Wahrheit, die auf die katholische Einheit hindrängen. Damit leistet dieser Text eine Synthese, die in der ökumenischen Diskussion der Fünfzigerjahre vermisst wurde. Das „Subsistit" trägt der Dynamisierung der von Bellarmin her formulierten Kirchengliedschaftslehre Rechnung, die im Text selbst angelegt war.

Hier stellt sich nun die Frage, ob die ausdrücklich vom Ökumenismusdekret gewagte Synthese durch Rückgriff auf Bellarmin überhaupt argumentativ einzuholen ist oder nicht doch der Auffassung Bellarmins fundamental widerspricht. Auf diesen Zusammenhang zwischen der Lehre von den Spuren resp. Elementen der Kirche, die im ökumenischen Dialog gewachsen ist, und der von Bellarmin ausgeführten Gliedschaftslehre, die ihre Herkunft in kontroverstheologischem Umfeld des sechzehnten Jahrhunderts hat, ist bisher noch nicht hingewiesen worden. Dies würde aber bedeuten, dass das Zweite Vatikanische Konzil nicht nur die von Calvin herkommende Rede von den Spuren der Kirche aus dem ökumenischen Dialog übernommen, sondern zugleich mit der Gliedschaftslehre Bellarmins verknüpft hat. Hieraus würde eine Konstellation entstehen, die absurder nicht sein könnte: die exponierten Kontrahenten im Kampf um die Wahrheit der Kirche werden im ökumenischen Zeitalter und in seinem Geist nicht mehr gegeneinander, sondern miteinander gelesen, interpretiert und, wenn man so will, für die gute Sache der Ökumene in Anspruch genommen. Ob dies den Konzilsvätern allerdings bewusst war, als sie den Text genehmigten, mag dahingestellt bleiben. Eine Herausforderung an das ekklesiale Selbstverständnis bleibt diese Erkenntnis allemal.

3.2.5. Wahre und falsche Kirche. Die Funktion der Rede von den Spuren der Kirche bei Calvin

Bei Calvin findet sich wohl zum ersten Mal die Rede von den Spuren der Kirche. Ausdrücklich stellt er die Frage, wie diese Rede von den Elementen oder Spuren der Kirche auf das Ver-

ständnis der Kirche als Gemeinschaft angewandt werden könne. Doch der Zusammenhang seiner Ausführungen trägt deutlich kontroverstheologische Züge. Das erste und zweite Kapitel im vierten Buch der „Institutio“ sind der Ekklesiologie im engeren Sinn, dem Begriff und dem Wesen der Kirche, gewidmet. Beide Kapitel stehen unter der Diktion der „wahren Kirche“. Die Intention dieser Ausführungen ist klar: den Beweis zu führen, woran die wahre Kirche erkannt werden kann. Doch bemüht sich Calvin, nach den Überbleibseln von Gottes Volk zu forschen, „sofern noch einige Merkzeichen der Kirche bestehen bleiben“[264]. Das zweite Kapitel bringt ausdrücklich einen Vergleich zwischen wahrer und falscher Kirche. Was meint Calvin mit der Rede von den Spuren der Kirche, in welchem Zusammenhang taucht sie auf?
Wie kaum irgendwo sonst in seiner „Institutio“ verbindet Calvin das Lehrstück über die Kirche mit seiner Erwählungslehre.[265] „So muss man Gott allein die Erkenntnis seiner Kirche überlassen, deren Fundament ja seine verborgene Erwählung ist.“[266] Nur Gott allein weiß, wer die Seinigen sind, die Schar der Auserwählten, die von den Verworfenen unterschieden sind. So sehr sich der Glaubensartikel von der Kirche auch auf die Auserwählten Gottes richten mag, Gottes verborgene Erwählung und die innere Berufung im Blick liegen, so bezieht sich dieser Artikel des Glaubensbekenntnisses doch zugleich auf die äußerliche Kirche. Daher bekräftigt Calvin in der „Institutio“ von 1559 diesen Aspekt der Sichtbarkeit. Die Heilige Schrift spricht in zweifacher Weise von der Kirche, führt Calvin aus:

(1.) Die Kirche umfasst nicht nur die Gemeinschaft der auf Erden lebenden Heiligen, die durch den Heiligen Geist zu wahren Gliedern Christi gemacht wurden, sondern alle von Anbeginn an Auserwählten.

---

[264] Inst. IV, 2, 12 (Weber [Anm. 231], 713).
[265] K. Barth, Die Theologie Calvins 1922, Zürich 1993, 239 bezieht seine Aussagen auf die Institutio von 1536, 237-250; der Sache nach ist die darin enthaltende Intention der Aussagen Calvins in der Institutio von 1559 erhalten geblieben, wenn auch abgeschwächt.
[266] Inst. IV, 1, 2 (Weber [Anm. 231], 684).

(2.) Glieder der Kirche sind die, die Gott und Christus verehren, die Taufe im Glauben empfangen haben, ihre Einheit mit ihr durch die Teilnahme am Abendmahl bezeugen und das von Christus eingesetzte Amt zur Predigt des Wortes Gottes aufrechterhalten.

Wohl lässt Calvin die genauere Verhältnisbestimmung beider Dimensionen der Kirche unerörtert, er empfiehlt indessen, um die Kirche als Ganze zu erkennen, bestimmte Kennzeichen zu gebrauchen. Hier schließt sich Calvin ganz dem lutherischen Bekenntnis, der „Confessio Augustana", an, wenn er ausführt: „Denn überall, wo wir wahrnehmen, dass Gottes Wort lauter gepredigt und gehört wird und die Sakramente nach der Einsetzung Christi verwaltet werden, lässt sich auf keinerlei Weise daran zweifeln, dass wir eine Kirche Gottes vor uns haben."[267] Dienst am Wort und Verwaltung der Sakramente lassen die Kirche zur Kirche werden, als die aus allen Völkern versammelte Schar der Ecclesia universalis und als Ecclesiae singulae, womit die über die Welt verstreuten Ortskirchen in Städten und Dörfern gemeint sind. Predigt und Sakramente lassen ohne Zweifel erkennen, wo die Kirche ist, gleichwohl bedarf es der Übereinstimmung mit der Lehre der Kirche, da hierüber vielfach Streit herrscht. Wo diese Merkzeichen oder Kennzeichen der Kirche vorliegen, kann zweifelsfrei Kirche erkannt werden. Diese Kirche ist dann ausgezeichnet durch eine recht verstandene Heiligkeit, durch Einheit und Katholizität, schließlich durch ihr Fundament in der Lehre der Apostel und Propheten. In dieser Weise ist die wahre Kirche die unter dem Wort Gottes in Erscheinung tretende Kirche. Diese Kirche ist alles andere als eine in modernem Sinn verstandene verborgene Kirche. Kirche ist dort, wo sie durch ihre Merkzeichen als sichtbare in Erscheinung tritt. Daher steuert Calvin unbeirrt auf sein Ziel zu: die Wahrheit der Kirche Jesu Christi, die sich im Bekenntnis zu Jesus Christus, in der Gemeinschaft an den Sakramenten und schließlich in der Gemeinschaft der Lehre auf dem Fundament der Apostel findet. Spätestens hier macht dieser Wortlaut offenkundig, dass das Ziel dieser Argumentation der Streit um die Wahrheit der Kirche Jesu

[267] Inst. IV, 1, 9 (Weber [Anm. 231], 691).

Christi ist: Es gibt keine verborgene Kirche ohne die sichtbare Gemeinschaft auf Erden. Im Streit um die rechtmäßige Gestaltung der Kirche gehen die konfessionalistisch geprägten Auffassungen der Kirchen zwar weit auseinander, doch Calvin gelingt es, die Klammer um die wesentlichen Eckpunkte der Kirchenlehre zu setzen. So erscheint in nuce bereits die Kirchenlehre der Neuzeit.
Wer hier den Text des Ökumenismusdekretes heranzieht, kann unschwer erkennen, dass wir dasselbe Sachthema vor uns haben: Predigt des Evangeliums, Sakramente, Amt, Apostolizität und Lehre der Kirche machen die sichtbare Gestalt der Kirche aus. Es sind jene Elemente und Güter, aus denen die Kirche insgesamt erbaut wird. Im Streit über die äußere Gestaltung der Kirche ging die Einheit der abendländischen Kirche verloren, doch trotz der Zerrüttung der äußeren Gestaltung bleiben Merkzeichen als Spuren der Kirche Christi, vestigia Ecclesiae genannt, erhalten, darunter die Taufe als Zeugnis seines Bundes.[268] Innerhalb der Wiedergewinnung des einen christlichen Erbes erlangt die an Calvins Ausführungen zur Wahrheit der Kirche anknüpfende Lehre von den Elementen des Kircheseins ihre ökumenische Bedeutung.

3.2.6. Die doppelte Gliedschaftsdefinition bei Robert Bellarmin

Wenn wir uns jetzt Robert Kardinal Bellarmin zuwenden, so bedarf es eines kurzen Hinweises, um den Kontext zu erhellen, in dem seine Theologie erscheint. Bellarmin (1542-1621) ist als „Exponent doktrinaler Konfessionalisierung in die Theologiegeschichte eingegangen“[269]. Als Verfasser der sog. Kontroversen[270] und als Kontroversist ist Bellarmin darauf aus, die Argumente seiner Gegner zu widerlegen. Dazu müssen diese zunächst ein-

[268] So ausdrücklich in: Inst. IV, 2, 11 (Weber [Anm. 231], 713).

[269] G. Wassilowsky, Robert Bellarmin, in: F.W. Graf (Hg.), Klassiker der Theologie. Von Tertullian bis Calvin, Bd. 1, München 2005, 277.

[270] Sein Hauptwerk: Disputationes de Controversiis Christianae fidei adversus huius temporis haereticos erschien erstmals zwischen 1586 und 1593 in mehreren Teilen.

mal aufgenommen und dargestellt werden. Im Kontext seiner Kontroverse über die Kirche nimmt er verschiedene häretische Sentenzen auf, neben Auffassungen von John Wyclif und Jan Huss, Pelagius und den Donatisten sind es Luther, Melanchthon und Calvin[271]. Nach Calvin kann die Kirche nur von Gott selbst erkannt werden und so gehören zu ihr nur die von Gott Erwählten. Da die Kirche nach Bellarmin eine ist, kann die wahre Kirche nur jene Gemeinschaft von Menschen sein, die den christlichen Glauben bekennen, an den Sakramenten teilhaben unter der Autorität der Hirten und geeint sind unter dem Stellvertreter Christi auf Erden, dem Römischen Pontifex.
Der wohl im Kontext katholischer Ekklesiologie am häufigsten zitierte Text Kardinal Bellarmins ist dessen Definition über die Kirche.[272] Keine andere Definition hat sich bis weit in das 20. Jahrhundert hinein in den katholischen Handbüchern festgeschrieben und dürfte häufiger zitiert worden sein. Klar ist, dass Bellarmin gegen die reformatorische Behauptung einer unsichtbaren Kirche argumentiert. Die Sichtbarkeit der Kirche ist ein wichtiges Ziel seiner kritischen, gegen reformatorische Aussagen gerichteten Argumentation. Weder die Beschreibung der Kirche als coetus hominum noch ihre Erklärung sind originäre Gedanken Bellarmins. Originär ist lediglich die kontroverstheologisch wirkungsvolle Präsentation dieser Gedanken.[273] Bellarmin hat eine kritische Gliedschaftsformel geprägt, die wesentlich zur Auseinandersetzung zwischen Katholiken und Protestanten beigetragen hat. Sie erlaubt eine klare Grenzziehung, weil sie auf eine ekklesiologische Würdigung all derer verzichtet, die außerhalb der sichtbaren Kirche stehen. Während Calvin in ähnlicher Weise kontroverstheologisch argumentiert, aber Überlegungen

---

[271] Dieser ist übrigens sein kontroverstheologischer Referenzautor schlechthin. Vgl. dazu R. W. Richgels (Anm. 240).

[272] „Nostra autem sententia est, Ecclesiam unam tantum esse, non duas, et illam unam et veram esse coetus hominum ejusdem Christianae fidei professione, et eorumdem Sacramentorum communione colligatum, sub regimine legitimorum pastorum, ac praecipue unius Christi in terris Vicarii Romani Pontificis …. Tres enim sunt partes hujus definitionis. Professio verae fidei, Sacramentorum communio, et subjectio ad legitimum pastorem Romanum Pontificem." (Contr. IV, 3, 2: Opera Omnia, ed. J. Fêvre, Tomus II, Paris 1870, 318.)

[273] Vgl. Th. Dietrich (Anm. 180), 474.

über den Zustand der falschen Kirchen anstellt, treibt Bellarmin die Unterscheidung zwischen wahrer und falscher Kirche so auf die Spitze, dass die falsche als solche gar nicht mehr erscheint bzw. erwähnt wird. Hingegen spricht Bellarmin von der Inerranz der Kirche und ihrer Indefektibilität.

In seiner Gliedschaftslehre präsentiert Bellarmin zunächst verschiedene Gruppen von Menschen, die nicht oder nicht mehr zur Kirche gehören. Dazu zu zählen sind die Ungetauften, die Häretiker, die Schismatiker und die Apostaten.[274] Bellarmin bringt die verschiedenen Kriterien seiner Gliedschaftslehre hier unterschiedlich zur Anwendung. Eine Besonderheit stellen die verborgenen Ungläubigen dar. Selbst ein ungläubiger Bischof oder Papst verliert seinen Rang nicht, solange dieser Defekt verborgen bleibt.[275] Außerhalb des Kriteriums der Sichtbarkeit und ihrer erkennbaren Kriterien kann es keine inneren Merkmale für die Beurteilung der Kirchengliedschaft geben. Zu sehr steht die Sichtbarkeit der Kirchen in den Kontroversen im Vordergrund.

Erstaunlich ist freilich, dass Bellarmin im Zusammenhang der Erklärung dieser Kriterien für die Gliedschaft auf eine andere, in der Tradition der Kirche ebenso einflussreiche Definition der Kirche zu sprechen kommt, wie sie bei Augustinus zu finden ist.[276] Nach dieser ist die Kirche ein lebendiger Leib; sie besteht aus Seele und Leib.[277] Zur Seele sind die inneren Gaben des Heiligen Geistes zu zählen, wie Glaube, Liebe und Hoffnung; zum Leib der Kirche die äußeren Merkmale wie das Bekenntnis des Glaubens und die Gemeinschaft an den Sakramenten. Daher ist die in Christus wirksame Einheit nicht nur innerlich, sondern auch äußerlich. Insoweit sprechen wir von lebendigen Gliedern im Leib der Kirche. Von dort her betrachtet sind die Qualifikationen der Gliedschaft folgendermaßen vorzunehmen: die Exkom-

---

[274] „Ratione primae partis excluduntur omnes infidels … Ratione secundae, excluduntur Catechumeni et excommunicati … Ratione tertiae, excluduntur schismatici“ (Anm. 272).

[275] Th. Dietrich (Anm. 180), 479.

[276] „Notandum autem est ex Augustino … Ecclesiam esse corpus vivum, in quo est anima et corpus, et quidam anima sunt dona Spiritus sancti, Fides, Spes, Charitas etc. Corpus sunt externa profession fidei, et communication Sacramentorum.“ (Anm. 272).

[277] „Ecclesiam esse corpus vivum, in quo est anima et corpus.“ (Anm. 272).

munizierten gehören zwar dem Leib nicht mehr an, sind aber, wenn sie denn Glauben und Liebe haben, Glieder de anima. Wer dem Leib nach Glied der Kirche, nicht aber der Seele nach ist, sich der Herrschaft der Hirten in der sakramentalen Gemeinschaft unterwirft, ist Glied der Kirche de corpore. Diese Ausführungen zeigen eine Doppelstruktur der Gliedschaftsdefinition. Neben die Gliedschaftsformel aus der Definition der Kirche tritt offenbar die Leib-Seele-Unterscheidung als zweites Moment. Damit sucht Bellarmin die Tiefendimension des Glaubens mit der Gliedschaftsfrage zu verbinden. Wirkungsgeschichtlich betrachtet hat sich diese Definition nicht entfalten können.[278] Die Ursache dürfte vielleicht darin liegen, dass Bellarmin sie zwar erwähnt, offenbar weil sie auf eine Tradition des Augustinus zurückgeht, er hat ihr aber keine größere Bedeutung zugemessen. Wenn auch die Leib-Seele-Unterscheidung in der Ekklesiologie Bellarmins ein offenbar fremdes Element darstellt, so kann doch nicht übersehen werden, dass Bellarmin selbst die Lehre vom desiderium Ecclesiae für ein durchaus richtiges Moment erachtet.

Bellarmin überliefert im Zusammenhang der kontroverstheologischen Auseinandersetzungen Überlegungen über die Taufe als den einzigen Zugang zum Heil. Bellarmin setzt sich jedenfalls ausdrücklich mit der Lehre „Außerhalb der Kirche kein Heil" auseinander und schlägt als Möglichkeit vor, dass diejenigen, die nach der Kirche verlangen, ihr aber durch die fehlende Taufe noch nicht angehören, wenigstens dem Verlangen nach der Kirche angehören und insoweit gerettet werden können.[279] Ihnen ist der Zugang zum Heil nicht versperrt, also schließt auch Bellarmin zumindest in diesem Grenzfall den Zugang zum Heil de anima Ecclesiae nicht aus. Damit wäre immerhin die Möglichkeit gegeben, neben einer strikten, auf das Kriterium der Sichtbarkeit fixierten Gliedschaftslehre die Hinordnung auf das Heil de anima anzunehmen. Die Ausführungen Bellarmins zeigen jedenfalls, dass ihm dieses Problem bewusst war, auch wenn er

---

[278] Erst LG 14 nimmt die Augustinische Tradition in Verbindung mit Bellarmins Gliedschaftsformel auf.

[279] „Quoniam autem Catechumeni si non re, saltem voto sunt in Ecclesia, ideo salvari posset." (Contr. IV, 3, 3 [Anm. 272]).

nicht ausdrücklich die Mitgliedschaft weiterer Gruppen ins Auge gefasst hat. Eine systematische und über die Verbindung dieser beiden grundlegenden Argumentationen Auskunft gebende Darlegung unterbleibt. Vielleicht darf man in diesem Gedankengang Bellarmins so etwas wie die Suche nach den Spuren der Kirche außerhalb der Sichtbarkeit der Kirche sehen. Thematisch ausgewertet jedenfalls wurde diese Lehre von Bellarmin nicht. Mehr noch als Calvin setzt er ganz auf die Abgrenzung zwischen wahrer und falscher Kirche.

3.2.7. Fazit

Was hat uns die Rekonstruktion dieser so komplexen Rezeptions- und Wirkungsgeschichte gezeigt? Eine Antwort ist mehrfaltig und soll hier eher nur thesenartig vorgelegt werden:

(1.) Hinter der kontroverstheologischen Abgrenzung, die kaum noch eine Möglichkeit zur Verständigung lässt, bleibt das gemeinsame christliche Erbe erhalten. Keiner der kontroverstheologisch geschulten Autoren, weder Calvin noch Bellarmin, wagen es im Extremen, die jeweils andere Sichtweise völlig auszuschließen. Zwar steht die Abwehr des Irrtums im Vordergrund, beide verschließen sich aber nicht der Tatsache, dass weder die Sichtbarkeit noch die Verborgenheit der Kirche allein die Tiefendimension des christlichen Glaubens auszuloten versteht. Eine Überwindung der Kontroversen erscheint dann möglich, wenn man die jeweilige, auf die Spitze getriebene Argumentation, die keinen Raum mehr für Verständigung lässt, in einem größeren Kontext bedenkt. Dieser größere Kontext kann zunächst die gegenseitig nicht geleugnete gemeinsame Tradition sein. Ob sich dann eine gemeinsame Gestalt der Theologie jenseits ihrer kontroverstheologischen Bestimmung ergibt, hängt davon ab, ob die einstigen Kontroversen innerhalb einer Theologie komplementärer Sichtweisen auftreten können, wenn sie von dem Makel der kontradiktorischen Ausgrenzung befreit sind.

(2.) Die Rede von den Elementen ist in der ökumenischen Diskussion der Fünfzigerjahre gut bezeugt. Katholische Theologen beteiligten sich maßgeblich an der Diskussion und konnten wichtige Impulse vermitteln. So stellte diese Rede für katholische Theologie zu Beginn des Zweiten Vatikanischen Konzils schon keinen Fremdkörper innerhalb der ekklesiologischen Debatte mehr dar. Wenn man von katholischer Seite bereit war, in den von der katholischen Kirche getrennten Kirchen und kirchlichen Gemeinschaften Elemente der Wahrheit und der Heiligung zu entdecken, um so neue Beziehungen zwischen den bisher getrennten Kirchen und Gemeinschaften zu stiften, so konnte die Rede von den Spuren der Kirchen resp. ihren Elementen zunächst als Brücke zur ökumenischen Verständigung erscheinen. Freilich fehlte in der ekklesiologischen Begründung ein Bindeglied. Dieses Bindeglied stellt schließlich das „Subsistit" von LG 8 dar. Im Kontext der Debatte um die Spuren der Kirche wird deutlich, dass das vom Konzil beschlossene „Subsistit" keine Verlegenheitslösung zur Umgehung eines für unvermeidlich gehaltenen „Est" darstellt, sondern die einzige und zwar konsequente Möglichkeit. Das „Subsistit" wirkt deshalb als eine „Öffnungsklausel", der die Funktion zufällt, die Beziehungen zu den von der katholischen Kirche getrennten Kirchen und Gemeinschaften positiv zu begründen, indem zugleich die Einheit der Kirche Jesu Christi festgehalten wird. Möglicherweise kann man heute im Rückblick erkennen, wie sehr das „Subsistit" in den späten Fünfzigerjahren schon in der Luft lag, ohne dass der Wortlaut bereits geprägt war. Es ist die Leistung des Zweiten Vatikanischen Konzils, die verschiedenen Stränge der ekklesiologischen Argumention im Blick auf das ökumenische Problem synthetisch zusammengeführt und so exponiert zu haben, dass endlich eine Lösung in Sicht kam. Insoweit hat das Konzil keine neue Ekklesiologie erfunden, aber mit Hilfe der in der Tradition bereits bekannten Argumente sich einem neuen Problem gestellt und eine Lösung mit dem „Subsistit" formuliert.

(3.) Die katholische Ekklesiologie hat mit der Rede von den Elementen die ihr überkommene Lehre von der Kirche konsequent fortentwickelt. In den hier rekonstruierten Zusammenhängen ist deutlich geworden, dass die Enzyklika Pius XII. „Mystici corporis" eine entscheidende Weichenstellung darstellt. Mag auch die erstmalige kirchenamtliche Aufnahme der Ekklesiologie Robert Bellarmins als Abwehrsignal gegenüber der Öffnung zur ökumenischen Diskussion intendiert gewesen sein, die produktive Fortentwicklung seiner Gliedschaftslehre im ökumenischen Kontext zeigt jedenfalls, dass eine Relecture der einschlägigen Texte der Kontroversen keineswegs das bisher feststehende Urteil über Kardinal Bellarmin festschreiben muss. Die Integration dieser Redeweise von den Elementen in die durch das Zweite Vatikanische Konzil fortentwickelte Bellarminsche Gliedschaftslehre ist daher eine Bereicherung.

(4.) Bei der Rede von „Elementen" allein darf es nicht bleiben. Spuren und Elemente sind zunächst nur Hinweise für die Annäherung der getrennten Kirchen. Erst im Blick auf die Frage, was Kirche zur Kirche macht, können die Elemente nicht mehr nur als Spuren, sondern als grundlegende Strukturelemente gelten. Wort – Sakrament und Amt bilden die Eckpfeiler einer jeden Ekklesiologie. Darüber muss im ökumenischen Dialog Verständigung erzielt werden. Sowohl das Ökumenismusdekret als auch die Kirchenkonstitution bieten konkrete Hinweise für die Evaluierung einer solchen Elementen-Ekklesiologie. Unter Anwendung dieser ekklesiologischen Redeweise gewinnen die Aussagen über die Taufe, aber auch über die Sakramente insgesamt, eine klarere Linie. Weil sie trotz ihrer Mängel (defectus), nämlich dadurch, dass sie in den nichtkatholischen Kirchen und kirchlichen Gemeinschaften – z. T. auch gültig – gespendet werden, und insofern nicht ohne Bedeutung im Heilsplan Christi sind, werden durch diese „institutionellen ekklesialen Elemente"[280] das sichtbare Gefüge der Kirche Christi und ihre Einheit auferbaut. Die Anerkennung der sakramentalen Strukturelemente führt zur Wahrnehmung eines ekklesialen Status der Kirche oder Gemeinschaft. Das Ökumenismusdekret bestätigt diese Auffassung gerade dadurch, dass es den von Rom getrennten orientalischen Kirchen zuerkennt, dass sie trotz ihrer Trennung „wahre Sakramente besitzen, vor allem aber in der Kraft der apostolischen Sukzession das Priestertum und die Eucharistie"[281]. Inso-

[280] M. Kehl, Die Kirche. Eine katholische Ekklesiologie (Anm. 225), 412-430.
[281] UR 15.

fern diesen Sakramenten und institutionellen Elementen kirchenbegründende Wirkung zukommt, führt diese Sicht zu der Überzeugung: Die Wiedergewinnung der vollen Gemeinschaft zwischen den getrennten Kirchen kann durch die Wiederentdeckung und schließlich durch die gegenseitige Anerkennung des ganzen sakramentalen Lebens der Kirchen und damit der Kirchen selbst gelingen.

(5.) Die Rede von Elementen kann auch heute nur als vorläufig bezeichnet werden. Zu leicht ist hier die pejorative Redeweise zur Hand, den Elementen der Heiligung und der Wahrheit stünde die Fülle (der Elemente?) gegenüber. „Nur Elemente" heißt dann, nicht mehr als Elemente. Genauer betrachtet aber sind es doch in Wahrheit Güter – bona – der Heiligung, die der Kirche anvertraut sind. Die Taufe innerhalb der ökumenischen Betrachtungsweise nur als ein Element zu bezeichnen, dürfte ihrer fundamentalen sakramentalen und ekklesialen Bedeutung nicht gerecht werden. Darauf weisen dann schließlich Bellarmins Ligamina hin. Es sind nicht irgendwelche Elemente, sondern Konstitutiva der Kirche. Dass darüber auch weiterhin ein ernsthafter ökumenischer Diskurs geführt werden muss, weil bisher kein Konsens erzielt wurde, steht außer Frage.

4. KAPITEL
KIRCHE UND KIRCHENGEMEINSCHAFT

Zum Verständnis der ökumenischen Bemühungen der katholischen Kirche ist das am 21. November 1964 verabschiedete Ökumenismusdekret „Unitatis redintegratio" nach wie vor von entscheidender Bedeutung. Es wird heute nicht ohne Grund als „Magna Charta" des Ökumenismus bezeichnet. Das hing natürlich mit der ökumenischen Ausrichtung des Konzils zusammen. Die Ankündigung eines ökumenischen Konzils durch Papst Johannes XXIII. am 25. Januar 1959 wirkte als Überraschung und weckte sogleich Hoffnungen auf eine grundlegende Veränderung der Haltung der katholischen Kirche in ihrem Verhältnis zu den von ihr getrennten Kirchen. Freilich waren Programm und Ziel des kommenden Konzils anfangs nur wenig konkret bestimmt. Der klassische Terminus „ökumenisches Konzil" war den Menschen nicht mehr geläufig und wurde daher in dem Sinne verstanden, als wolle der Papst ein Konzil abhalten, mit dem Ziel der Wiedervereinigung der getrennten Christenheit. Viele Menschen dachten auch an die „ökumenische Bewegung" und an den zehn Jahre zuvor gegründeten Ökumenischen Rat der Kirchen. In seiner Ansprache machte Papst Johannes XXIII. jedoch deutlich, dass er die Entwicklung des katholischen Glaubens fördern, das Leben der Gläubigen erneuern und die kirchliche Disziplin der Zeit anpassen wolle. Zugleich sprach er eine Einladung an die getrennten Gemeinschaften aus, an der Suche nach der Einheit mitzuwirken.

Unitatis redintegratio inter universos Christianos – „Wiederherstellung der Einheit der Christen" ist der Titel und das Programm des Ökumenismusdekretes. Das Dekret stellt im Zusammenhang der Konziliengeschichte ein Novum dar. Erstmals wird das Verhältnis zu den von Rom getrennten Kirchen einzig unter einer positiven Perspektive dargestellt. Es findet sich hier und an keiner anderen Stelle mehr ein Hinweis auf die Aufforderung an die getrennten Christen zur Rückkehr zur katholischen Kirche, auch keine Verurteilung wird mehr ausgesprochen. Das Zweite Vatikanische Konzil rückt das Gemeinsame in den Mittelpunkt, das Trennende wird nicht geleugnet. Mit dem Ökumenismusdekret ist eine bloße Rückkehr-Ökumene – eine Wiedereingliederung der getrennten Christenheit in das Gefüge der katholischen Kirche – unmöglich geworden.

4.1. Taufe und Kirchengemeinschaft

Seit dem Zweiten Vatikanischen Konzil ist die wechselseitige Anerkennung der Taufe zu einem zentralen Bezugspunkt in den ökumenischen Beziehungen geworden. Die Taufe wird dabei als Ausgangspunkt und als ein gemeinsamer Grund einer neuen Beziehung zwischen bisher getrennten Christen gesehen. Gerade die gegenseitige Anerkennung der Taufe kann als bedeutsames Zeichen und Mittel angesehen werden, um die in Christus gegebene Einheit in der Taufe gemeinsam zum Ausdruck zu bringen.[282] Dadurch, dass die Taufe Menschen mit Christus vereint, schafft sie ein Band, das stärker ist als alles, was Menschen, die verschiedenen Kirchen und Gemeinschaften angehören, voneinander trennt.[283] Gegenseitige Vereinbarungen zur Taufanerkennung können daher als Symbol des gemeinsamen christlichen Zeugnisses verstanden werden. Eine gegenseitige offizielle Anerkennung der Taufe, die zwischen bisher getrennten Kirchen und kirchlichen Gemeinschaften vereinbart wird, stellt nicht nur einen ökumenischen Höflichkeitsakt, sondern „eine ekklesiologische Grundaussage dar“[284]. Mit dieser Aussage aus der Enzyklika „Ut unum sint“ Papst Johannes Pauls II. ist eine neue Stufe in den ökumenischen Beziehungen erreicht. Denn erinnert man in diesem Zusammenhang an die vor dem Zweiten Vatikanischen Konzil herrschende Praxis, die nicht in der katholischen

[282] Taufe, Eucharistie und Amt. Konvergenzerklärungen der Kommission für Glauben und Kirchenverfassung des Ökumenischen Rates der Kirchen, Frankfurt a.M.-Paderborn 1984, 15, Nr. 15.

[283] Eine katholische Stellungnahme zu den Konvergenzerklärungen der Kommission für Glauben und Kirchenverfassung des Ökumenischen Rates der Kirchen „Taufe, Eucharistie und Amt“ vom 21. Juli 1987. Hg. v. Sekretariat der Deutschen Bischofskonferenz, Bonn 1987 (VApS 79), Nr. 17.

[284] Papst Johannes Paul II. hält ausdrücklich diese Aussage fest: Enzyklika „Ut Unum Sint“ (Anm. 59), Nr. 42.

Kirche gespendete Taufe einem prinzipiellen Zweifel zu unterziehen, erscheint es nötig, Sinn, Ziel und Zweck solcher Vereinbarungen gegenseitiger Anerkennung der Taufen zu erläutern. Inwiefern stellt die gegenseitige Anerkennung der Taufe tatsächlich eine ekklesiologische Grundaussage dar?

4.1.1. TAUFE ALS AUSGANGSPUNKT DER GEMEINSCHAFT MIT CHRISTUS

Das Zweite Vatikanische Konzil hat keinen Zweifel daran gelassen, dass die Taufe das Band zwischen allen ist, die durch sie wiedergeboren werden.[285] Trotz der Trennung recht großer Gemeinschaften von der vollen Gemeinschaft der katholischen Kirche, trotz der Spaltungen in der Christenheit bildet die Taufe das Band der Einheit in Christus. Die Schuld der Trennung darf nicht einzelnen Gläubigen angelastet werden. Wer einer anderen Kirche angehört, wird dennoch als Bruder im Glauben anerkannt, hebt das Ökumenismusdekret emphatisch hervor. Diese Auffassung wird im Wesentlichen ekklesiologisch begründet. Den entsprechenden Kontext hierfür bildet die Lehre von der Kirchengliedschaft aus „Lumen gentium" Nr. 14. Verständlich wird sie freilich erst vor dem Hintergrund einer vor dem Zweiten Vatikanischen Konzil einsetzenden Veränderung in der ekklesiologischen Grundentscheidung der Kirche insgesamt.
Einen wichtigen Hinweis auf Sinn und Bedeutung der Taufe für die Einheit der Kirche im beginnenden Zeitalter der ökumenischen Bewegung enthält der für das Erste Vatikanische Konzil vorbereitete Entwurf über die Kirche Christi. Dort heißt es nämlich: „Um aber diese Einheit des geheimnisvollen Leibes zu bewirken, setzte Christus der Herr das heilige Bad der Wiedergeburt und der Erneuerung ein. Durch dieses Bad sollten die Menschenkinder, so vielfach voneinander getrennt, vor allem aber durch die Sünde zerfallen, von jenem Makel der Schuld gereinigt, Glieder untereinander werden"[286]. In Fortführung dieser

---

[285] So der Text in UR 22.
[286] Übersetzung nach J. Neuner / H. Roos (Anm. 181), 260, Nr. 387. Vgl. dazu F. van der Horst, Das Schema über die Kirche auf dem 1. Vatikani-

Tradition stellte die Enzyklika Papst Leos XIII. „Satis cognitum“ von 1896 in Verbindung mit dem Bekenntnis zur Einheit der Kirche Jesu Christi – Christus der Herr hat eine einige und einzige Kirche gegründet[287] – heraus, dass alle, die von dieser einen Kirche abweichen, vom Willen und von der Vorschrift Christi selbst abweichen und damit den Weg des Heiles verlassen und dem Untergang entgegengehen.[288] Zur Einheit der Kirche gehören deshalb notwendigerweise die Einheit im Glauben und die Einheit der Leitung hinzu. Ist Christus das Haupt seines Leibes, dann können zerstreute und getrennte Glieder nicht mit demselben Haupte verbunden sein. Die in der rechten Weise gespendete Taufe führt daher zwangsläufig und notwendigerweise zur Einheit des Leibes Christi. Die Taufe ist der Ausgangspunkt und das Eingangstor zu der von Christus selbst als eine und einzige gegründete Kirche.

Hält man hierzu nun die Aussagen des Zweiten Vatikanischen Konzils dagegen, so fällt der Unterschied nicht sogleich ins Auge. Das Bekenntnis zur einen und einzigen von Christus gegründeten Kirche wird festgehalten, doch erkennt das Konzil jetzt an, dass mehrere christliche Gemeinschaften vor den Menschen Anspruch auf das wahre Erbe Christi erheben.[289] Jetzt heißt es: „Denn wer an Christus glaubt und in der rechten Weise die Taufe empfangen hat, steht dadurch in einer gewissen, wenn auch nicht vollkommenen Gemeinschaft mit der katholischen Kirche.“[290] Die Taufe, recht gespendet und in der gebührenden Geisteshaltung empfangen, gliedert in Christus ein. An die Stelle der Ab- und Ausgrenzung ist offenbar das Bewusstsein der gemeinsamen, aber gestuften Zugehörigkeit zu Christus getreten. Mit dieser Auffassung hat das Zweite Vatikanische Konzil den nichtkatholischen Christen einen neuen, ekklesialen Status zuerkannt. Damit hat es selbst zwei bisher geltende Traditionslinien, die jeweils unterschiedliche Nuancierungen der einen kirchlichen Auffassung darstellten, überwunden.

---

schen Konzil, Paderborn 1963 (KKTS 7).

[287] DzH 3305.

[288] DzH 3304.

[289] UR 1.

[290] UR 3.

Eine dieser beiden Traditionslinien, die apologetische, geht zurück auf die Zeit der Gegenreformation. Wirkliche Kirchenzugehörigkeit wird als Verbundenheit mit der sichtbaren Gemeinschaft der katholischen Kirche definiert, und dies wird durch das dreifache Band des Glaubensbekenntnisses, der Sakramente und der Anerkennung der Hierarchie ausgedrückt. Daneben ist aber auch eine Zugehörigkeit zur Kirche dem Verlangen nach, votum implicitum Ecclesiae genannt, wirksam. Diese in der Kontroverstheologie Robert Bellarmins ausgeprägte Theorie der Kirchengliedschaft wird erstmals lehramtlich durch die Enzyklika Papst Pius XII. „Mystici corporis" von 1943 rezipiert. Danach zählen zu den Gliedern der Kirche nur die, die die Taufe empfangen haben, den wahren Glauben bekennen und sich nicht vom Gefüge des Leibes Christi abgesondert haben. Wer sich weigert, der Kirche anzugehören, hat sich gänzlich vom Herrn getrennt.[291]

Dieser Tradition gegenüber gewinnt die kanonistische durch das Kirchliche Gesetzbuch von 1917 Gestalt. Der Codex Iuris Canonici von 1917 führt zur Darstellung der Frage, wer zur Kirche gehört, die Taufe ins Feld. Hier ist es allein das Sakrament der Taufe, das die Gliedschaft in der Kirche Christi begründet. Die Taufe bringt prinzipiell alle Rechte und Pflichten in der Kirche mit sich.[292] Da aber auch nach dem CIC/1917 die katholische Kirche mit der Kirche Christi gleichgesetzt wurde, bedurfte es einer Lösung für diejenigen nichtkatholischen Christen, die zwar durch die Taufe zur Kirche gehören, nicht aber Glieder der katholischen Kirche waren. Hier behalf man sich mit einer Rechtsfiktion. Man sprach daher von rechtlich behinderten Gliedern der katholischen Kirche und meinte damit Apostaten, Häretiker und Schismatiker. Sie waren zwar durch die Taufe Glieder der katho-

---

[291] DzH 3802: „Zu den Gliedern der Kirche sind aber in Wirklichkeit nur die zu zählen, die das Bad der Wiedergeburt empfangen haben und den wahren Glauben bekennen, die sich nicht selbst beklagenswerterweise vom Gefüge des Leibes getrennt haben oder wegen schwerster Vergehen von der rechtmäßigen Autorität abgetrennt wurden".

[292] CIC/1917 can. 87: „Baptismate homo contituitur in Ecclesia Christi persona cum omnibus christianorum iuribus et officiis, nisi … obstet obex, ecclesiasticae communionis vinculum impediens, vel lata ab Ecclesia censura."

lischen Kirche geworden, aber mangels der Erfüllung ihrer Pflichten ihrer Rechte in der Kirche nicht mehr teilhaft.[293]

Bei einer ersten, noch ungenauen Betrachtung zeigt sich, dass der Text beide traditionellen Auffassungen zunächst lediglich miteinander zu kombinieren scheint. Einerseits wird die Bedeutung der Taufe im Sinne der Begründung der Zugehörigkeit zur katholischen Gemeinschaft hervorgehoben, andererseits die Verpflichtung zur Ausübung der vollen Mitgliedschaft im Bekenntnis des Glaubens, in der Gemeinschaft der Sakramente und in der Gemeinschaft mit Papst, Bischöfen und Priestern. Zunächst heißt es in „Lumen gentium" Nr. 1: „Jene werden der Gemeinschaft der Kirche voll eingegliedert, die, im Besitze des Geistes Christi, ihre ganze Ordnung und alle in ihr eingerichteten Heilsmittel annehmen und in ihrem sichtbaren Verband mit Christus, der sie durch den Papst und die Bischöfe leitet, verbunden sind, und dies durch die Bande des Glaubensbekenntnisses, der Sakramente und der kirchlichen Leitung und Gemeinschaft." Und dann heißt es in Nr.15: „Mit jenen, die durch die Taufe der Ehre des Christennamens teilhaft sind, den vollen Glauben aber nicht bekennen oder die Einheit der Gemeinschaft unter dem Nachfolger Petri nicht wahren, weiß sich die Kirche aus mehrfachem Grunde verbunden. Viele nämlich halten die Schrift als Glaubens- und Lebensnorm in Ehren, zeigen einen aufrichtigen religiösen Eifer, glauben in Liebe an Gott, den allmächtigen Vater, und an Christus, den Sohn Gottes und Erlöser, empfangen das Zeichen der Taufe, wodurch sie mit Christus verbunden werden". Erst nachdem die sich aus der Enzyklika „Mystici corporis" herleitende Formel von der unteilbaren, wirklichen (reapse) Kirchengliedschaft zugunsten einer Idee der gestuften Kirchenzugehörigkeit aufgegeben worden war[294], ergab sich die Mög-

[293] CIC/1917 can. 87. Vgl. dazu G. Gänswein, Kirchengliedschaft - Vom Zweiten Vatikanischen Konzil zum Codex Iuris Canonici. Die Rezeption der konziliaren Aussagen über die Kirchenzugehörigkeit in das nachkonziliare Gesetzbuch der Lateinischen Kirche, St. Ottilien 1995 (MThS 47), 5.

[294] Die Enzyklika Mystici corporis von 1943 ging von einer unteilbaren Kirchengliedschaft aus („In Ecclesiae autem membris reapse ii soli anumerandi sunt" [DzH 3802]), einer der vorläufigen Textentwürfe von Lumen gentium enthielt noch die Sentenz „reapse et simpliciter", bevor dann endgültig das „plene incorporantur" gewählt wurde.

lichkeit einer differenzierten Darstellung von Teilhabe- und Gemeinschaftsformen, die miteinander kompatibel erscheinen. Das Konzil bediente sich nicht mehr einer von den Kanonisten verwendeten Rechtsfiktion, sondern bevorzugte das Modell der gestuften Kirchenzugehörigkeit. Dieses Modell setzt eine Grundentscheidung voraus, die diese Lösung erst möglich macht. Die Kirchenkonstitution „Lumen gentium" eröffnet überhaupt eine Reihe von charakteristischen Unterscheidungen, die sie in einem komplexen, spannungsreichen Beziehungsgefüge zu synthetisieren sucht.

Wer den vollen Glauben nicht bekennt oder die Einheit der Gemeinschaft unter dem Nachfolger Petri nicht gewahrt hat, auch mit dem weiß sich die Kirche aus mehrfachem Grunde verbunden, heißt es nun.[295] Erst die Ausführungen im Ökumenismusdekret lassen die veränderte ekklesiologische Grundbestimmung vollends deutlich werden: „Die Taufe begründet also ein sakramentales Band der Einheit zwischen allen, die durch sie wiedergeboren sind. Dennoch ist die Taufe nur ein Anfang und Ausgangspunkt, da sie ihrem ganzen Wesen nach hinzielt auf die Erlangung der Fülle des Lebens in Christus. Daher ist die Taufe hingeordnet auf das vollständige Bekenntnis des Glaubens, auf die völlige Eingliederung in die Heilsveranstaltung, wie Christus sie gewollt hat, schließlich auf die vollständige Einfügung in die eucharistische Gemeinschaft."[296] Grundlegend hierfür ist die in der Idee des Mysteriums mit gesetzte prinzipielle Unterscheidung zwischen Christus und der Kirche, die freilich von einem nexus mysteriorum, einem sakramentalen Strukturgefüge unterfangen wird; sie findet ihren Ausdruck in der Aussage, dass die Taufe mit Christus verbindet. Es ist sodann die Unterscheidung zwischen der Kirche als Mysterium des Glaubens und der sichtbaren institutionellen Gestalt der Kirche als irdischer Existenzweise. Beide Dimensionen zusammen erst bilden die eine einzige komplexe Wirklichkeit der Kirche. Dahinter steht das von der Kirchenkonstitution Lumen gentium Nr. 8 dargelegte komplexe Zuordnungsverhältnis von verborgener und sichtbarer Kirche, das in der knappen Formulierung des „Subsistit" aufgenommen

[295] LG 15.
[296] UR 22.

wird.[297] Man verfehlt aber die Reichweite des „Subsistit", wenn man es nur von der deutschen Übersetzung „ist verwirklicht in" her zu verstehen sucht.[298] Wie immer man nämlich das lateinische „Subsistit" übersetzt, es begründet auf jeden Fall die darauf folgende Aussage, dass auch außerhalb des sichtbaren Gefüges der katholischen Kirche Elemente der Heiligung und der Wahrheit zu finden sind, die wohl auf die katholische Einheit hindrängen, aber – da sie von Christus herkommen – von ihm selbst ihre Bedeutung erlangen. Zu diesen grundlegenden Elementen zählt das Konzil die Taufe.

Vollends verständlich wird dieses Modell der gestuften Zugehörigkeit zur einen Kirche Jesu Christi aber erst dann, wenn man versucht, die Vollgestalt der Gemeinschaft in den Blick zu nehmen. Indem die Taufe, die das Ökumenismusdekret als Anfang und Ausgangspunkt definiert, auf die Fülle des Lebens in Christus verweist, führt sie insgesamt in die Gemeinschaft mit Christus hinein, die ihren Ausdruck in der eucharistischen Gemeinschaft findet.[299] Im Sakrament und in der Feier der Eucharistie wird diese Gemeinschaft mit Christus wirksam und sichtbar. Dies setzt das Bekenntnis des Glaubens ebenso voraus wie die Eingliederung in die Gemeinschaft mit dem Nachfolger Petri und den Bischöfen. Vergleichbar konzentrischen Kreisen bilden sich von Christus selbst ausgehend jene Formen der Gemeinschaft aus, die sich in der Kirche Christi verwirklichen. Es ist

---

[297] „Dies ist die einzige Kirche Christi, die wir im Glaubensbekenntnis als die eine, heilige, katholische und apostolische bekennen … Diese Kirche, in dieser Welt als Gesellschaft verfasst und geordnet, ist verwirklicht in der katholischen Kirche, die vom Nachfolger Petri und von den Bischöfen in Gemeinschaft mit ihm geleitet wird." Vgl. dazu W. Thönissen, Einheitsverständnis und Einheitsmodell nach katholischer Lehre, in: G. Hintzen / W. Thönissen, Kirchengemeinschaft möglich? Einheitsverständnis und Einheitskonzepte in der Diskussion, Paderborn 2001 (Thema Ökumene 1), 89-102.

[298] Vgl. hier die Übersetzung in der von P.Hünermann verantworteten Studienausgabe: „Diese Kirche, in dieser Welt als Gesellschaft verfasst und geordnet, existiert in der katholischen Kirche, die vom Nachfolger des Petrus und von den Bischöfen in Gemeinschaft mit ihm geleitet wird, auch wenn sich außerhalb ihres Gefüges mehrere Elemente der Heiligung und der Wahrheit finden, die als der Kirche Christi eigene Gaben auf die aktholische Einheit hindrängen" (HThK Vat. II 1 [2004] 84f.).

[299] Vgl. hierzu UR 22.

Christus selbst, der die Seinen in seine Gemeinschaft zieht. Nur in Beziehung zu dieser eucharistisch-sakramentalen Lebensgemeinschaft in und mit Christus kann von einer vollständigen Wirklichkeit des eucharistischen Mysteriums gesprochen werden. Christus selbst setzt jene Teilhabegemeinschaft frei, die unterschiedliche Gestaltungen kennt, die einander kompatibel sind, sich gegenseitig ein-, aber nicht mehr gegenseitig ausschließen. Man kann diese Gemeinschaft ekklesiologisch betrachtet als auf Komplementarität angelegte Teilhabe an den von Christus ausgehenden Heilsgütern bezeichnen. Es ist ein dynamisches, auf Wachstum angelegtes ekklesiales Strukturgefüge. Von diesem Konzept her gelesen wird die Bedeutung der Taufe als Grundsakrament und Band der Einheit in Christus allererst plausibel. Von dorther werden nun zwei Gesichtspunkte bedeutsam, die sich vor allem in nachkonziliaren Dokumenten niedergeschlagen haben.

4.1.2. Gegenseitige Taufanerkennung im Kontext gelebter Gemeinschaft

Das Bekenntnis zur Taufe als „sakramentales Band der Einheit zwischen allen, die durch sie wiedergeboren sind“,[300] zieht unmittelbar die Frage der kanonischen Evaluation der Taufe und ihrer Spendung in den von der katholischen Kirche getrennten Kirchen und Gemeinschaften nach sich. Die ökumenischen Intentionen, Impulse und Entscheidungen des Zweiten Vatikanischen Konzils wurden nach dessen Abschluss im vom Päpstlichen Sekretariat zur Förderung der Einheit der Christen herausgegebenen Ökumenischen Direktorium aufgenommen, welches Richtlinien zur Durchführung der Konzilsbeschlüsse über die ökumenische Aufgabe enthält. In diesen 1967 erstmals publizierten Durchführungsbestimmungen findet sich ein Kapitel über die Gültigkeit der von Amtsträgern der von der katholischen Kirche getrennten Kirchen und kirchlichen Gemeinschaften gespendeten Taufe. Darin hebt das Ökumenische Direktorium hervor, dass es von erheblicher ökumenischer Bedeutung ist, wenn „die

[300] UR 22.

von Amtsträgern der von uns getrennten Kirchen und Kirchengemeinschaften"[301] gespendete Taufe gebührend eingeschätzt wird. Da es bisher, wie das Direktorium hervorhebt, bezüglich der Gültigkeit der in den anderen Gemeinschaften gespendeten Taufe begründete Zweifel gab, muss diese Frage nunmehr unter den neuen ökumenischen Voraussetzungen angegangen werden. Dabei wird zunächst festgestellt, dass die Gültigkeit der bei den getrennten Ostkirchen gespendeten Taufe nicht in Zweifel gezogen werden kann. Überhaupt hat das Zweite Vatikanische Konzil die in den von Rom getrennten östlichen Kirchen gespendeten Sakramente wohlwollender eingeschätzt, gerade unter der Voraussetzung, dass in Bezug auf die apostolische Sukzession dort wahre Sakramente gespendet werden. Was die übrigen von Rom getrennten Christen betrifft, können Zweifel bestehen bezüglich der Materie und der Form wie bezüglich des Glaubens und der Intention. Ausdrücklich weist das Direktorium darauf hin, dass die Frage der Theologie und Praxis der Taufe unbedingt in einem Dialog zwischen der katholischen Kirche und den getrennten Kirchen und Gemeinschaften zur Sprache kommen muss.[302]
Das im Jahre 1993 in zweiter Auflage neu herausgegebene Direktorium zur Ausführung der Prinzipien und Normen über den Ökumenismus bezieht sich im Wesentlichen auf die Ausführungen der ersten Auflage. Es geht allerdings in einigen Punkten über diese dort dargelegte Auffassung hinaus. Die Frage der Gültigkeit der in den von Rom getrennten Kirchen und Kirchengemeinschaften gespendeten Taufe ist längst nicht mehr von solch hoher Bedeutung. Offensichtlich hat der ökumenische Dialog weitgehend zur Einschätzung geführt, dass die in anderen Kirchen und Gemeinschaften gespendeten Taufen sowohl der Materie wie der Form nach als gültig anzuerkennen sind. Ausdrücklich regt das Ökumenische Direktorium gemeinsame Erklärungen über die gegenseitige Anerkennung der Taufen zwischen den Autoritäten der katholischen Kirche und denen der

[301] Sekretariat für die Einheit der Christen, Ökumenisches Direktorium. Richtlinien zur Durchführung der Konzilsbeschlüsse über die ökumenische Aufgabe. 1. Teil: Nachkonziliare Dokumentation, Bd. 7, Trier 1967, Nr. 18.
[302] Ebd., Nr. 16.

anderen Kirchen und kirchlichen Gemeinschaften auf den Ebenen der Diözese oder der Bischofskonferenzen an.

Aus dem Vergleich der beiden Ausführungen des Ökumenischen Direktoriums geht klar hervor, dass das Thema der Gültigkeit der Taufe nun nochmals von einer neuen Fragestellung überboten werden soll. Die mit dem Sakrament der Taufe gegebene Eingliederung in Christus und seiner Kirche bietet noch eine andere Dimension: die der gemeinsamen Teilhabe an den geistlichen Aktivitäten und Reichtümern. Das Thema „Die Taufe als sakramentales Band der Einheit" soll in einem ökumenischen Dialog und damit in gemeinsamen Vereinbarungen und Erklärungen ausdrücklich aufgenommen und bekräftigt werden. Worin besteht der Sinn solcher gemeinsamer Erklärungen?

Das Direktorium weist an anderer Stelle auf die sich bietenden Gelegenheiten hin, in einer gemeinsamen Feier mit anderen Christen das Gedächtnis der Taufe zu feiern.[303] Auch hier ist klar, worum es geht: die in der Taufe bereits anfanghaft begründete Gemeinschaft zwischen den Christen soll ausdrücklich in das Leben der noch getrennten Christen einbezogen werden. Es geht um die Gemeinschaft im Leben und um die Gemeinschaft im geistlichen Tun unter den Getauften. Über die rechtliche Frage der Gültigkeit hinaus geht es um die Feier der bereits bestehenden Gemeinschaft unter getrennten Christen. Das aber macht nur Sinn, wenn man davon ausgehen kann, dass diese Gemeinschaft, die durch die Taufe begründet wird, auf die volle Gemeinschaft hingeordnet ist, in der die Gemeinschaft mit Christus vollends ihren Ausdruck erfährt. Ökumene ist also nicht nur unter den rechtlichen Gesichtspunkten der Gültigkeit von Sakramenten abzuhandeln, sondern als Prozess der Gemeinschaft und des gemeinsamen Lebens aufzufassen. Findet sie dort nicht ihren Ausdruck, ist sie selbst nicht auf Dauer lebensfähig. Das Direktorium weist deshalb dem spirituellen Ökumenismus eine besonders hohe Bedeutung zu und meint damit alle Aktivitäten und Bemühungen, die auf der Suche nach der größeren Gemeinschaft unternommen werden. Statt Abgrenzung und Unterscheidung, oder gar Suspendierung von Rechten, will das Zweite Vatikanische Konzil die von der Taufe ausgehende Gemeinschaft im ge-

[303] ÖD, Nr. 96, 58.

meinsamen Leben vertiefen. Das aber heißt nichts anderes, als einen ökumenischen Prozess zu fördern und zu beleben, der eine klare Richtung hat, nämlich die volle Gemeinschaft in, mit und durch Christus.
Im Lichte dieser grundsätzlichen Bemerkungen gewinnen gemeinsame Erklärungen zur gegenseitigen Anerkennung der Taufe über ihren eigentlich rechtlichen Aspekt hinaus ihre ekklesiale Bedeutung. Sie geben der Gemeinschaft eine Richtung an und verorten sie selbst im Leben der Gemeinden, der Diözesen und der universalen Kirche. Damit wird unterstrichen, dass es bei der vom Konzil gewollten Gemeinschaft nicht um das bloße Gefühl einer gewissen Gemeinsamkeit geht, sondern um den Ausdruck echter vertiefter Gemeinschaft, die den Ausdruck kirchlich, also ekklesial, wirklich verdient.

4.1.3. Modelle der gegenseitigen Anerkennung der Taufe

Der Päpstliche Rat zur Förderung der Einheit der Christen hat vor einigen Jahren in einer Umfrage unter katholischen Bischofskonferenzen und Synoden der katholischen Ostkirchen untersucht, ob es auf den jeweiligen Ebenen der Kirche eine pastorale Praxis gegenseitiger Anerkennung der Taufe gibt. Diese Studie hat ein erstaunliches Ergebnis hervorgebracht. Es konnten dabei weltweit vier verschiedene Modelle identifiziert werden, in denen es um Taufanerkennung geht. Das erste Modell ist durch eine implizite Anerkennung definiert. Eine Bischofskonferenz oder ein Ortsbischof geben die Entscheidung öffentlich bekannt, dass bei einer Aufnahme eines nichtkatholischen Christen in die katholische Kirche nicht wieder getauft wird, wenn die Tatsache der ordnungsgemäß vollzogenen Taufe festgestellt werden konnte. Das zweite Modell ist durch eine so genannte einseitige Anerkennung gekennzeichnet. Hier liegt die Entscheidung einer kirchlichen Autorität vor, welche die Gültigkeit der von Geistlichen anderer Kirchen oder kirchlichen Gemeinschaften gespendeten Taufe feststellt. Darüber hinaus gibt es das Modell der gemeinsamen Erklärung. Hier haben 13 Bischofskonferenzen der Weltkirche mitgeteilt, dass sie entsprechende Vereinbarungen – normalerweise auf der lokalen Ebene – mit anderen Kirchen oder kirchlichen Gemeinschaften unterzeichnet haben. Schließlich gibt es noch ein Modell, das einen Vertrag vorsieht. Über eine wechselseitige Anerkennung der Taufe hinaus impliziert dieses Modell weitere pastorale Beziehungen.[304]

Auch in Deutschland hat es seit dem Ende des Zweiten Vatikanischen Konzils eine Reihe von Vereinbarungen bzw. Vorgängen zur gegenseitigen Anerkennung der Taufen gegeben. Hier haben sich drei unterschiedliche Modelle herauskristallisiert. Bei dem so genannten unilateralen Modell anerkennen einzelne Diözesen die in einer evangelischen Landeskirche gespendete Taufe durch Bekanntgabe im kirchlichen Amtsblatt an. Im Rahmen eines solchen unilateralen Modells haben etwa das Bistum Münster und verschiedene katholische Ordinariate in der ehemaligen DDR bereits in den 60er-Jahren in ihren Amtsblättern mitgeteilt, dass die von geistlichen Amtsträgern evangelischer Kirchen gespendeten Taufen von den katholischen Bischöfen anerkannt werden.[305]

In einer Reihe von Diözesen und evangelischen Landeskirchen hat es in den 60er- und 70er-Jahren so genannte bilaterale Anerkennungen gegeben, so unter anderem zwischen der evangelisch-lutherischen Kirche Oldenburgs und dem Bistum Münster 1966 und in den Kirchen, die der Konferenz der Kirchenleitungen in Hessen angehören (abgeschlossen zwischen den Diözesen Fulda, Limburg, Mainz und Paderborn und den Evangelischen Kirchen in Hessen-Nassau, von Kurhessen-Waldeck und der Evangelischen Kirche im Rheinland, 1977). Die Erzdiözese Freiburg und die Evangelische Landeskirche in Baden haben 1980 beschlossen, die Taufe gegenseitig als gültig anzuerkennen. 1996 hat es dann eine Vereinbarung zwischen der Evangelischen Kirche im Rheinland und dem Erzbistum Köln sowie den Bistümern Aachen, Essen, Münster und Trier zur gegenseitigen Anerkennung

---

[304] So festgehalten in einem Schreiben des Päpstlichen Einheitsrates an die Vorsitzenden der nationalen Bischofskonferenzen vom 27. Mai 2002.

[305] Vgl. H. Hallermann, Die Vereinbarungen zur gegenseitigen Anerkennung der Taufe, in: H. Hallermann (Hg.), Ökumene und Kirchenrecht – Bausteine oder Stolpersteine?, Mainz 2000, 118-139, vgl. hierzu auch die Zusammenstellung von A. Vagedes, Zur gegenseitigen Anerkennung der Taufe, in: KNA-ÖKI 51 (15.12.1993) 15-18.

der Taufe gegeben. Solche Vereinbarungen kombinieren die gemeinsame Auffassung über die Taufe in einer theologischen Grundlegung und fügen eine gemeinsame kirchenrechtliche Regelung an. Die Normen verpflichten alle Gläubigen, die den Kirchen angehören, welche miteinander vorliegende Vereinbarungen abgeschlossen haben. Hier wird auf geltendes Recht der einzelnen beteiligten Kirchen verwiesen. Als gültige Form der Taufspendung wird zwischen den beteiligten Kirchen die Taufe durch Untertauchen in Wasser oder durch Übergießen mit Wasser bei Verwendung der trinitarischen Taufformel vereinbart.

Gegenüber diesen bilateralen Formen gegenseitiger Anerkennung hat sich in Deutschland im Raum der Arbeitsgemeinschaft Christlicher Kirchen in Baden-Württemberg ein multilaterales Modell der gegenseitigen Anerkennung der Taufe etabliert, das zwischen einigen Mitgliedskirchen der ACK zustande gekommen ist. Hier haben über den Kreis der katholischen Diözesen und evangelischen Landeskirchen hinaus kleinere Kirchen wie die Selbständige Evangelisch-Lutherische Kirche in Baden, die Serbisch-Orthodoxe Kirche, die Griechisch-Orthodoxe Kirche, die Altkatholische Kirche und die Evangelisch-Methodistische Kirche dieser Vereinbarung zugestimmt. Es ist in diesem Rahmen erstmals gelungen, Freikirchen und orthodoxe Kirchen in solche Vereinbarungen einzubeziehen.

Im Rückblick auf 40 Jahre ökumenischer Beziehungen steht außer Frage, dass solchen Vereinbarungen gegenseitiger Taufanerkennung eine hohe Bedeutung in den ökumenischen Beziehungen zwischen den beteiligten Kirchen zuerkannt werden muss. Mit diesen Vereinbarungen wird die gültige Spendung des Sakraments der Taufe und die daraus resultierende Eingliederung des Getauften in die eine Kirche Jesu Christi rechtsgültig anerkannt. Andererseits wird auch der bisher bestehende generelle Zweifel an der gültigen Spendung der Taufe in einer von der katholischen Kirche getrennten Kirche oder Gemeinschaft beseitigt. Darüber hinaus aber zeigen solche Vereinbarungen, dass der ökumenische Fortschritt in den Beziehungen zwischen den beteiligten Kirchen nicht nur eine gemeinsame ökumenische Gesinnung zum Ausdruck bringt, sondern sich auch in gültigen Rechtsakten niederschlagen kann. Sie bilden jedenfalls ein tragfähiges Fundament für weitere ökumenische Fortschritte.

4.1.4. Taufanerkennung im Zusammenhang mit Kirchengemeinschaft

Das Projekt der gegenseitigen Anerkennung der Taufe gewinnt eine neue Dimension, wenn man den Charakter der Gemeinschaft beschreibt, der Gegenstand der ökumenischen Bemühungen ist. Damit rückt nochmals das Modell der gestuften Kirchengemeinschaft in den Blick. Papst Johannes Paul II. hat in seiner Enzyklika „Ut Unum Sint" von 1995 ausdrücklich nach der „Anerkennung der bei den anderen Christen vorhandenen Güter"[306] gefragt. Es geht also darum, die „Reichtümer Christi und das Wirken der Geisteskräfte im Leben der anderen anzuerkennen".[307] Die Gemeinschaft unter den Christen und damit auch die Gemeinschaft unter den Kirchen und kirchlichen Gemeinschaften, in denen die nichtkatholischen Christen beheimatet sind, wächst durch das Ausschöpfen dieses ökumenischen Potenzials. Darunter sind die in Christus wirksamen Reichtümer, nämlich jene Elemente und Güter zu verstehen, die von Christus herkommen und zu ihm hinführen. Gerade durch die Anerkennung dieser Heil bringenden Elemente wächst Gemeinschaft. „Denn Güter der Kirche Christi drängen auf Grund ihrer Natur zur Wiederherstellung der Einheit. Daraus folgt, dass die Suche nach der Einheit der Christen kein Akt opportunistischer Beliebigkeit ist, sondern ein Erfordernis, das aus dem Wesen der christlichen Gemeinschaft selbst erwächst."[308] Über die gegenseitige Anerkennung dieser Elemente wächst die Gemeinschaft und bildet je nach dem Grad der erreichten Anerkennung gewisse Stufen aus, die man fortschreitend auf die volle Gemeinschaft hin einnehmen kann. Die Vereinbarungen zur gegenseitigen Anerkennung der einen Taufe gehen deshalb „über einen ökumenischen Höflichkeitsakt hinaus und stell(en) eine ekklesiologische Grundaussage dar"[309].

In welcher Weise stellen diese gemeinsamen Vereinbarungen eine ekklesiologische Grundaussage dar? Eine Antwort zeigt sich,

---

306 Johannes Paul II., Enzyklika „Ut Unum Sint" (Anm. 59), Nr. 47.
307 UR 4.
308 Johannes Paul II., Enzyklika „Ut Unum Sint" (Anm. 59), Nr. 49.
309 Ebd., Nr. 42.

wenn man dieses Projekt auf ein ekklesiologisches Modell bezieht, das man nach katholischer Tradition mit der Idee der Kirchengemeinschaft, also der Idee der communio, bezeichnen kann. Die Wiederherstellung der Einheit der Christen im Sinne einer Wiedergewinnung der verloren gegangenen Gemeinschaft unter den Kirchen und kirchlichen Gemeinschaften ist ein von diesen Kirchen und Gemeinschaften selbst zu unternehmender Prozess, der Lebenselemente der Spiritualität und der konkreten strukturierten ekklesialen Gestaltung umfasst. Dahinter verbirgt sich die Auffassung, dass die Kirche durch ekklesial-sakramentale Strukturelemente lebt und auferbaut wird. Lumen gentium Nr. 11 hat hierfür das Bild der sakramentalen Gemeinschaft der Kirche ausgeprägt. Aus dem geht hervor, was das Konzil unter kirchlicher Gemeinschaft versteht. Danach ist Kirche eine lebendige Gemeinschaft derer, die sich in der Feier der Sakramente versammeln und dadurch von Christus selbst zur Kirche geformt werden. In Aufnahme des griechischen Begriffs der Koinonia (lat. Communio, deutsch Gemeinschaft durch Teilhabe) lässt sich darunter wohl auch ein katholisches Modell von Kirchengemeinschaft erfassen. Dieses hat zum Ziel, die von Christus gestiftete Einheit unter den konkreten Bedingungen strukturierter Einheit wahrzunehmen. Mit diesem Modell ist ein dynamisches Konzept verbunden, das für zukünftige Entwicklungen offen ist. Wenn schon durch die Taufe die, wenn auch nicht vollkommene, Gemeinschaft grundgelegt ist, dann weist sie auf eine Vervollkommnung hin, die am Ende des ökumenischen Weges steht. Das alles macht auf ein ekklesiologisches Stufenmodell aufmerksam. Somit operiert auch die katholische Theologie nicht mit einem uniformen Einheitsverständnis, sondern mit einem Modell von Kirchengemeinschaft, das einer Pluralität von Kirchen und Gemeinschaften Raum lässt, die einander auf der Grundlage einer sakramental strukturierten Konzeption von Gemeinschaft Teil-Kirchen sind.

Das Projekt der gegenseitigen Anerkennung der Taufen ist also nicht nur unter kirchenrechtlichen, sondern auch unter ekklesiologischen Gesichtspunkten bedeutsam und wirksam. Bezogen auf ein dynamisches Konzept von Kirchengemeinschaft könnten solche Vereinbarungen darauf hinweisen, dass Gemeinschaft tatsächlich bereits heute besteht und selbst sichtbaren Ausdruck erlangt hat. Gleichzeitig wird deutlich, worauf diese schon bereits bestehende, aber noch unvollkommene Gemeinschaft verweist, letztlich auf die vollständige Eingliederung in die von Christus gewollte Heilsgemeinschaft.[310] Damit sind solche Vereinbarungen zur gegenseitigen Anerkennung der Taufe nie nur Ausdruck ökumenischer Freundlichkeiten, die man heute miteinander austauscht, sondern konkreter und lebendiger Hinweis auf eine bereits bestehende Gemeinschaft unter Christen, die im Wachsen begriffen ist.

4.2. Kirchengemeinschaft als ökumenisches Einheitsmodell?

Im Miteinander evangelischer Kirchen auf europäischer Ebene lässt sich seit einigen Jahren eine neue Dynamik beobachten. Hier sind vor allem die Bemühungen der Leuenberger Kirchengemeinschaft im Blick. Von Anfang an versteht sie sich als ein Beitrag „zur ökumenischen Gemeinschaft aller christlichen Kirchen“[311]. Insbesondere besteht dieser im Einheitsverständnis der Leuenberger Kirchengemeinschaft und dem sich daraus ergebenden Einheitsmodell.[312] Wenn Kirchen oder kirchliche Gemeinschaften die Kennzeichen der wahren Kirche aufweisen und auch eine lehrmäßige Verständigung über das gemeinsame Evangelium zu gewinnen ist, dann muss nach dem Selbstverständnis der Leuenberger Konkordie Kirchengemeinschaft erklärt werden. Damit präsentiert die Leuenberger Kirchengemeinschaft ein auf den Grundlagen der Reformation basierendes Modell von

---

[310] UR 22.
[311] Nr. 46; Text in: W. Lohff, Die Konkordie reformatorischer Kirchen in Europa: Leuenberger Konkordie, Frankfurt am Main 1985, 21. Vgl. dazu das von der 4. Vollversammlung der Leuenberger Kirchengemeinschaft in Wien 1994 angenommene Beratungsergebnis: „Die Kirche Jesu Christi. Der reformatorische Beitrag zum ökumenischen Dialog über die kirchliche Einheit“, in: Wachsende Gemeinschaft in Zeugnis und Dienst. Reformatorische Kirchen in Europa. Texte der 4. Vollversammlung der Leuenberger Kirchengemeinschaft in Wien, 3. bis 10. Mai 1984. Hg. v. W. Hüffmeier u. Ch.-R. Müller, Frankfurt a.M. 1995, 15-58.
[312] Die Kirche Jesu Christi (Anm. 311), 58.

Einheit, das über diesen ekklesialen Rahmen hinaus ökumenisch wirksam sein soll.
Das im September 2001 von der Evangelischen Kirche in Deutschland herausgebrachte Votum zum geordneten Miteinander bekenntnisverschiedener Kirchen „Kirchengemeinschaft nach evangelischem Verständnis“[313] präsentiert ein solches Konzept von Kirchengemeinschaft, das aus den jahrzehntelangen Bemühungen lutherischer, reformierter und unierter Kirchen zur Klärung ihres Verhältnisses zueinander herausgewachsen ist. Entscheidendes Merkmal dieses Konzeptes ist die Erklärung und Verwirklichung von Kirchengemeinschaft. Sie schließt Kanzel- und Abendmahlsgemeinschaft ausdrücklich mit ein. Wie insbesondere in dem Dokument hervorgehoben wird, sieht sich die EKD durch die Erklärung der Kongregation für die Glaubenslehre „Dominus Iesus“ herausgefordert, eine Verständigung über die Art und Weise von Kirchengemeinschaft anzustreben.[314] Aber auch der innerevangelische Dialog, etwa mit der Kirche von England im Rahmen der Vereinbarungen der Meißener Erklärung[315], nötigt zu dieser ekklesiologischen Selbstverständigung. Notwendig ist eine theologische Besinnung auf das evangelische Kirchenverständnis und die sich daraus ergebenden Folgerungen für Formen der Gemeinschaft untereinander. Damit fügen sich diese Bemühungen in die Reihe von Unternehmungen auf reformatorischer Seite ein, die seit Jahren im internationalen Bereich – vor allem zwischen lutherischer und anglikanischer Kirche – zu beobachten sind.[316] Es hat den Anschein, als ob es im beginnenden

---

[313] EKD-Texte Nr. 69, Hannover 2001.
[314] Ebd., 5.
[315] Auf dem Weg zu sichtbarer Einheit. Eine gemeinsame Feststellung. 18. März 1988. Meißen. Kirche von England, Bund der Evangelischen Kirchen in der Deutschen Demokratischen Republik, Evangelische Kirche in Deutschland. Hg. v. Bund der Evangelischen Kirchen in der Deutschen Demokratischen Republik und v. der Evangelischen Kirche in Deutschland, Berlin-Hannover 1988.
[316] Die Porvoo-Erklärung ist eine Vereinbarung von Kirchengemeinschaft zwischen Kirchen aus der anglikanischen und der lutherischen Tradition, nämlich zwischen den anglikanischen Kirchen der britischen Inseln und den meisten lutherischen Kirchen Skandinaviens und des Baltikums: Together in Mission and Ministry. The Porvoo Common Statement with Essays on Church and Ministry in the Northern Europe, London 1993. Hinzuweisen ist

21. Jahrhundert wohl nur noch ein Einheits-Modell gibt, das Aussichten auf erfolgreiche Umsetzung in die Praxis besitzt. Wenn diese Beobachtungen auf weltweiter Ebene zutreffen, so erwächst im Blick auf die ökumenischen Gespräche der römisch-katholischen Kirche mit den reformatorischen Kirchen eine klare Herausforderung: Kann sich die katholische Kirche auf ein solches Konzept von Kirchengemeinschaft wirklich einlassen? Wäre etwa auch über das Konzept von Kirchengemeinschaft Eucharistiegemeinschaft herstellbar? Oder gilt andererseits die pure Alternative: Kirchengemeinschaft hier gegen sichtbare volle Einheit der Kirche dort? Sind die durch die Reformation hervorgerufenen Differenzen in der Ekklesiologie so tief greifend, dass eine Verständigung mit dem Ziel einer Einigung im Rahmen von Kirchengemeinschaft nicht zu erreichen wäre? Kommen vor allem die bilateralen Dialoge an ein natürliches Ende, sobald die komplexen Fragen der Ekklesiologie auf dem Tisch liegen? Im Folgenden kann es nur darum gehen, einige wenige grundlegende Eckdaten zu benennen, die eine Beantwortung der vorliegenden Fragen möglich machen. Eine umfassende Darlegung und Beschreibung ist hier nicht intendiert.[317]

4.2.1. Herausforderung Kirchengemeinschaft

Das Konzept von Kirchengemeinschaft ist primär auf das Verhältnis reformatorischer Kirchen ausgerichtet.[318] Zielrichtung ist

---

auch auf Vereinbarungen zwischen anglikanischen und lutherischen Kirchen in den USA (hier zusammen mit Reformierter Kirche) und Kanada.

[317] Auf katholischer Seite hat Walter Kasper die Frage schon früh aufgenommen: Grundkonsens und Kirchengemeinschaft. Zum Stand des ökumenischen Gesprächs zwischen katholischer und evangelisch-lutherischer Kirche, in: ThQ 167 (1987) 161-181; ders., Kircheneinheit und Kirchengemeinschaft in katholischer Perspektive. Eine Problemskizze, in: K. Hillenbrand / H. Niederschlag (Hg.), Glaube und Gemeinschaft. FS für Bischof Paul-Werner Scheele zum 25jährigen Konsekrationsjubiläum, Würzburg 2000, 100-117. Vgl. dazu meine Studie: W. Thönissen, Gemeinschaft durch Teilhabe (Anm. 199), welche die Frage der Kirchengemeinschaft im Kontext einer katholischen Ekklesiologie diskutiert.

[318] Vgl. hierzu H. Meyer, Zur Entstehung und Bedeutung des Konzeptes „Kirchengemeinschaft“. Eine historische Skizze aus evangelischer Sicht, in:

die Wiederherstellung der zerbrochenen Gemeinschaft unter Kirchen, die aus der Reformation hervorgegangen sind. Für die Erklärung und Verwirklichung von Kirchengemeinschaft erforderlich erscheint den an der Konkordie beteiligten lutherischen, reformierten, unierten und inzwischen auch methodistischen Kirchen die zu gewinnende Übereinstimmung im Verständnis des Evangeliums. Das rechte Verständnis des Evangeliums hat die Reformation in der Botschaft von der freien Gnade Gottes und damit in der Rechtfertigungslehre zum Ausdruck gebracht. Dieses gemeinsame Verständnis setzt voraus, dass die in den verschiedenen evangelischen Bekenntnisschriften ausgesprochenen Verwerfungen zu Abendmahl, Christologie und Prädestination heute kein Hindernis mehr für die zu verwirklichende Kirchengemeinschaft darstellen. Das rechte Verständnis des Evangeliums ist also die notwendige Bedingung für die Erklärung und Verwirklichung von Kirchengemeinschaft. Diese schließt Kanzel- und Abendmahlsgemeinschaft ein. Dieses Konzept hat sich in den letzten Jahren unter den evangelischen Kirchen in Europa weit gehend durchgesetzt und ist inzwischen zu einer festen Größe im Verhältnis der aus der Reformation hervorgegangenen Kirchen geworden.[319]

Das Konzept der Kirchengemeinschaft unterscheidet sich – vereinfacht gesprochen – sowohl von einem Kirchenbund auf der einen Seite (das Modell der EKD zur Zeit ihrer Gründung) als auch vom Modell der organischen Union – einer Vereinigung von bisher selbstständigen Kirchen auf der Grundlage einer Übereinstimmung im Bekenntnis unter Einschluss einer einheit-

---

J. Schreiner / K. Wittstadt (Hg.), Communio Sanctorum. Einheit der Christen – Einheit der Kirche. FS für Paul Werner Scheele, Würzburg 1988, 204-230; ders., Ökumenische Zielvorstellungen, Göttingen 1996 (Bensheimer Hefte 78); A. Birmelé, Die Leuenberger Konkordie: Einheit ohne Strukturen, in: H. Meyer (Hg.), Gemeinsamer Glaube und Strukturen der Gemeinschaft. Erfahrungen – Überlegungen – Perspektiven. FS für Günther Gassmann, Frankfurt a.M. 1991, 11-27; G. Hintzen, Das Modell der Kirchengemeinschaft. Innerprotestantische Entwicklungen seit der Leuenberger Konkordie, in: Cath(M) 52 (1998) 155-185.

[319] Vgl. W. Thönissen, Die Leuenberger Konkordie als ökumenisches Einheitsmodell? Umrisse eines katholischen Konzepts von Kirchengemeinschaft, in: Cath(M) 49 (1995) 1-31.

lichen organisatorischen Struktur – auf der anderen Seite.[320] So verstanden entpuppt sich das Modell der Kirchengemeinschaft als ein Rahmenkonzept, in das die jeweiligen bekenntnisverschiedenen Kirchen jeweils ihre ekklesialen Grundüberzeugungen in Verbindung mit den jeweiligen verbindlichen Bekenntnissen einbringen können. Das Faszinierende an diesem Modell dürfte in der Überlegung begründet sein, die Selbstständigkeit jeder dieser Kirchen bei gleichzeitiger engerer Form der Gemeinschaft untereinander bewahren zu können.
Sind die römisch-katholische Vorstellung von der sichtbaren vollen Einheit der Kirche und ein solches evangelisches Verständnis von Kirchengemeinschaft überhaupt kompatibel? Die Erklärung der Kongregation für die Glaubenslehre „Dominus Iesus" hat im Blick auf die in Anspruch genommene Interpretation des „Subsistit" aus der Kirchenkonstitution „Lumen gentium"[321] zwischen Kirchen, die nicht in voller Gemeinschaft mit der katholischen Kirche stehen, und kirchlichen Gemeinschaften, die nicht Kirchen im eigentlichen Sinn sind, unterschieden. Insoweit ist die Frage nach der Kompatibilität katholischerseits zunächst einmal mit einem Nein zu beantworten.[322] Das Votum der EKD antwortet darauf ebenso klar: „Offensichtlich ist die römisch-katholische Vorstellung von der sichtbaren, vollen Einheit der Kirchen mit dem hier entwickelten Verständnis von Kirchengemeinschaft nicht kompatibel. Immerhin kann festgehalten werden, dass beide Seiten die Einheit des Leibes Christi und die Gemeinschaft der Kirchen in einem Verständnis des Glaubensgrundes verankert sehen, der in seiner Dynamik über die bisherige und künftige Lehre hinausgeht. Vorrangig muss geklärt werden, wie

---

[320] Vgl. G. Hintzen, Verwirklichungen kirchlicher Einheit unter reformatorischen Kirchen, in: G. Hintzen / W. Thönissen, Kirchengemeinschaft möglich? (Anm. 297), 17-71.

[321] LG 8.

[322] Auf solch ein klares Urteil scheinen mir die Darlegungen Kardinal Ratzingers in der Sache hinauszulaufen; vgl. dazu die Beiträge: Die Ekklesiologie der Konstitution „Lumen gentium", in: Joseph Ratzinger, Kirche – Zeichen unter den Völkern. Schriften zur Ekklesiologie und Ökumene. 1. Teilbd., Freiburg i. Br. 2010 (JRGS 8/1), 573-596; ders., Es scheint mir absurd, was unsere lutherischen Freunde jetzt wollen. Die Pluralität der Bekenntnisse relativiert nicht den Anspruch des Wahren. Joseph Kardinal Ratzinger antwortet seinen Kritikern, (Anm. 211), 51-52.

sich die evangelische und die römisch-katholische Auffassung vom Grund des Glaubens und von der Selbstvergegenwärtigung des dreieinigen Gottes durch das Zeugnis der Kirche zueinander verhalten."[323] Wie steht es um eine angemessene römisch-katholische Antwort? Wie verhält sich hierzu die Frage der Eucharistiegemeinschaft – also die volle und uneingeschränkte wechselseitige Teilhabe an der Eucharistie? In der hier entfalteten Perspektive erscheint die Frage nach der noch fehlenden Eucharistiegemeinschaft zumindest in einer Hinsicht bereits beantwortet. Sie ist keine Frage mangelnder Rezeption ökumenischer Gesprächsergebnisse; sie ist auch keine Frage ökumenischer Unfreundlichkeiten und mangelnder Gastfreundschaft seitens der katholischen Kirche. Die Frage der Eucharistiegemeinschaft ist eine ekklesiologische Frage, und sie kann deshalb nur im Rahmen eines ekklesiologischen Konzeptes beantwortet werden. Den angesprochenen prinzipiellen Fragen nach einem Konzept von Kirchengemeinschaft und seiner Kompatibiliät im evangelisch-katholischen Gespräch soll hier nachgegangen werden.

4.2.2. Die Idee der Communio und ihre ökumenische Tragweite

Das Zweite Vatikanische Konzil hat die hier beschriebene Problemkonstellation in die Perspektive des Gemeinschaftsgedankens gerückt.[324] Das Konzil hat dafür den in verschiedenen Bezügen und Qualifikationen verwendeten Begriff der Communio herangezogen. Er kann heute als Schlüsselbegriff der Ekklesiologie des II. Vaticanums bezeichnet werden, der insbesondere die Materie der Gemeinschaft im sakramentalen Leben normiert.[325] Der grundlegende Horizont wird durch ein die Kirchenkonstitution durchgehendes Leitmotiv bestimmt: es ist dies in engem Zusammenhang mit dem Begriff des Sakramentalen die Vorstellung vom Mysterium der Kirche. Die Kirche ist einerseits Gegenstand

[323] EKD-Texte Nr. 69 (Anm. 313), 13.
[324] Vgl. hierzu insgesamt meine Studie: W. Thönissen, Gemeinschaft durch Teilhabe (Anm. 199).
[325] Vgl. M. Kehl, Die Kirche. Eine katholische Ekklesiologie (Anm. 225); J. Meyer zu Schlochtern (Anm. 225).

des sich offenbarenden Geheimnisses Gottes wie andererseits das aus dieser Selbstoffenbarung Gottes hervorgehende Mysterium der Gemeinschaft mit Gott wie der Menschen untereinander.[326] Zeichenhaft-symbolisch ist dieses Mysterium im Sakrament der Eucharistie offenbar.[327] Ansatzpunkt für dieses hieraus zu entfaltende Konzept von Gemeinschaft ist das zugrunde liegende Verständnis von Koinonia: „Gemeinschaft (communio) entsteht durch Teilhabe (participatio) an Jesus Christus“ ist die Kurzformel hierfür. Insoweit ist der griechische Begriff „koinonia“ weiter als der lateinische Begriff „communio“.[328] Er umfasst sowohl die Bedeutung von Teilhabe (participatio) wie Gemeinschaft (communio). Von dieser Leitperspektive aus betrachtet erscheint die ekklesiale Wirklichkeit im Licht des eucharistischen Mysteriums (communio eucharistica). In diesem Sinne spricht das Ökumenismusdekret zu Recht von der „ursprünglichen und vollständigen Wirklichkeit (substantia) des eucharistischen Mysteriums“[329]. Das II. Vaticanum hat sich diese Auffassung weitgehend durch eine im zwanzigsten Jahrhundert erfolgte Relecture der Kirchenväter angeeignet und zum Integral seiner ekklesiologischen Grundkonzeption gemacht.
Anwendung findet diese so verifizierte Idee der Communio in verschiedenen ekklesialen Kontexten.[330] Sowohl die Frage nach der Kirchenzugehörigkeit wie die Frage des Verhältnisses der getrennten Christen zur katholischen Kirche wird mit dieser Grundkonzeption verbunden. Die Kirchenkonstitution „Lumen gentium“ spricht von Graden der Zugehörigkeit und unterscheidet die volle Eingliederung des katholischen Gläubigen von der Verbundenheit mit der katholischen Kirche.[331] Das Ökumenismusdekret gebraucht im selben Problemkontext allerdings auch den Begriff der Communio, um die Verbundenheit der getrennten Christen mit der katholischen Kirche auszudrücken: commu-

---

[326] LG 1.
[327] LG 3 u. 7.
[328] Grundlegend ist hierfür LG 7.
[329] UR 22.
[330] Hierbei erfährt die Communio-Vorstellung freilich selbst verschiedene Brüche innerhalb unterschiedlicher ekklesiologischer Traditionen. Vgl. hierzu insbesondere J. Werbick (Anm. 228), bes. 11-15.
[331] LG15.

nio cum Ecclesia catholica, etsi non perfecta.[332] Gleichzeitig sind nicht nur einzelne Individuen im Blick, sondern auch die Gemeinschaften und Kirchen, denen sie angehören. Insoweit verbindet vor allem das Ökumenismusdekret – und das ist programmatisch zu lesen – den Begriff der Communio mit der Frage nach dem Verhältnis der katholischen Kirche zu den von ihr getrennten Kirchen und kirchlichen Gemeinschaften. Deshalb kommt es zu dem bis dahin in der Tradition nicht geläufigen Begriff der communio plena bzw. communio non plena. Die entscheidende Stoßrichtung erhält diese Communio-Idee dadurch, dass sie die uniforme Einheitsvorstellung, die wohl im Ganzen in Geltung bleibt, neu ausrichtet und gewichtet. Die neuere Richtung wird man auf die Kurzformel bringen dürfen: Einheit kann von nun an verstanden werden als Gemeinschaft, als communio ecclesiarum. Lässt sich daraus ein ökumenisch tragfähiges Konzept entwickeln?

4.2.3. Die ökumenische Tragweite des „Subsistit“

Grundvoraussetzung für die Anwendung der Communio-Vorstellung bildet die Idee des „Subsistit“ der Kirchenkonstitution „Lumen gentium“.[333] Ohne das „Subsistit“ könnte der Unterschied zwischen voller und unvollkommener Gemeinschaft gar nicht getroffen werden. Es besteht deshalb heute weithin Übereinstimmung darüber, dass mit der Entscheidung über das „Subsistit“ auch über den ekklesialen Status nicht katholischer Kirchen und kirchlicher Gemeinschaften mitentschieden wurde.[334]
In diesem Sinne begründet das „Subsistit“ ein katholisches Modell von Kirchengemeinschaft. Für ein solches Modell spricht das vom Zweiten Vatikanischen Konzil entwickelte Teilkirchen-Modell. Dieses Modell wird durch das „Subsistit“ erst plausibel. Denn danach besteht die eine und einzige Kirche in und aus den

---

[332] UR 3.

[333] LG 8.

[334] Vgl. H.J. Urban, Der ekklesiologische Charakter der „kirchlichen Gemeinschaften“. Eine Relecture von Lumen Gentium, in: A. Kreiner / P. Schmidt-Leukel (Hg.), Religiöse Erfahrung und theologische Reflexion. FS für Heinrich Döring, Paderborn 1993, 291-300.

Teilkirchen; die Kirche Christi ist in den Teilkirchen gegenwärtig und wirksam. Die eine Kirche verwirklicht sich in den Teilkirchen ebenso, wie die Teilkirchen sich in der einen Kirche verwirklicht sehen. Nach der Lehre des II. Vaticanums[335] schließt also die in Christus gegebene Einheit der Kirche eine Vielfalt von Orts- oder Teilkirchen nicht aus. Dieses Modell geht von einem Ineinander von Teilen und Ganzheit aus. Die eine Kirche ist nicht allein die Summe von Teilkirchen, sie ist aber auch nicht nur allein als das Ganze gegenwärtig und wirksam. Katholizität schließt eine rechtmäßige Verschiedenheit ein. Die Frage ist, ob ein solches katholisches Modell auch ökumenisch tragfähig erscheinen kann. Begründet das „Subsistit“ nicht doch auch eine Gestalt von Kirchengemeinschaft zwischen Kirchen und kirchlichen Gemeinschaften, die jetzt noch getrennt sind, aber auf dem Weg zu einer die Trennungen überwindenden Form von Gemeinschaft sind?

4.2.4. Einheit als Kirchengemeinschaft

Schon die „Gemeinsame Offizielle Feststellung“, mit der die „Gemeinsame Erklärung zur Rechtfertigungslehre“ im Oktober 1999 angenommen wurde, hat einen weiter gehenden Dialog über die offen gebliebenen ekklesiologischen Fragen für erforderlich gehalten. Die „Gemeinsame Offizielle Feststellung“ sieht weiteren Klärungsbedarf im Umfeld der Frage nach voller Kirchengemeinschaft, die als Einheit in Verschiedenheit bezeichnet wird. In ihr würden verbleibende Unterschiede miteinander versöhnt und besäßen keine trennende Kraft mehr. Was ist hier mit Kirchengemeinschaft gemeint? Kann die katholische Kirche ein Konzept, das aus dem Kontext der reformatorischen Kirchen hervorgegangen ist, annehmen, wie es hier offenbar stillschweigend vorausgesetzt wird? Oder welche Funktion besitzt hier an dieser Stelle der Hinweis auf die Kirchengemeinschaft?

Keine Frage ist, dass sich katholische Theologie mit dem Modell von Kirchengemeinschaft schwer tut. Das Zweite Vatikanische Konzil selbst hatte kein klares Konzept zur Wiederherstellung

[335] Vgl. LG 23.

der zerbrochenen Gemeinschaft zwischen bisher getrennten Kirchen. Entsprechend der historischen Fakten unterschied das Konzil zwei Kategorien von Spaltungen und demgemäß vermaß es die Verhältnisse anders, einmal im Blick auf die von Rom getrennten Ostkirchen, dann im Blick auf die Kirchen und kirchlichen Gemeinschaften im Abendland. Im Blick auf die von ihr getrennten Ostkirchen sprach das Konzil ausdrücklich von der erwünschten Wiederherstellung der vollen Gemeinschaft (plena communio inter Ecclesias)[336]. Das Ökumenismusdekret konstatiert hier eine sehr enge, aber nicht volle Gemeinschaft im Bereich des Glaubens. Mit den Kirchen und kirchlichen Gemeinschaften im Abendland sieht sich „die katholische Kirche durch das Band besonderer Verwandtschaft verbunden“[337]. Das Ökumenismusdekret spricht aber auch hier von der Gemeinschaft mit den Christen anderer Kirchen und kirchlicher Gemeinschaften. Inzwischen hat der ökumenische Dialog zu einer gewissen Klärung beigetragen, so dass zumindest eine neue Einschätzung der Lage möglich erscheint. Trägt man die wichtigen Elemente, die für ein solches Konzept von Kirchengemeinschaft sprechen, zusammen, ergibt sich folgendes Bild:

(1.) Schlüsselbegriff und Angelpunkt eines katholischen Konzepts von Kirchengemeinschaft ist der Begriff der Gemeinschaft im Sinne der eucharistica communio. Ein solches Konzept wird durch die Kirchenkonstitution „Lumen gentium“ und das Ökumenismusdekret vorbereitet.[338] Einheit zeigt sich als trinitarische Gemeinschaft von Vater, Sohn und Geist, sie zeigt sich christologisch als Gemeinschaft Gottes mit den Menschen in Jesus Christus, sie zeigt sich schließlich ekklesiologisch als Gemeinschaft der an Christus Teilhabenden, die untereinander Gemeinschaft haben.[339]

(2.) Die Gemeinschaft der Kirche verlangt auf ihrer sichtbaren Ebene nach einer Ordnung, die durch das Glaubensbekenntnis,

---

[336] UR 14.
[337] UR 19.
[338] LG 2-5 und 7.
[339] Vgl. zu dieser umfassenden Sicht einer Communio-Theologie: G. Greshake, Der dreieine Gott (Anm. 106).

durch die Sakramente und durch die kirchliche Leitung zum Ausdruck gebracht wird.[340] Kirchengemeinschaft (communio ecclesiarum) entfaltet sich im gemeinsamen Bekenntnis des apostolischen Glaubens, in der sakramentalen Gemeinschaft, in der Wort und Sakrament zugeordneten Gemeinschaft im kirchlichen Amt, das Wort und Sakrament dienend zugeordnet wird.

(3.) Die Vorstellung der um Wort und Altar versammelten Gemeinde der Gläubigen erfordert und setzt nach katholischem Verständnis die universale Gemeinschaft der bischöflich verfassten Ortskirchen voraus.[341] Dies schließt das Amt des Bischofs von Rom mit ein, der in besonderer Weise das universale Dienstamt an der Einheit der Kirche ausübt.

(4.) Bedingung für die Wiederherstellung der vollen Kirchengemeinschaft bildet die Überprüfung und Bearbeitung der bestehenden Lehrdifferenzen in Fragen des Glaubens, der Sakramente und des Amtes. Der Studienprozess über die Frage der Lehrverurteilungen hat auf die Bedeutung dieser Fragestellung eigens hingewiesen.[342]

(5.) Kirchengemeinschaft setzt schließlich eine Erklärung über die gegenseitige Anerkennung der Kirchen als Kirchen voraus. Danach erscheint die Verwirklichung von Kirchengemeinschaft, die volle Eucharistiegemeinschaft einschließt, möglich.

4.2.5. Communio in der ökumenisch-pastoralen Praxis. Gestufte Kirchengemeinschaft

Volle Kirchengemeinschaft schließt die Gemeinschaft im sakramentalen Leben ein. Für diese volle Form der Gemeinschaft hat sich der Begriff der Eucharistiegemeinschaft durchgesetzt. Er beschreibt das Verhältnis einer vollen Partizipation am sakra-

---

[340] LG 14.

[341] LG 23.

[342] Vgl. hierzu W. Thönissen, Dogma und Symbol. Eine ökumenische Hermeneutik, Freiburg i. Br. 2008.

mentalen Leben der Kirchen, die untereinander in Kirchengemeinschaft stehen. Kirchengemeinschaft und Eucharistiegemeinschaft sind Wechselbegriffe und erläutern sich gegenseitig. Doch auch wenn diese volle Form der Gemeinschaft noch nicht vollzogen ist, kann man von einer gewissen Gemeinschaft ausgehen, die trotz der Trennung in „wahren Sakramenten“ – in der Taufe oder sogar in der Eucharistie und im Priestertum – begründet ist. Im Zusammenhang mit der Beschreibung des Verhältnisses zu den von Rom getrennten orthodoxen Kirchen führt das Konzil offiziell den Terminus „gewisse Gottesdienstgemeinschaft“ (quaedam communicatio in sacris)[343] an. Im Rahmen dieses ekklesiologischen Konzeptes spricht man daher von Zulassung, Zutritt zu oder besser gar von der Teilhabe nicht katholischer Christen an den Sakramenten (der Buße, der Eucharistie und der Krankensalbung). Die Klärung der Streitfrage, wer Zutritt hat, hängt aber von der Bewertung des ekklesialen Status der jeweiligen Kirche ab, welcher der betreffende Christ selbst angehört und mit der die katholische Kirche in unvollkommener Gemeinschaft steht. Legt man diese Ausführungen im Kontext des skizzierten ekklesiologischen Gesamtzusammenhangs aus, so erkennt man folgenden Grundsatz: Die Anerkennung des ekklesialen Status der getrennten Kirchen folgt dem Grad der Verwirklichung der sakramentalen Grunddimension der Kirche. Je höher der Grad an Übereinstimmung im Verständnis dieser sakramentalen Gesamtsicht ist, – gemeint ist die ursprüngliche Wirklichkeit des eucharistischen Mysteriums[344] – umso vollkommener ist die Gestalt der Gottesdienstgemeinschaft. Hier zeigt sich schließlich in Abhängigkeit vom Kirchenverständnis ein gestuftes Modell von Gottesdienstgemeinschaft.
Gegenüber den von Rom getrennten Ostkirchen macht daher das kirchliche Gesetzbuch weiter gehendere Zugeständnisse als ge-

---

[343] UR 15: „Da nun diese Kirchen trotz ihrer Trennung wahre Sakramente besitzen, vor allem aber in der Kraft der apostolischen Sukzession das Priestertum und die Eucharistie (vi successionis apostolicae, Sacerdotium et Eucharistiam), wodurch sie in ganz enger Verwandtschaft bis heute mit uns verbunden sind, so ist eine gewisse Gottesdienstgemeinschaft unter gegebenen geeigneten Umständen mit Billigung der kirchlichen Autorität nicht nur möglich, sondern auch ratsam.“
[344] UR 22.

genüber den aus der Reformation hervorgegangen Kirchen: Die Zulassung zu den Sakramenten der Buße, der Eucharistie und der Krankensalbung ist Angehörigen orthodoxer Kirchen erlaubt, wenn diese darum bitten und in rechter Weise disponiert sind. Mitglieder anderer Kirchen oder kirchlicher Gemeinschaften[345] können nur unter besonderen Umständen – als Beispiel für die hier gemeinte schwere Notlage (gravis necessitas) wird die Todesgefahr genannt – unter zusätzlichen Bedingungen zugelassen werden. Man kann aber in der gewählten Formulierung – sie weicht allerdings von der des Codex Iuris Canonici ab – durchaus ein Zugeständnis an das Selbstverständnis reformatorischer Kirchen erkennen.[346] Vielleicht ist es sogar möglich, in der vom Ökumenischen Direktorium gewählten Formulierung ein Anerkenntnis des Fortschritts im ökumenischen Dialog mit den aus der Reformation hervorgegangenen Kirchen zu sehen.

Die Regelungen fallen nach Maßgabe des Ökumenismusdekretes unter die praktische Verwirklichung des Ökumenismus und stellen die bis zum II. Vaticanum geltende Regelung – nämlich die des Verbots der Teilhabe an der Eucharistie – auf eine neue Basis. Die neue ekklesiologische Sicht des Konzils erlaubt die ökumenische Praxis der Ausnahmeregelungen, freilich in bestimmten Abstufungen und in Bezug zur ekklesialen Bewertung der Kirche oder kirchlichen Gemeinschaft, der die jeweils einzelnen nicht katholischen Christen angehören. Die konziliare Ekklesiologie stellt gegenüber der bis zum Konzil geltenden Regelung deshalb einen enormen Fortschritt im Bemühen um die praktische und seelsorgerliche Bewältigung der bestehenden Trennungen unter der Christenheit dar. Hinsichtlich der ökumenischen und seelsorgerlichen Praxis sind allerdings auch weitere Regelungen im Rahmen der Ekklesiologie des Zweiten Vatikanischen Konzils prinzipiell möglich. Das Ökumenische Direktorium von 1993 spricht nicht nur von Gewährung des Zutritts, sondern auch von einer Empfehlung. Hier ist freilich das Kirchenrecht bei der Normierung gefragt. Dieses sieht ausdrücklich

---

[345] So der Wortlaut in ÖD, Nr. 129, 69f.

[346] Im Kodex sind Christen angesprochen, die nicht in der vollen Gemeinschaft mit der katholischen Kirche stehen (CIC/1983 can. 844 §4). Das Ökumenische Direktorium spricht hingegen Christen anderer Kirchen und kirchlicher Gemeinschaften an (ÖD, Nr. 129, 69f.).

vor, dass der Diözesanbischof bzw. die Bischofskonferenz allgemeine Bestimmungen erlassen können.[347] Insbesondere stellt sich die Frage, ob nicht katholische, in konfessionsverschiedener Ehe lebende Partner nicht dann zur Eucharistie zugelassen werden können, wenn begründeterweise eine ernste und dringende Notwendigkeit dazu rät. Diese könnte gegeben sein, wenn die prinzipiell verweigerte Teilhabe an der Eucharistie das christliche Glaubens- und Eheleben in schwere Bedrängnis bringen würde. Verschiedene Bischofskonferenzen anderer Länder haben die ihnen vom Kirchenrecht zugewiesene Kompetenz für weitere Regelungen bereits in Anspruch genommen.

Insgesamt bleibt festzuhalten: Die Bewertung der Frage nach dem Zutritt zur Eucharistie für nicht katholische Christen ist nicht nur eine pastoraltheologische oder seelsorgerlich sensible Frage, sondern eine ekklesiologische. Es zeigt sich nämlich, dass der Komplex der Gottesdienstgemeinschaft in die neue, vom II. Vaticanum inaugurierte und approbierte Ekklesiologie eingebunden und von ihr nicht zu lösen ist. Daraus erwächst insgesamt die Einsicht in ein Stufenmodell von Kirchengemeinschaft, das faktisch bereits in Geltung ist. Maßstab der Bewertung ist der Grad der sakramentalen Verwirklichung von Kirche, wie sie in der programmatischen Skizze des Ökumenismusdekretes[348] aufscheint.

4.2.6. Erscheint aus heutiger Sicht volle Kirchengemeinschaft möglich?

Es stellt sich nun abschließend die Frage, ob im Kirchenverständnis ein Fortschritt in der Verständigung zu erzielen ist, die sowohl eine Einigung in der grundsätzlichen Frage der Kirchengemeinschaft als auch in weiter gehenden Ausnahmeregelungen im Blick auf Mitglieder anderer Kirchen und kirchlicher Gemeinschaften im Rahmen eines solchen Stufenmodells ermöglicht. Das ist eine Anfrage an den gegenwärtigen Dialog. Erscheint, wie etwa in der Frage der Rechtfertigung, ein differen-

[347] CIC/1983 can. 844 §5.
[348] UR 22.

zierter Konsens im Kirchenverständnis möglich, also die Vorstellung von einer Einheit in versöhnter Verschiedenheit, wonach ein Konsens in Grundwahrheiten des Kirchenverständnisses die noch verbleibenden Differenzen, etwa in der Frage des Amtes, des bischöflichen Amtes und des Petrusdienstes zu tragen vermag? Auf diese Frage weiß heute niemand eine abschließende Antwort. Die Chance, die ein differenzierter Konsens bietet, ist jedoch verheißungsvoll: Die Botschaft der Heiligen Schrift, die Verkündigung des Evangeliums kann in unterschiedlichen theologischen Sprachen ausgedrückt werden. Von der gemeinsamen Grundlage, von einem Grundkonsens aus können dann theologische Ausfaltungen, unterschiedliche Akzent- und Schwerpunktsetzungen in den verschiedenen Traditionen eingeholt werden. Diese müssen allerdings daraufhin überprüft werden, ob sie sich im Lichte der gefundenen gemeinsamen Grundüberzeugung einschließen oder eher ausschließen. Als einen solchen Grundkonsens könnte man die Überzeugung bezeichnen, nach der es allein Jesus Christus ist, der die Menschen zur Gemeinschaft der Glaubenden macht und sie darin auch erhält. In der sakramentalen Zeichenhandlung bringt die eucharistische Feier den ekklesialen Lebenszusammenhang in Christus und der Feiernden untereinander zum Ausdruck. Hier geht es um die Identität des Christus-Mysteriums im ekklesialen Lebenszusammenhang der Kirche.

Richtet man die oben gestellte Frage an die reformatorischen Kirchen, so muss man zunächst feststellen: Zum Konzept der Kirchengemeinschaft der aus der Reformation hervorgegangenen Kirchen gehört die Erklärung und Verwirklichung von Kanzel- und Abendmahlsgemeinschaft hinzu. Die entscheidende Frage ist die, ob dieses Konzept mit der Konsequenz, dass Kanzel- und Abendmahlsgemeinschaft auf der Grundlage einer Übereinstimmung im Verständnis des Evangeliums, d.h. in Bekenntnis und Lehre, verwirklicht werden können, kompatibel ist mit einem katholischen Modell, das nicht das Kirchenverständnis der aus der Reformation hervorgegangenen Kirchen teilt. Dieses Problem besteht analog im Verhältnis der Evangelischen Kirche in Deutschland (EKD) zur Kirche von England. Gerade die Kirche von England hat sich bisher nicht entschließen können, Mitglied der Leuenberger Kirchengemeinschaft zu werden, weil sie das Kirchenverständnis, hier insbesondere die Frage des historischen Bischofsamtes, nicht geklärt sieht. Kanzel- und Abendmahlsgemeinschaft lassen sich also auch im protestantischen Kontext nicht ohne Klärung der dahinter stehenden ekklesiologischen Fragen erklären. Dies ist eine deutliche Botschaft: Kirchen können untereinander Kanzel- und Abendmahlsgemeinschaft nur dann praktizieren, wenn sie das zugrunde liegende Verständnis von Kirche mit in die Klärung über bisher strittige Fragen einbezogen haben. Es kann daher keine Vereinbarung von Kanzel- und Abendmahlsgemeinschaft ohne die Klärung der ekklesiologischen Fragen geben. Damit gewinnt der ökumenische Dialog eine eminent praktische Bedeutung.

Die konkrete Frage, die ökumenisch diskutiert werden muss, lautet daher: Erlaubt der mit den lutherischen Kirchen erzielte Konsens in der Frage der Rechtfertigung eine Erweiterung der Ausnahmeregelung für die Teilhabe lutherischer Christen an der katholischen Eucharistie? Auch wenn diese Frage gegenwärtig noch nicht mit Ja beantwortet werden kann, weist sie doch auf die Dynamik hin, die mit dem Konzept von Kirchengemeinschaft verbunden ist. Wir haben es hierbei mit einem Prozess zu tun, der für zukünftige Entwicklungen offen ist. Denn es hat sich gezeigt, dass es abhängig von der ekklesiologischen Grundidee und ihrer Bewertung schon Formen von unvollkommener Gemeinschaft gibt, die ekklesialen Charakter besitzen. Das weist auf ein ekklesiologisches Stufenmodell hin, das die Wahrnehmung unterschiedlicher Qualifikationen erlaubt. Somit operiert auch katholische Theologie nicht mit einem uniformen Einheitsverständnis, sondern mit einem Modell von Kirchengemeinschaft, das einer Pluralität von Kirchen Raum lässt, die einander auf der Grundlage einer sakramental strukturierten Konzeption von Gemeinschaft Teil-Kirchen sind.

Die eingangs aufgestellte Alternative, ein aus der Reformation hervorgehendes Modell von Kirchengemeinschaft widerspreche ab ovo einem katholischen Modell von sichtbarer Einheit der Kirche und sei mit ihm nicht kompatibel, hält einer genaueren Betrachtung nicht stand. Die hier ausgebreiteten Überlegungen lassen auch auf katholischer Seite ein Modell von Kirchengemeinschaft erkennen, das genügend Flexibilität und Dynamik besitzt. Freilich kann und darf man auch nicht übersehen, dass die Eckpunkte eines solchen katholischen Modells anders gelagert und akzentuiert sind als im Modell der Leuenberger Kirchengemeinschaft. Dies muss aber nicht zwangsläufig zu der Überzeugung auf beiden Seiten führen, weiter gehende Gespräche über die Frage der Ekklesiologie seien überflüssig. Die im lutherisch-katholischen Dialog bereits geführten Gespräche über das Verhältnis von Kirche und Rechtfertigung weisen daher in die richtige Richtung.[349]

[349] Gemeinsame Römisch-katholische/Evangelisch-lutherische Kommission, Kirche und Rechtfertigung. Das Verständnis der Kirche im Licht der Rechtfertigungslehre, Paderborn-Frankfurt a.M. 1994.

5. Kapitel
Amt und Ämter in der Kirche

5.1. Das Bischofsamt im Zweiten Vatikanischen Konzil

Eine umfassende theologische Würdigung des Bischofsamtes stellt heute immer noch eine Herausforderung dar und ist keineswegs bereits geleistet. Das Zweite Vatikanische Konzil hat zwar dafür gesorgt, dass man bei der Beschreibung des kirchlichen Amtes Maß nehmen muss am Bischofsamt. Dieses bildet fortan das Zentrum der Ausführungen über das kirchliche Amt. (Wenn ich im Folgenden also vom Bischofsamt spreche, so rede ich vom Ministerium ecclesiasticum, das seit alters her in dreifacher Weise ausgeübt wird.) Doch umso mehr erstaunt, dass das Amt des Bischofs als solches kaum Interesse in der nachkonziliaren Theologie hervorgerufen hat. Einen Traktat zum Thema „Das Amt des Bischofs" findet man in der katholischen Theologie bis heute nicht.[350] Das überrascht sogar den Fachtheologen, denn der Ruf nach einer Theologie des Bischofsamtes erschallte lange vor dem Zweiten Vatikanischen Konzil. „Ein vertieftes Verständnis des Bischofs gehört zu den dringenden Aufgaben der Theologie."[351] Die Theologie schicke sich an, schreibt Joseph Ratzinger 1959, den Traktat „De Episcopo" neu zu schreiben, nachdem der Traktat „De Primatu" zu einem hohen Maß an Klarheit geführt werden konnte.[352] So hieß es dann kurz vor dem Konzil: „Die Theologie vom Bischofsamt wird zweifellos wieder aktuell."[353]

---

[350] Mit einer Einschränkung versehen: Eine Reihe von rechtstheologischen Monographien beschäftigen sich mit dem angezeigten Thema, so u.a. G. Bier, Die Rechtsstellung des Diözesanbischofs nach dem Codex Iuris Canonici von 1983, Würzburg 2001.

[351] M. Schmaus, Art. Bischof II. Theologisch, in: $LThK^2$ 2 (1958) 496.

[352] J. Ratzinger, Primat, Episkopat und Successio Apostolica, in: Cath(M) 13 (1959) 260-277. Vgl. K. Rahner / J. Ratzinger, Primat und Episkopat, Freiburg u.a.1961 (QD 11).

[353] So A.-M. Charue, Bischof von Namur, im Vorwort des noch 1962 in Frankreich erschienen Sammelbandes: Y. Congar (Hg.), L'Episcopat et L'Église Universelle, Paris 1962; dt. Das Bischofsamt und die Weltkirche,

Anders als von diesem Konzil freilich intendiert, konzentrierte sich die theologische Auseinandersetzung in den darauf folgenden Jahren wiederum auf die Verhältnisbestimmung von Episkopat und Primat, vorrangig in der Frage nach der Unfehlbarkeit des päpstlichen Lehramtes. Eine theologische Bestimmung des Bischofsamtes blieb indessen aus.
Eine Apologie des Bischofsamtes scheint sich auch der nicht gerade erfreulichen Tatsache zu verdanken, dass in den vergangenen Jahrzehnten nicht wenige Bischofsernennungen in Europa als problematisch bezeichnet werden können. So schreibt etwa der Schweizer Theologe Kurt Koch, damals Bischof von Basel, heute Präsident des Päpstlichen Rates zur Förderung der Einheit der Christen: „Die katholische Kirche insbesondere in den deutschsprachigen Ländern durchlebt gegenwärtig eine tiefe Krise, die Ausmaße erreicht hat, die an die schwere Modernismuskrise zu Beginn unseres Jahrhunderts erinnern. Da nach katholischem Verständnis die Kirche am deutlichsten repräsentiert wird durch das kirchliche Amt, vor allem durch das Bischofsamt, überträgt sich die gegenwärtige Kirchenkrise ganz besonders auf das Bischofsamt: Die Krise der Kirche ist zutiefst eine Krise des Amtes."[354] Angesichts dieser Krise scheint auch Walter Kardinal Kasper, damals Bischof in Rottenburg, eine Klärung der Theologie des Bischofsamtes dringend notwendig zu sein.[355] Er schlägt vor, zu den Quellen der lehramtlichen und theologischen Tradition zurückzukehren und legt deshalb Überlegungen zur Theologie des Bischofsamtes bei Thomas von Aquin[356] und aus der Sicht des II. Vacikanums vor. Allerdings löste diese theologische Bestimmung des Bischofsamtes eine heftige Auseinander-

Stuttgart 1964, 9. Vgl. dazu auch den Sammelband: Episcopus. Studien über das Bischofsamt. FS für Michael Kardinal von Faulhaber, dargebracht von der Theologischen Fakultät der Universität München, Regensburg 1949.

[354] K. Koch, Das Bischofsamt. Zur Rettung eines kirchlichen Dienstes, Freiburg/Schweiz 1992, 11.

[355] W. Kasper, Zur Theologie und Praxis des bischöflichen Amtes, in: W. Schreer / G. Steins (Hg.), Auf neue Art Kirche sein. Wirklichkeiten – Herausforderungen – Wandlungen. FS für Bischof Dr. Josef Homeyer, München 1999, 33.

[356] Vgl. hierzu auch W. Kasper, Steuermann mitten im Sturm. Das Bischofsamt nach Thomas von Aquin, in: ThQ 179 (1999) 1-23; auch in: Ders., Theologie und Kirche, Bd.2, Mainz 1999, 103-127.

setzung mit Kardinal Ratzinger aus und bestätigt damit noch einmal die eingangs vorgebrachte Beobachtung, das Bischofsamt stehe seit dem Zweiten Vatikanischen Konzil im Schnittpunkt mehrerer strittiger Leitfragen um das kirchliche Amt insgesamt.[357]

Wohl keine Frage ist, dass der Fokus der Auseinandersetzungen immer noch oder bereits wieder die Verhältnisbestimmung von Episkopat und Primat ist. Entgegen der von der katholischen Dogmatik seit Jahrzehnten vorgetragenen Auffassung, das Zweite Vatikanische Konzil habe das Papstverständnis des Ersten Vatikanischen Konzils auf eine neue Verstehensstufe gehoben[358], bricht heute die Überzeugung durch, die kodikarischen Bestimmungen des CIC zeichneten den Diözesanbischof rechtlich als päpstlichen Beamten.[359] Offenbar erfüllt die kirchliche Rechtslage nicht die nach dem Konzil geäußerten Erwartungen und Hoffnungen.[360]

Insgesamt zeigt sich also: Aufgrund der verschiedenen Bezugnahmen konnten die Fragen nach dem Wesen, der Eigenart und den Aufgaben des bischöflichen Amtes selbst überhaupt noch gar nicht gestellt werden. Es muss deshalb in diesem Zusammenhang darauf geachtet werden, das Amt selbst in den Blick zu bekommen, und soweit es möglich ist, ohne die kontroversen Bezugnahmen zum alleinigen Fokus der Darlegungen zu machen. Dies soll mit dem Terminus „Theologie des Bischofsamtes“ angezeigt werden. Dies soll auch deswegen geschehen, weil nur eine Klärung im Ganzen die Voraussetzung dafür bietet, mit anderen konfessionellen Traditionen in ein Gespräch par cum pari einzutreten.

In diesem Zusammenhang müssen schließlich einige Abgrenzungen vorgenommen werden. Nur am Rande wird das schon erwähnte Generalthema „Primat und Episkopat“ gestreift. Ebenso wenig werde ich mich dem Thema „Lehramt und Unfehlbarkeit“ widmen, auch nicht der Verhältnisbestimmung von „Epi-

---

[357] Vgl. zu dieser Debatte: M. Kehl, Der Disput der Kardinäle. Zum Verhältnis von Universalkirche und Ortskirchen, in: StZ 128 (2003) 219-232.

[358] So etwa M. Kehl, in: Die Kirche. Eine katholische Ekklesiologie, Würzburg 1992, 366f.

[359] So pointiert aus der Sicht des Kanonisten: G. Bier (Anm 350), 370–376.

[360] So die Einschätzung von G. Bier selbst: ebd.

skopat und Presbyterat". Das ist an anderer Stelle zu leisten. Gleichwohl muss man sich darüber im Klaren sein, dass eine bewusste Ausgrenzung von Themenbereichen leicht zu einer theologischen Fehleinschätzung führen kann. Es geht mir deshalb im Folgenden darum, den Blick zu öffnen auf eine theologische Konzeption des Bischofsamts, die den Bischof selbst in seinem Wesen und seiner Aufgabe im ekklesialen Zusammenhang des Heilswerkes Jesu Christi zu erfassen sucht.[361] Sie beginnt mit folgender These: Eine nach dem Zweiten Vatikanischen Konzil konzipierte Synthese der Lehre vom Bischofsamt weist eine dreifache Charakterisierung auf. Das Bischofsamt ist ein von Christus eingesetztes Dienstamt in der Kirche. Es ist sakramental bestimmt (d.h. Zugang zum Bischofsamt erlangt man durch die sakramentale Übertragung der Bischofsweihe in Handauflegung und Gebet) und wird kollegial ausgeübt.

Im Unterschied zu einem Kommentar des dritten Kapitels von „Lumen gentium" sucht die folgende Darlegung den mit dem Anspruch der dogmatischen Theologie verbundenen systematischen Gesichtspunkt in den Mittelpunkt zu stellen. Sie will eine theologische Synthese bieten, die sich gleichwohl penibel an den Konzilstext hält.[362]

---

[361] Das leistet W. Breuning, Das Verständnis des katholischen Bischofsamtes nach dem Zweiten Vatikanischen Konzil, in: W. Sanders (Hg.), Bischofsamt – Amt der Einheit. Ein Beitrag zum ökumenischen Gespräch, München 1983, 9-30.

[362] Ich beziehe mich im Folgenden auf die Kommentare zu „Lumen gentium" von K. Rahner (Kap. 3, Art. 18-27) in LThK.E I (1966) 210-247 und J. Ratzinger, Kommentar zu den „Bekanntmachungen, die der Generalsekretär des Konzils in der 123. Generalkongregation am 16. November 1964 mitgeteilt hat", in: LThK.E I (1966) 348-359. Ebenso ziehe ich einzelne Beiträge aus dem von G. Barauna herausgegebenen Sammelband De Ecclesia. Beiträge zur Konstitution „Über die Kirche" des Zweiten Vatikanischen Konzils, Bd. 2, Freiburg u.a. 1966 heran. Schließlich liegt auch der neue Kommentar von P. Hünermann (HThK Vat. II 2 [2004] 263-582) vor.

5.1.1. Die Theologie des Bischofsamtes am Vorabend des Zweiten Vatikanischen Konzils

Die durch das Konzil von Trient festgelegte Verbindung des Priestertums (sacerdotium) mit der Vollmacht (potestas) zur Konsekration und zur Sündenvergebung (potestas sacerdotii oder ordinis), verkürzend ausgedrückt die Anbindung des Sacerdotiums an das Sacrificium (Opfer), verpflichtet für Jahrhunderte die Kirche und ihre Theologie. In Konsequenz dieser Festlegung gelingt es nicht, zu einer Einigung über die Stellung des Bischofs in der Kirche und ihre Begründung zu gelangen. Es ist dies weithin die Hypothek einer über Jahrhunderte hin erfolgten Entwicklung in der Frage der Verhältnisbestimmung von Sakrament und Jurisdiktion. Seit dem hohen Mittelalter lässt sich eine zunehmende Tendenz zur Abgrenzung zwischen Weihe- und Jurisdiktionsgewalt feststellen. Dahinter steckt eine wesentlich dualistische Auffassung der Kirche, die aus zwei unterschiedenen Wirklichkeitsbereichen besteht, dem Corpus Christi verum einerseits und dem Corpus Christi mysticum andererseits. Während sich die potestas ordinis auf den in der Heiligen Eucharistie offenbaren wahren Leib Christ bezieht, vollzieht sich die Jurisdiktionsgewalt im mystischen Leib Christi.[363] Es ist dem Konzil von Trient nicht gelungen, in dieser Frage eine befriedigende Lösung herbeizuführen, wenngleich sie weiterhin als offen bezeichnet werden muss.[364]

Die Bestimmung des kirchlichen Amtes nach dem Trienter Konzil setzt beim Priestertum an (daher sacerdotii ministerium), und es ist selbstverständlich, wenn man von sacerdos spricht, dass man den presbyter im Blick hat.[365] Das Tridentinum fixiert den

---

[363] Hier immer noch anregend H. de Lubac, Corpus Mysticum. Kirche und Eucharistie im Mittelalter, Einsiedeln 1969.

[364] P. Krämer, Dienst und Vollmacht in der Kirche. Eine rechtstheologische Untersuchung zur Sacra Potestas-Lehre des II. Vatikanischen Konzils, Trier 1973 (TTS 28), 9.

[365] Freilich bleibt der Episcopus im Blick; das Thema wird nicht ausgeblendet, hebt J. Freitag ausdrücklich hervor: Sacramentum ordinis auf dem Konzil von Trient. Ausgeblendeter Dissens und erreichter Konsens, Innsbruck-Wien 1991 (IThS 32). Vgl. dazu H. Müller, Zum Verhältnis zwischen Episkopat und Presbyterat im Zweiten Vatikanischen Konzil. Eine rechtstheologische Untersuchung, Wien 1971 (WBTh 35).

Bischof hierarchisch auf den Priester (eosque presbyteris superiores esse), indem es festhält, dass die Bischöfe den Priestern vorgesetzt seien und zwar in ihrer den Priestern gerade nicht zukommenden Vollmacht, zu firmen und zu weihen.[366] Bischöfe unterscheiden sich von Priestern dadurch, dass sie das empfangene sacramentum ordinis selbst spenden können. Sein und Wesen des Bischofs werden aus einem unterschiedlichen hierarchischen Grad, nicht aber aus diesen selbst heraus definiert. Die Bischöfe stehen auf Grund der nach göttlicher Anordnung (divina ordinatione) eingerichteten hierarchischen Ordnung – und man muss nun hinzufügen: nur deshalb – höher als die Priester. Maßstab für den Ordo ist in erster Linie das von Christus selbst eingesetzte sichtbare und äußere Priestertum, dann erst – sozusagen nachgeordnet – die durch göttliche Anordnung eingesetzte Hierarchie, an deren Spitze die Bischöfe stehen. So ist der Dienst des Priestertums im Verständnis des Konzils von Trient gleichsam „etwas Göttliches"[367]. Die Superiorität der Bischöfe liegt dann auf einer davon verschiedenen, nicht aber getrennten Ebene, der von Christus angeordneten Hierarchie. Was den Bischof vom Priester unterscheidet, ist die unterschiedliche Rangstufe in der Hierarchie der Vollmachten. Damit kann allerdings die theologische Eigenart des Bischofsamtes nicht zureichend geklärt werden. Weil ministerium und potestas nebeneinander stehen, ist eine Theologie des Bischofsamtes nicht zu verwirklichen.

Weder das Erste Vatikanische Konzil noch die kirchliche Gesetzgebung von 1917 vermögen an dieser Sichtweise etwas zu ändern. Der Entwurf einer Konstitution über die Kirche Christi unterscheidet zwei kirchliche Gewalten: die Weihegewalt und die Leitungs- und Regierungsgewalt.[368] Auch die Enzyklika

---

[366] „Daher erklärt das heilige Konzil, dass außer den übrigen kirchlichen Graden hauptsächlich die Bischöfe, die auf die Stelle der Apostel nachgerückt sind, zu dieser hierarchischen Ordnung gehören, … dass sie höher stehen als die Priester und das Sakrament der Firmung spenden, Diener der Kirche weihen und die meisten anderen Dinge selbst vollziehen können, zu deren Verrichtung die übrigen mit einer niederen Weihe keine Vollmacht haben" (DzH 1768).

[367] „Da aber der Dienst des so heiligen Priestertums etwas Göttliches ist" (DzH 1765).

[368] „Man unterscheidet zwei kirchliche Gewalten: die Weihegewalt und die Leitungs- und Regierungsgewalt. Von dieser letzteren lehren Wir im Be-

Leos XIII. „Satis cognitum" von 1896 schreibt diese Linie fort: Der Stand der Bischöfe (ordo episcoporum) ist an Petrus gebunden, jeder einzelne Bischof untersteht dem römischen Bischof, nicht aber die Bischöfe in ihrer Gesamtheit. Noch „Mystici Corporis Christi" von 1943 verbleibt auf dieser Linie, doch bemühte sich die Enzyklika Pius XII., die dem Bischof zukommenden Vollmachten unmittelbar auf Christus selbst zurückzuführen, „weil sie durch ein ganz einzigartiges Band mit dem göttlichen Haupt des ganzen Leibes verbunden sind" und damit wahre Hirten (veri pastores) genannt zu werden verdienen.[369] Dennoch sind Bischöfe nicht völlig eigenen Rechtes, sondern unterstehen der gebührenden Autorität des römischen Bischofs. Erst mit der Apostolischen Konstitution „Sacramentum Ordinis" Pius' XII. von 1947 scheint sich diese theologische Grundhaltung zu ändern. Dort wird erstmals lehramtlich festgestellt, dass nun auch für die Bischofsweihe (es heißt nun ausdrücklich Ordinatio und nicht nur Consecratio Episcopali) Materie und Form des äußeren Zeichens analog zur Priester- und Diakonenweihe bestimmt werden.[370] Die unter Theologen diskutierte Frage der Sakramentalität der Bischofsweihe wird freilich nicht positiv entschieden. Noch Ende der fünfziger Jahre kommt die Behauptung der Sakramentalität der Bischofsweihe „beinahe einer Neuentdeckung gleich"[371].

Die offen gelassene Entscheidung des Konzils von Trient hinsichtlich der Frage nach der Eigenart des Bischofsamtes führt zu einer bis heute eigentümlichen Einteilung des Stoffes in der Lehre vom Bischofsamt. Dies lässt sich etwa in der Konzeption der dogmatischen Handbücher, zumindest der deutschen und parallel wohl auch in den kirchenrechtlichen Handbüchern[372], nachwei-

---

sonderen: Sie gilt nicht nur im Bereich des Innern und des Sakramentes, sondern auch im Bereich des Äußeren und vor der Öffentlichkeit, und zwar unbeschränkt und vollständig auf dem Gebiet der gesetzgeberischen, der richterlichen und strafenden Gewalt. Träger dieser Gewalt sind die von Christus aufgestellten Hirten und Lehrer" (J. Neuner / H. Roos [Anm. 181], Nr. 394).

[369] DzH 3804.

[370] DzH 3860.

[371] B.-D. Dupuy, Zu einer Theologie des Bischofsamtes, in: Y. Congar, Das Bischofsamt und die Weltkirche, Stuttgart 1964, 20.

[372] Vgl. hierzu P. Krämer (Anm. 364), 14.

sen. Vom Bischofsamt ist mindestens in einer zweifachen Hinsicht die Rede, innerhalb der Darlegungen zur hierarchischen Verfassung der Kirche und im Kontext der Sakramentenlehre innerhalb der Darstellung des Weihesakramentes. Als Beispiel hierfür mag M.J. Scheebens Handbuch der Dogmatik dienen. Scheeben verhandelt denselben Stoff unter den beiden genannten Perspektiven. Dabei tritt die Sonderstellung Scheebens hervor, insofern er auch die moderne Dreiteilung der hierachischen Gewalt als königliche, priesterliche und prophetische aufnimmt, dann aber doch wieder abweist, um sie der Zweiteilung von potestas ordinis und potestas iurisdictionis zu unterwerfen. J. Pohle bietet im Rahmen der Sakramentenlehre ein eigenes Kapitel zum Episkopat, bietet aber keine Ekklesiologie und damit auch keine Ausführungen zur hierarchischen Verfassung der Kirche.[373] L. Ott wiederum folgt der Einteilung Scheebens. Die Lehre von den Gewalten der Kirche wird im Zusammenhang der hierarchischen Verfassung der Kirchen abgehandelt (potestas iurisdictionis), das Thema der Weihegewalt (potestas ordinis) im Rahmen des Ordo (Sakrament der Weihe).[374] Noch der große, unter dem Umbruch des II. Vaticanums konzipierte Grundriss heilsgeschichtlicher Dogmatik bietet das Bischofsamt unter mehreren Hinsichten an, es fehlt allerdings ein eigenes Kapitel über das Bischofsamt.[375] Erst in neuerer Zeit wird unter dem Eindruck der Neuorientierung des II. Vaticanums ein eigenes Kapitel eingefügt.[376]
Diese erstaunliche Variabilität in der Darstellung der Materie hängt mit der offenen Verhältnisbestimmung von ordo und iurisdictio durch das Tridentinum zusammen. Es wurden nicht nur die jurisdiktionellen Fragen aus dem Ordo-Dekret ausgeklammert, sondern diese zugleich unterschiedlich theologisch – nämlich sakramental und kanonisch – gewertet. Faktisch treten damit

---

[373] Lehrbuch der Dogmatik in sieben Büchern, 3 Bde., Paderborn [6]1914-1916.
[374] So im 1952 erstmals, dann in immer wieder neuen Auflagen erschienenen Grundriss der katholischen Dogmatik, Freiburg u.a. [10]1981.
[375] Das Thema Episkopat wird sowohl im Rahmen der Theologie der Apostolizität wie im Zusammenhang der Theologie der kirchlichen Ämter abgehandelt: MySal IV/1 (1972) 543-570 und IV/2 (1973) 488-525.
[376] So P. Neuner, 4.2 Das Bischofsamt, in: W. Beinert (Hg.), Glaubenszugänge (Anm. 85). Bd. 2, 540-547.

beide Bereiche in der Wirkungsgeschichte des Konzils auseinander, was wohl nicht intendiert war, andererseits mit der fatalen Konsequenz, dass eine systematisch kohärente Theologie des Bischofsamtes gar nicht entwickelt werden konnte.
Dieses Problem war schon in vorkonziliarer Zeit bekannt. Scheeben sucht eine Lösung von folgender Ausgangslage her: Die scholastisch-kanonistische Einteilung in potestas iurisdictionis und potestas ordinis ist ihm die formell einzig korrekte. Doch empfindet Scheeben eine problematische Darlegung in der nicht geklärten Anbindung der potestas docendi an die eine oder andere Gewalt. Darin meldet sich mindestens ein geschärftes Problembewusstsein. Scheeben behilft sich mit einer doppelten Verhältnisbestimmung: er bezeichnet die Träger der potestas ordinis als Organe des Heiligen Geistes und die Träger der potestas iurisdictionis als Stellvertreter Christi. Keine Frage ist, auch in dieser Konzeption treten ordo und iurisdictio auseinander, auch wenn unverkennbar ist, dass Vollmachten und Ordnungen „in concreto auf's Innigste miteinander verwachsen sind, … sich besonders enge berühren und durchdringen".[377] Doch bleibt diese Durchdringung lediglich eine behauptete.
Damit ist der Weg zum II. Vaticanum vorgezeichnet. Die Aufgabe, die es zu leisten hat, ist durch die Vorgeschichte gestellt. So kann es nur heißen, eine Synthese zu suchen, nämlich genauer hin eine zusammenfassende Darstellung des Bischofsamtes unter einer bestimmenden Perspektive. Das zeigt der Verlauf der dem Konzil voraus gehenden Diskussion.[378] Die in der Vorbereitungsphase des Konzils von den Bischöfen eingeholten Voten lassen einen häufig vorgetragenen Wunsch aufscheinen, die im I. Vaticanum angezielte Kirchenlehre explizit aufzunehmen und darzulegen.[379] Der begonnene Weg soll fortgesetzt und das Bischofsamt recht gewürdigt werden. Nachdem im I. Vaticanum

[377] M.J. Scheeben, Handbuch der katholischen Dogmatik, Bd. 1, Freiburg i. Br. 1873, 72. Vgl. § 10: Die konkrete Organisation des Lehrapostolates. Verhältnis derselben zu den beiden fundamentalen, von Christus eingesetzten hierarchischen Vollmachten und Ordnungen (Ebd., 66-75).
[378] Vgl. F. Holböck, Das Mysterium der Kirche in dogmatischer Sicht, in: F. Holböck / Th. Sartory, Mysterium Kirche in der Sicht der theologischen Disziplinen, Bd. 1, Salzburg 1962, 262-274.
[379] Vgl. hierzu H. Müller (Anm. 365), 67f.

der Primat im Vordergrund stand, soll nun das Amt der Bischöfe im Zentrum stehen. Wie die Voten im Ganzen zu erkennen geben, soll die neu zu formulierende Lehre von der Sakramentalität des Bischofsamtes genau das leisten, was bisher nur vergeblich angezielt wurde. Die Sakramentalität der Bischofsweihe dient als Voraussetzung dafür, sowohl einerseits die primatiale Engführung zu überwinden wie die Superiorität der Bischöfe andererseits gegenüber dem Presbyterat theologisch angemessener zu fundieren. Die Lehre von der Sakramentalität des Bischofsamtes fungiert von der unmittelbaren Vorgeschichte des Konzils her gelesen als Basis für die Lösung der seit Jahrhunderten offenen Probleme, die sich mit dem Bischofsamt verknüpfen. Es ist in der Tat ausschlaggebend, ob es auf dem vom II. Vaticanum eingeschlagenen Weg gelingt, diese wirklich zu lösen.
Das sieht zunächst ganz und gar nicht danach aus. In unmittelbarer Vorbereitung auf das Konzil wird im Oktober 1960 von der neu gebildeten Theologischen Kommission, deren Vorsitzender Kardinal Ottaviani ist, beschlossen, ein Schema über die Kirche auszuarbeiten, dessen 3. von 11 Kapiteln die Überschrift trägt: „Vom Episkopat als dem obersten Grad des Weihesakraments und vom Priestertum“[380]. Darin wird das Bischofsamt als höchster Grad des Priestertums bezeichnet (summum sacerdotium). Weihe- und Jurisdiktionsvollmacht werden unterschieden, sind aber durch ein enges Band miteinander verbunden. Eine Klärung wird jedoch nicht vorgenommen. Als am 1. Dezember 1962 in der 31. Generalkongregation des Zweiten Vatikanischen Konzils Kardinal Ottaviani diesen Entwurf einbringt, ist die Debatte unter den Konzilsvätern längst im Gange. Von Kardinal Suenens beauftragt, hatte sich der Löwener Theologe Gérard Philips, Mitglied in der Unterkommission, schon im Oktober 1962 bemüht, zusammen mit deutschen und französischen Theologen einen wesentlich kürzeren Entwurf zu präsentieren. Ein überaus langwieriger, verwickelter, aber wirkungsvoller Weg beginnt, an dessen Ende ein völlig neues ekklesiologisches Konzept steht, aus

[380] Das Schema trägt insgesamt die Überschrift: Schema Constitutionis dogmatica de ecclesia (AAS I/4, 12-91). Vgl. J.A. Komonchak, Der Kampf für das Konzil (1960-1962), in: (Anm. 2). Bd. 1, hg. v. G. Alberigo / K. Wittstadt, Mainz-Leuven 1997, 323-340.

dem „Lumen gentium" schließlich hervorgeht. Der Entwurf der deutschsprachigen Bischofskonferenz, deren Vorschlag eine Wendemarke während des Konzils bedeutet, kennzeichnete den Bischof bereits als Diener des Wortes und führte Weihe- und Jurisdiktionsvollmacht auf den von Christus herkommenden Dienstauftrag in der Kirche zurück.[381]

5.1.2. Zum Verständnis und zur Verbindlichkeit des Konzilstextes

Von entscheidender Bedeutung für die in Anspruch genommene dogmatische Kompetenz des Zweiten Vatikanischen Konzils ist die Stellung der zu treffenden Entscheidung zur bisherigen lehramtlichen Entwicklung. Darauf nimmt der Text der Konstitution ausdrücklich Bezug. Als Dogmatische Konstitution nimmt „Lumen gentium" eine hohe theologische Verbindlichkeit für sich in Anspruch, weiß sich aber als Ganzes dem pastoralen Charakter des Konzils verpflichtet.[382] Dies macht nun aber erforderlich, innerhalb des Textkorpus jeweils eigens zu erklären, welchen Weg das Konzil beschreiten will. Deshalb wird hier wie an anderen Stellen auch eigens festgehalten, dass nun eine lehramtliche Definition erfolgt. Diese wird allerdings deutlich an der bereits früher getroffenen Entscheidung festgemacht. Sie erfolgt jetzt ausdrücklich zu Beginn des dritten Kapitels über die hierarchische Verfassung der Kirche. Lehre nach dem II. Vaticanum bedeutet daher in keiner Weise, dass im Bezug zur Lehre des I. Vaticanums eine Abschwächung in Kauf genommen wird. „Docet autem Sancta Synodus" heißt demnach, das II. Vaticanum nimmt dieselbe Autorität in Anspruch wie das I. Vaticanum, ohne freilich die höchste Kompetenz formal ausdrücklich zu machen.

---

[381] Vgl. P. Hünermann, Theologischer Kommentar LG (Anm. 175), in: HThK Vat. II 2 (2004) 326-337. Vgl. zur Geschichte des Deutschen Schemas insgesamt: G. Wassilowsky, Universales Heilssakrament Kirche (Anm. 186).

[382] So ausdrücklich im ersten Teil der Bekanntmachungen, die der Generalsekretär des Konzils in der 123. Generalkongregation am 16.11.1964 mitgeteilt hat.

Das Zweite Vatikanische Konzil setzt damit den Weg des Ersten fort. Mit ihm erklärt und lehrt es feierlich, dass Christus „den heiligen Petrus an die Spitze der übrigen Apostel gestellt und in ihm ein immer währendes und sichtbares Prinzip und Fundament der Glaubenseinheit und der Gemeinschaft“ (LG 18) eingesetzt hat. Jetzt soll das damals Begonnene fortgesetzt werden und zwar als Lehre von den Bischöfen, den Nachfolgern der Apostel. Während „Pastor aeternus“ von 1870 zielstrebig auf die Einheit des Episkopates zusteuert, um von dorther die Lehre des Apostolischen Primates darzulegen, flicht „Lumen gentium“ in den übernommenen Textkorpus noch einen Zwischensatz ein, so dass die Lehre von den Bischöfen ebenso wie die Lehre vom Primat in gleichem Maße auf die Einsetzung der verschiedenen Ämter durch Christus zurückgeführt werden kann (Christus Dominus ministeria instituit). Im Vergleich wird deutlich, dass das II. Vaticanum damit nicht nur eine Ergänzung und Fortführung betreibt, sondern eine vorsichtige Korrektur an der Vorlage vornehmen will. Das wird noch deutlicher im Vergleich mit der Enzyklika Leos XIII. „Satis cognitum“, welche die Lehre von der höchsten Vollmacht dem Grundgedanken von der Einheit der Kirche folgen lässt. Demgegenüber erscheinen ausgehend von der göttlichen Einsetzung der verschiedenen Ämter Episkopat und Primat nunmehr gleichursprünglich in Christus begründet, sozusagen als zwei Brennpunkte in einer Ellipse. Die Fortsetzung der Lehre des I. Vaticanums erscheint somit zugleich als Einfügung der Primatslehre in die Lehre von den von Christus eingesetzten Ämtern der Kirche.

Dass es sich im dritten Kapitel von „Lumen gentium“ nicht bloß um eine Ergänzung der Lehre vom Primat handeln kann, geht schon aus den Ereignissen hervor, die zur Bekanntmachung der „Nota explicativa praevia“ führten. Um die sachgerechte Darlegung der Lehre vom Bischofsamt war im November 1964 unter den Konzilsvätern ein unter dem Namen Novemberkrise bekannt gewordener heftiger Streit ausgebrochen, in den schließlich der Papst selbst eingriff. Um die bevorstehende Abstimmung über die Änderungsvorschläge zu Kapitel III des Schemas über die Kirche nicht zu gefährden, hatte der Papst die Theologische Kommission beauftragt, erläuternde Vorbemerkungen bekannt zu machen, aus denen hervorgeht, dass die Lehre über das Bi-

schofsamt, vor allem die in Kritik geratene Kernfrage des Kapitels, die bischöfliche Kollegialität betreffend, im Licht der genannten Erläuterungen zu verstehen sei. Insbesondere wollen die Vorbemerkungen den theologischen Verbindlichkeitsgrad der im Schema über die Kirche ausgeführten Lehre erklären. Der zweite Punkt der „Nota praevia" beschäftigt sich mit der schwierigen Frage der Verhältnisbestimmung von Weihe- und Hirtengewalt und sucht den neu eingeschlagenen Weg zu rechtfertigen, von Ämtern (munera) statt von Vollmachten (potestates) zu sprechen. Hatte es zunächst so aussehen können, als gebe das Schema über die Kirche allein dem sakramentalen Prinzip den Vorrang, so legt die Nota fest, dass dieses an die Idee der iurisdictio zurückgebunden werden müsse, damit Ämter in der Kirche überhaupt ausgeübt werden können. Hier tritt nun, wie nicht anders zu erwarten, die höchste Obrigkeit ins Spiel, die entsprechende Richtlinien zu billigen hat. Entscheidend daran ist, dass der Text der Nota die geschichtliche Gestaltungskraft der kirchlichen Obrigkeit implizit zu betonen scheint (iuridica determinatio), wie insbesondere aus der Evaluation der bei den von der katholischen Kirche getrennten orientalischen Kirchen ausgeübten Vollmacht hervorgeht.[383] Somit wird klar, dass bei der Interpretation der entsprechenden Texte von „Lumen gentium" diese geschichtliche Öffnung berücksichtigt werden kann.[384]
Einer Klärung unterliegt schließlich das Verhältnis zweier grundlegender Texte des Konzils. Das dritte Kapitel von „Lumen gentium" trägt prinzipiell doktrinalen Charakter. Das Dekret über die Hirtenaufgabe der Bischöfe in der Kirche „Christus Dominus" versteht sich eher als Konkretisierung der in „Lumen gentium" entworfenen Ekklesiologie und kommt in rechtlicher Sprache daher. Die von diesem angestoßenen Innovationen sind beträchtlich: die Einrichtung einer Bischofssynode, die Kurienreform, die Einrichtung diözesaner Räte.[385] Da stärker auf die Praxis zielend, bleibt es schließlich bei einem Nebeneinander

---

383 So insbesondere der Kommentar von J. Ratzinger (Anm. 362), in: LThK.E I (1966) 357f.

384 Ebd., 348f.

385 Vgl. den Kommentar von G. Bausenhart, Theologischer Kommentar zum Dekret über das Hirtenamt der Bischöfe in der Kirche *Christus Dominus*, in: HThK Vat. II 3 (2005) S.225-313, hier 295f.

von „Christus Dominus“ und „Lumen gentium“. „Christus Dominus“ beruft sich auf „Lumen gentium“, dessen Aussagen an manchen Stellen zitiert werden. Programmatisch leitend bleibt „Lumen gentium“. Auf einen Vergleich wird hier jedoch verzichtet.

5.1.3. Das von Christus eingesetzte pastorale Dienstamt in der Kirche

Als grundlegende Idee für die Beschreibung des Bischofsamtes hat sich dem Konzil der Begriff der Sendung (missio) aufgedrängt[386]. Will man diesen Neuansatz, den das Konzil in der Frage des Bischofsamtes gewagt hat, verstehen, so ist es notwendig, zunächst auf den ekklesiologischen Kontext insgesamt zurückzugreifen. „Lumen gentium“ hat Natur, Wesen und Bestimmung der Kirche in einer für die Geschichte der Kirche bisher ungewohnten Weise neu gefasst. Dem Nebeneinander von theologischer und juridischer Darlegung bereitet „Lumen gentium“ ein Ende. Es erfasst unter der Idee des Mysteriums sowohl den sakramental-heilsgeschichtlichen Sinn der Kirche wie ihre realexistierende Gestalt als hierarchische Institution. Ist die Kirche universales Heilssakrament im Heilswerk Christi selbst – signum et instrumentum –, ist sie Gegenstand des Mysterium Gottes, wie sie selbst aus diesem Geheimnis hervorgeht. Dass gilt sowohl theologisch wie historisch. Deshalb heißt es: Das Geheimnis der Kirche wird in ihrer Gründung offenbar (LG 5). Kirche geht aus der Verkündigung der frohen Botschaft hervor, deren Inhalt das Reich Gottes ist. Gleichsam organologisch wächst die Kirche aus dieser Botschaft des Evangeliums hervor. Das Wort des Herrn wird von denen angenommen, die es im Glauben hören; so werden sie, die Glaubenden, zur Herde Christi versammelt. Kreuz und Auferstehung bilden schließlich Ursprung und Grund für die Sendung der Kirche. Prägnant zusammengefasst: „Die Kirche lebt aus dem Wort Gottes“[387], d.h. geht die Kirche zuerst aus der Sendung Christi hervor, ist sie danach Zeichen und

---

[386] So die These von H. Müller (Anm. 365), 266.
[387] So im Anschluss an Communio Sanctorum (Anm. 125), 32, Nr. 43.

Werkzeug für das auf Erden offenbare Reich Gottes. In dem wechselseitigen Ineinander von Wort und Sakrament wächst die Kirche als das vom Herrn gewollte Instrument und Zeichen für das Reich Gottes, das erst am Ende der Zeiten vollends offenbar wird. Sakrament und Amt bilden unter dem Wort Gottes gleichsam einen ekklesiologischen „Kosmos“, in dem sich das Zusammenspiel unterschiedlicher Bezeugungsinstanzen ereignet. Vom Wort Gottes und seiner Verkündigung ausgehend erfüllen Ämter in der Kirche eine Dienstfunktion, weil sie von dieser Aufgabe her bestimmt werden.[388]
Vor diesem Hintergrund erscheint es nun nicht mehr erstaunlich, dass das Zweite Vatikanische Konzil auch in der Darlegung der Lehre vom Bischofsamt neue Wege beschritten hat. An keiner Stelle taucht die noch aus den jüngeren lehramtlichen Dokumenten bekannte Unterscheidung von potestas ordinis und potestas iurisdictionis im Textkorpus von „Lumen gentium“ auf. Stattdessen führt „Lumen gentium“ den Begriff der „sacra potestas“ ein. Ohne auf die Verhältnisbestimmung von munus und potestas überhaupt einzugehen, fügt „Lumen gentium“ dem Gedanken von der Einsetzung der Ämter einen erläuternden Gedanken hinzu, nämlich dass die Amtsträger mit heiliger Vollmacht ausgestattet seien (sacra potestas). Weder hier noch anderswo wird eine Definition beigegeben, weshalb nur eine Interpretation im Kontext bleibt.
Zunächst fällt auf, dass potestas im Singular erscheint.[389] In Verbindung mit der Qualifikation „sacra“ führt „Lumen gentium“ die Vollmacht, mit der ein Dienstamt ausgeübt wird, auf Christus selbst zurück. Damit sind die Zweiteilung von Weihe- und Hirtengewalt und ihre unterschiedlichen Begründungen von vornherein abgewiesen. Stattdessen sind die bischöflichen Ämter und Aufgaben im von Christus verliehenen Dienst-Amt begründet. Alle Vollmacht geht von Christus aus, er gibt teil an seiner heiligen Gewalt, er sendet die Seinen, das Reich Gottes zu verkünden (LG 19). So entsteht in der Logik des Gedankengangs folgende aufschlussreiche Linie: Christus setzt aufgrund der ihm

[388] Nach Ebd., 39ff.
[389] Vgl. zur Verwendung von potestas in sprachbegrifflicher Hinsicht: P. Krämer (Anm. 364), 18-22.

eigenen sacra potestas Dienstämter und Amtsträger ein, damit sie – und das ist eine spezifische Finalität – das Evangelium verkündigen. Christus verleiht Vollmacht zum Dienst am Evangelium.[390]

Es ist entscheidend, die Einsetzung der Dienstämter auf ihre Zwecksetzung hin zu betrachten. Amt und Ämter sind nicht um ihrer selbst willen da, sondern erfüllen eine mit ihrer Einsetzung verbundene spezifische Aufgabe. Es ist die Sendung (missio) zur Verkündigung des Reiches Gottes, welches die Einsetzung von Dienstämtern nötig macht. Der ewige Hirte Christus sendet die Apostel, wie er selbst vom Vater gesandt wurde; so stehen auch deren Nachfolger, die Bischöfe, im Dienst an der Sendung Christi (LG 18). Der Aufbau der Kirche wird mit der Sendung der Apostel in eins gesetzt. Davon deutlich unterschieden wird allerdings die Sendung der Bischöfe, die Hirten in der Kirche Jesu Christi sind. Die Bischöfe als Nachfolger der Apostel sind Hirten (pastores), welche die Kirche erhalten und weiden. Der Begriff der Sendung weist auf den ekklesialen Kontext hin, in dem Amtsträger ihre Aufgaben erfüllen. Man kann also die von Christus verliehene Vollmacht nicht von der Zielbestimmung trennen, zu deren Zweck Ämter und Dienste eingesetzt werden. Dienst ist in diesem Sinne Teilhabe an der Sendung. So sind diese in der Sendung enthalten, stehen aber nicht über ihr. Mit einer prägnanten Formulierung ausgerückt: Das von den Bischöfen in der Nachfolge der Apostel ausgeübte Amt steht im Dienst am Evangelium, es dient ihm und seiner Sendung. Dienst ist wirklich der Name für das Amt in der Kirche.[391]

Es ist nicht zu übersehen: wie ein roter Faden durchzieht der Gedanke der Sendung, nämlich das Evangelium zu verkünden, das dritte Kapitel von „Lumen gentium“.[392] Man kann ihn geradezu

---

[390] P. Hünermann, Theologischer Kommentar LG (Anm. 175), in: HThK Vat. II 2 (2004) 407f.

[391] Vgl. H. Müller (Anm. 365), 271.

[392] So in LG 19, 20, 24 und schließlich 25: „er sie sende, das Reich Gottes zu verkündigen“; „das Evangelium … ist für alle Zeiten der Ursprung jedweden Lebens für die Kirche“; „die Sendung, alle Völker zu lehren und das Evangelium jedwedem Geschöpf zu verkündigen“; „Unter den hauptsächlichen Ämtern der Bischöfe hat die Verkündigung des Evangeliums einen hervorragenden Platz“.

als das tragende Gerüst bezeichnen: Die Kirche geht aus dem Evangelium hervor und zwar so, dass Christus die Apostel zur Verkündigung der frohen Botschaft sandte, die ihrerseits durch die Predigt (praedicare Regnum Dei et Evangelium) die Kirche versammelten. So ist das Evangelium „für alle Zeiten der Ursprung jedweden Lebens für die Kirche“ (LG 20). Kann man die Kirche nicht stärker an das Evangelium binden, so bedarf die Heilige Schrift gleichwohl der Zeugenschaft, die in der apostolischen Überlieferung ihren adäquaten Ausdruck findet.
Auf die Sendung der Kirche als Ganzer und der in ihr eingerichteten Dienstämter wendet „Lumen gentium“ schließlich das christologische Schema der drei Ämter Christi an.[393] Damit soll offenkundig die Sendung Christi zur Verkündigung des Evangeliums klarer und konkreter in den jeweiligen ekklesialen Bezügen erfasst werden. Es ist die Aufgabe der Nachfolger der Apostel, die Kirche zu weiden. Damit tritt die von „Lumen gentium“ favorisierte typische Charakterisierung des Bischofsamtes hervor: Sie sind Hirten, die der Herde vorstehen, wie es im Text heißt. Als Hirten der Kirche treten die Bischöfe an die Stelle der Apostel. Als Hirten sind sie dann Lehrer in der Unterweisung, Priester im sakramentalen Leben der Kirche, Diener in der Leitung. Wieder erkennt man: Die Aufgaben der Bischöfe werden ihrem Dienstamt als Hirten eingefügt. Die Unterscheidung von sakramentaler und jurisdiktioneller, also regierender Vollmacht, wird nicht mehr absolut gesetzt, sondern der Bestellung zum Hirten eingefügt. Damit erscheint die besondere Charakteristik des Bischofsamtes, wie es das Zweite Vatikanische Konzil entwirft, im pastoralen Dienst an der Kirche. Die rechtlichen Aspekte des Dienstes sind so nicht ausgeschlossen, sondern werden integriert, sind aber keineswegs mehr allein beherrschend.

[393] Vgl. hierzu L. Schick, Das dreifache Amt Christi und der Kirche, Frankfurt a.M.-Bern 1982.

5.1.4. DAS DREIFACHE DIENSTAMT DER VERKÜNDIGUNG, DER HEILIGUNG UND DER LEITUNG

Gleichsam organisch fügt sich der pastoralen Bestimmung des Bischofsamtes eine dreifache Näherbestimmung an.[394] Sie setzt zunächst mit dem Gedanken der Verkündigung ein und nimmt damit den roten Faden wieder auf. Wie zur eigenen Bekräftigung gesagt, wird der Grundgedanke von der Sendung zur Verkündigung des Evangeliums geltend gemacht. Auch die Bestimmung des Bischofsamtes selbst steht klar unter dem göttlichen Auftrag und fügt sich diesem ein. Das ekklesiologische Grundkonzept des Konzils wird nicht verlassen, sondern weiter verfolgt. Die Sendung der Apostel und der Bischöfe als deren Nachfolger steht unter dem Wirken des Heiligen Geistes. Der pneumatologische Hinweis bekräftigt die sakramentale Gesamtsicht. „Die Wiederholung dieser Lehre als Auftakt zur Beschäftigung mit den einzelnen Zügen des bischöflichen Dienstes wirkt wie ein Warnschild, den bischöflichen Dienst nicht misszuverstehen."[395] So soll bewusst der Gefahr entgegen getreten werden, das Bischofsamt auf sich selbst zu zentrieren. Das Bischofsamt dient nicht dem eigenen Herrschafts- und Machtanspruch, sondern erfüllt einen Dienstauftrag.[396] Dies wird in den einzelnen Ausführungen konkreter.
Die vornehmste Aufgabe der Bischöfe besteht in der Verkündigung des Evangeliums. Wenn auch der gesamte Abschnitt sich der Aufgabe des Lehrens und damit dem Thema der Unfehlbarkeit der Kirche widmet, so muss hier allerdings zunächst darauf geachtet werden, dass mit dem ersten Satz eine weitreichende Richtungsänderung vollzogen wurde. Sie erscheint immerhin so bemerkenswert, dass die Verkündigungsaufgabe eigens als aus den Ämtern der Bischöfe herausragend vorgestellt wird. Wohl hatte schon das Konzil von Trient bestimmt, das Predigtamt ist

[394] Diese Näherbestimmung nimmt der Konzilstext in den Nrn. 25, 26 und 27 vor, schiebt also diesen Komplex hinter die zunächst darzulegenden Lehrstücke von der Sakramentalität und der Kollegialität des Bischofsamtes.
[395] P. Hünermann, Theologischer Kommentar LG (Anm. 175), in: HThK Vat. II 2 (2004) 433.
[396] Deshalb verwundert es umso mehr, wenn bereits im nächsten Absatz, LG 25, vom unfehlbaren Lehren die Rede ist.

die Hauptaufgabe der Bischöfe, diese sollten die heiligen Schriften und das göttliche Gesetz verkündigen[397], so wird gerade im Gegenüber zur reformatorischen Lehre und im Bezug zur Bestimmung des Amtes als Dienst an der Eucharistie die Bedeutung dieser Entscheidungen klar. Das munus praedicationis Evangelii fügt den bischöflichen Dienst an den Auftrag Christi an, das Evangelium in der Welt zu verkündigen. Der Begriff der praedicatio macht dabei noch einmal mehr deutlich, woran hier in erster Linie zu denken ist: an das Geschehen des mündlichen Vortrags selbst. Praedicatio ist Terminus technicus der Kirchensprache, greift aber auf das antike Verständnis zurück, wonach das öffentliche Ausrufen und Bekanntmachen Hauptsinn des Wortes ist. Das griechische Wort macht dies noch klarer: als Herold tätig sein, Glaubensbote (praecon) sein. „Die Predigt ermöglicht das persönliche Zeugnis des Predigers, das Sich-Identifizieren mit der Botschaft, wie den unmittelbaren Aufruf und Anspruch an die Hörer, so dass sie sich ihrerseits mit dem bezeugten Wort identifizieren können."[398]
Fortsetzung findet die Verkündigung in der Feier und Darbringung der Eucharistie (LG 26). Wort und Sakrament bilden eine innere Einheit, das heißt: Die Verkündigung der Frohbotschaft ist auch zentraler Inhalt der Eucharistiefeier. Denn in der Feier des Herrenmahls wird Christi Tod und Auferstehung verkündet. Als Quelle und Höhepunkt, ja wie ein Brennpunkt, ist die Eucharistie die Mitte des gesamten sakramentalen Lebens und so die Teilhabe an der Selbsthingabe Christi in Tod und Auferweckung. Von der Eucharistie als lebendiger Teilhabe am Schicksal Jesu Christi kann die Verkündigung seines Glaubensgeheimnisses nicht getrennt werden. Christus selbst ist in Wort und Sakrament der Gemeinde unter dem Dienstamt des Bischofs gegenwärtig. Mit diesen bemerkenswerten Ausführungen löst „Lumen gentium" die enge Anbindung von sacrificium und sacerdotium und führt das ministerium der Bischöfe in die umfassenden Aufgaben der Verkündigung und des Sakramentenvollzugs ein, ohne

---

[397] In zwei Anmerkungen weist LG 25 auf das zweite Dekret über Schriftauslegung und Predigt sowie auf das Reformdekret in der 24. Sitzung des Konzils hin.

[398] P. Hünermann, Theologischer Kommentar LG (Anm. 175), in: HThK Vat. II 2 (2004) 435.

freilich die Verbindung zur Eucharistie völlig zu lösen. „Lumen gentium" 26 macht damit deutlich, dass Verkündigung und Sakramentenvollzug innerlich zusammenhängen und nicht voneinander gelöst werden können. Daher noch einmal: die Feier der Eucharistie ist in ihrem Vollzug die Verkündigung von Tod und Auferstehung Jesu Christi.

Schließlich kann sich das Dienstamt auch nach seiner formalen Seite nicht von Verkündigung und Feier des Mysteriums lösen. Der Leitungsdienst ist in diesem nicht auflösbaren Zusammenhang von Wortverkündigung und sakramentaler Feier integraler Bestandteil. Die Leitungs- ist von der Verkündigungsaufgabe nicht zu lösen. So wächst aus der Verkündigung des Wortes und der Feier der Sakramente der Hirtendienst wie von selbst hervor, als organisches Element an Wort und Sakrament. „Diese Hirten, die ausgewählt sind, die Herde des Herrn zu weiden, sind Diener Christi und Ausspender der Geheimnisse Gottes" (LG 21). Sie erfüllen ihre Zeugenschaft für die Botschaft im Leitungsdienst. „Ihnen ist das Hirtenamt … im vollen Umfang anvertraut" (LG 27). Sie haben eine ihnen eigene Gewalt inne und sind nicht Stellvertreter der Bischöfe von Rom. Die Bischöfe leiten nach dieser Maßgabe durch „Rat, Zuspruch, Beispiel", wie ein Hausvater seine Familie lenkt. Dieses so beschriebene Dienstamt kann nur als pastorales bezeichnet werden. Es heißt deshalb klar und deutlich auch munus pastorale. Vorbild ist das Beispiel des guten Hirten.

Das im Kern pastorale Amt des Bischofs kann hinsichtlich seiner Leitungsfunktion nicht ohne die von Christus verliehene Autorität ausgeübt werden. Den Bischöfen kommt diese von Christus abgeleitete Gewalt (sacra potestas) als eigentliche, ordentliche und unmittelbare zu (propria, ordinaria, immediata). Freilich, ihr Vollzug wird von der höchsten kirchlichen Autorität geregelt. Festgehalten werden muss aber, dass der Text zwischen christologischer Begründung einerseits und ekklesialer Ausübung andererseits unterscheidet. Die Bischöfe besitzen diese unmittelbare und eigentliche Gewalt, weil sie Gesandte und Stellvertreter Christi sind. Sie üben diese im Hinblick auf den Nutzen in der Kirche aus. Die rechtliche Natur ihres Amtes folgt dem apostolischen Auftrag, das Evangelium zu verkündigen. Somit ist klar, Bischöfe besitzen heilige Vollmacht im Namen Christi, sie erlassen Gesetze für ihre Untergebenen und entsprechende Regelungen hinsichtlich ihres Apostolates. Damit sind sie keine päpstlichen Beamten, wenn auch die Zuweisung der für die Ausübung notwendigen Bestimmungen und die Festlegung der Grenzen ihres Dienstamtes seitens der höchsten kirchlichen Autorität erfolgt. Hier ist eine Letztinstanzlichkeit in den Blick genommen, welche die rechtlich begründete Verantwortung der Bischöfe nicht einschränkt, sondern freisetzt. Weder Synodalität noch eine Konsultationspflicht von Klerus und Laien kommen jedoch vor, somit haben wir es mit einer monarchischen Konzeption des Bischofsamtes zu tun.[399]

5.1.5. Die Lehre von der Sakramentalität der Bischofsweihe

Mit der Lehre von der Sakramentalität der Kirche greift das Konzil eine alte theologische Erkenntnis wieder auf und verhilft ihr zugleich zum Durchbruch. Die Sakramentalität der Kirche bestimmt letztlich auch ihre Struktur und Ordnung. Analog zu dieser sakramentalen Grundausrichtung der Kirche als Ganzer lehrt das Konzil folgerichtig die Sakramentalität der Bischofsweihe. Es begründet damit die kirchliche Hirten- und Leitungsgewalt in der sakramentalen Ordination. Die zentrale Aussage hierzu lautet in LG 21: „Die Heilige Synode lehrt aber, dass durch die Bischofsweihe die Fülle des Weihesakramentes übertragen wird“ (plenitudo sacramenti Ordinis).
Damit greift das II. Vaticanum nicht gegen, aber über das Konzil von Trient hinaus auf eine ältere kirchliche Tradition zurück, und zwar auf die Kirchenväter und die Liturgie der Kirche. Hingewiesen wird in einer Anmerkung insbesondere auf die Traditio Apostolica mit dem liturgischen Ritus der Handauflegung und dem Weihegebet[400]. Zur weiteren Begründung wird auf die Pas-

---

[399] P. Hünermann, Theologischer Kommentar LG (Anm. 175), in: HThK Vat. II 2 (2004) 448.
[400] Dort heißt es: „Lass, Vater, der du die Herzen kennst, deinen Diener, den du zum Bischofsamt erwählt hast, deine heilige Herde weiden und als Hohepriester dir ohne Tadel Tag und Nacht dienen“ (TA 3: FC 1 [1991] 219). Zweite Belegstelle ist das Sakramentar Leo XIII.: „Vollende in deinen

toralbriefe hingewiesen, insbesondere 1 Tim 4,14 und 2 Tim 1,6f.[401] Die Rezeption der neutestamentlichen Verse geschieht über das Konzil von Trient, das beide Stellen als Begründung für die Sakramentalität des Ordo anführt.[402] „Lumen gentium" versteht die neutestamentliche Begründung der Handauflegung als Akt der Amtseinsetzung im Sinne der Bischofsweihe, womit es klar auf die Tradition der Väter zurückgreift. Im Vergleich der Aussagen wird deutlich, dass „Lumen gentium", welches von der Fülle des Weihesakramentes spricht, den Ausdruck summa sacri ministerii wählt, was im Deutschen am besten mit Ganzheit des heiligen Dienstamtes übersetzt wird. Noch im Schema von 1962 hatte es geheißen, dass der Bischof dem Priester übergeordnet sei, im letzten Vor-Entwurf dagegen war bereits die im Endtext auftauchende Formulierung vorgetragen worden. Damit macht sich innerhalb der Textgenese ein beachtlicher Wandel bemerkbar. Sollte die Sakramentalität bisher lediglich dazu dienen, die Höherstellung der Bischöfe gegenüber dem Priester zu begründen, verfolgt „Lumen gentium" mit der Lehre von Sakraentalität jetzt das Ziel, unabhängig von der Vergleichsgröße und der Gegenüberstellung das Bischofsamt unmittelbar als das volle Priestertum schlechthin zu definieren.[403] Deshalb erscheint es konsequent, wenn „Lumen gentium" in Anlehnung an Christi Priestertum das Dienstamt der Bischöfe als das Hohepriestertum (summum sacerdotium) bezeichnet. Erst von diesem Ansatz her gelingt es, den Episkopat unmittelbar als ihn selbst, in seinem Wesen und seiner Natur zu erfassen, nicht mehr von der Gegenüberstellung zum Priester. Freilich, auch hierbei erscheint der Episkopat nicht losgelöst und gleichsam ungebunden als das absolute Amt in der Kirche schlechthin, sondern als das dem Wort Gottes und dem Sakrament dienende Amt.
Von nicht zu unterschätzender Bedeutung ist die Einleitungssequenz, die der Darlegung der Hauptthese vorausgeht. Wieder

---

Priestern die Gesamtheit deines Mysteriums" (Vgl. die Anmerkung 55 zu LG 21).

[401] Beide Verse belegen die Praxis der Handauflegung zur Zeit der Pastoralbriefe. Vgl. L. Oberlinner, Der Erste Timotheusbrief/Der Zweite Timotheusbrief, Freiburg i.Br. 1994 (HThK.NT 11,2), 208-211.

[402] DzH 1766.

[403] Vgl. den Kommentar von K. Rahner (Anm. 362), 218.

knüpft der Text an dem Grundgedanken von der Verkündigung des Wortes Gottes an und nimmt den bereitliegenden Faden auf. Jesus Christus, der Hohepriester, ist in den Bischöfen inmitten der Gläubigen anwesend. Durch sie verkündet er das Wort. Als Hirten sind die Bischöfe Diener Christi. So bindet „Lumen gentium“ Amt und Amtsträger in die Zeugenschaft des Wortes Gottes ein. Sakramentalität der Bischofsweihe heißt demnach nicht Sakralisierung und Hierarchisierung eines kirchlichen Standes, sondern Zeugen für das Evangelium dienstbar machen. Noch einmal anders: Bischöfe werden dem Heilswerk Christi als Zeugen und Werkzeuge einverleibt. Damit geschieht zweierlei: Die Engführung des sacerdotalen Amtsverständnisses wird überwunden, das Dienstamt der Bischöfe wird in den umfassenden Verkündigungsdienst der Kirche integriert, das Amt und der Amtsträger werden an das Wort Gottes gebunden.
Im Zusammenhang mit dieser zentralen Lehre von der Sakramentalität entfaltet „Lumen gentium“ ein weiteres wichtiges Teilstück dieser Lehre. Als zweiten Lehrsatz legt „Lumen gentium“ vor: „Die Bischofsweihe überträgt mit dem Amt der Heiligung auch die Ämter der Lehre und der Leitung, die jedoch ihrer Natur nach nur in der hierarchischen Gemeinschaft mit Haupt und Gliedern des Kollegiums ausgeübt werden können.“ (LG 21). Die vom Trienter Konzil offen gelassene Frage nach der genauen Verhältnisbestimmung von potestas ordinis und potestas iurisdictionis wird nun vom Zweiten Vatikanischen Konzil entschieden. Wurde üblicherweise die potestas ordinis durch die sakramentale Ordination, die potestas iurisdictionis durch die vom Papst erteilte missio canonica verliehen, lehrt „Lumen gentium“ unter Verwendung des aus calvinischer Tradition stammenden tria-munera-Schemas, dass mit der Konsekration sowohl das Amt der Heiligung wie die Ämter der Lehre und der Leitung übertragen werden. Damit wird klar: „Lumen gentium“ verwendet nicht mehr das doppelte potestas-Schema, sondern das drei-munera-Schema (Ämter). Nun geschieht dies nicht voraussetzungslos. Die drei von den Bischöfen ausgeübten munera müssen wohl an das von Christus eingesetzte Dienstamt (ministerium) zurückgebunden verstanden werden, das selbst wiederum

auf der von Christus verliehenen sacra potestas beruht.[404] Die drei munera müssen demnach als konkrete und spezifische Aufgabenfelder und Aufträge der Bischöfe aufgefasst werden. In ihnen realisiert sich das eine von Christus eingesetzte Amt. Doch muss dazu nicht eine von der Ausübung unterschiedene eigenständige Beauftragung erfolgen?
Scheint das zweifache potestas-Schema auch im Ansatz überwunden, so ist die mit ihm gegebene Problematik keineswegs aus der Welt. Das geht aus dem formulierten Lehrsatz hervor, der im weiteren Verlauf der Argumentation erklärt, dass die drei Ämter nur in der hierarchischen Gemeinschaft mit Haupt und Gliedern des Kollegiums ausgeübt werden können. Zu fragen ist, ob hiermit nicht die schon zurückgelassene Unterscheidung der beiden potestates wieder eingeholt wird. Auf Intervention des Papstes wird der Begriff der communio hierarchica eingefügt.[405] Der Begriff ist keineswegs eindeutig und klar. Er hat in der Zeit nach dem Konzil bis heute eine tief greifende Debatte über die Frage der Gemeinschaft ausgelöst.[406] Eine befriedigende Lösung ist nicht erzielt worden. Was will der Begriff sagen?
Mit einem der Tradition nicht geläufigen Begriff hat das Konzil das Verhältnis von sakramental übertragenem Bischofsamt in seiner dreifachen Gestalt (munus triplex) einerseits und kanonischer Bestimmung der Vollmachten bischöflichen Handelns andererseits im Wege der Zuweisung durch die hierarchische Autorität (determinatio iuridica) zu klären versucht. So heißt es in der schon herangezogenen Nota praevia: „Ohne die hierarchische Gemeinschaft kann das sakramental seinsmäßige Amt, das von dem kanonisch-rechtlichen Gesichtspunkt zu unterscheiden ist, nicht ausgeübt werden." Wird in der Weihe die seinsmäßige Teilhabe an den heiligen Ämtern verliehen, so ist aber nicht zugleich die zum Vollzug freigegebene Vollmacht (potestas ad actum expedita) gemeint. Um diese zum Vollzug freizusetzen, bedarf es einer kanonischen Bestimmung, welche durch die höchs-

[404] Vgl. G. Bausenhart, Das Amt in der Kirche. Eine not-wendende Neubestimmung, Freiburg i. Br. 1999, 258.
[405] Vgl. P. Hünermann, Theologischer Kommentar LG (Anm. 175), in: HThK Vat. II 2 (2004) 417.
[406] Vgl. B.J. Hilberath (Hg.), Communio – Ideal oder Zerrbild von Kommunikation?, Freiburg i. Br. 1999 (QD 176).

te kirchliche Obrigkeit ausgeführt wird. Eine solche determinatio iuridica ist erforderlich, um das Bischofsamt seiner Bestimmung nach ausüben zu können. So wird schließlich die sakramental-theologische Idee der communio mit dem kanonischen Prinzip verbunden. Die Nota praevia fordert damit zwar die Zuweisung der sakramentalen Weihe an die Rechtsausübung, lässt aber auch Spielraum für die geschichtliche Gestaltung erkennen.[407] Mit W. Bertrams kann festgehalten werden, dass der Begriff der „communio hierarchica" als Ausdruck für die sakramental qualifizierte Rechtsstruktur der Kirche fungiert.[408] Die Ausübung der bischöflichen Ämter bedarf der positiv-rechtlichen Begründung. Hier ist die Problematik der Gültigkeit der Ausübung der Ämter angesprochen. Entscheidend ist, wie der jurisdiktionelle Aspekt erfasst und aufgenommen wird. Darüber herrscht bis heute eine gewisse Unsicherheit in der Interpretation der einschlägigen Textstellen. Zwar wird die kanonisch-juridische Dimension des Bischofsamtes nicht mehr vom Sakrament losgelöst betrachtet, die Jurisdiktion wird nicht von außen zugefügt, sondern ist im Sakrament mit angelegt,[409] aber die genaue Zuweisung beider Dimensionen des einen Amtes bleibt schwierig. Das zeigt sich besonders im Blick auf die Wirkung der sakramentalen Übertragung des Bischofsamtes. Denn de facto sind Weihe- und Hirtengewalt getrennt, wie die Existenz der so genannten Weihbischöfe zeigt. Er wird zwar auf den Titel einer Diözese geweiht, kann aber keine Jurisdiktion ausüben.

5.1.6. Die Lehre von der Kollegialität des Bischofsamtes

Mit der sakramentalen Begründung geht eine weitere entscheidende Charakteristik des Bischofsamtes einher: seine Kollegialität. Nach „Lumen gentium" Nr. 19 erfolgt die Einsetzung der

[407] J. Ratzinger, Kommentar (Anm. 362), in: LThK.E I (1966) 353.

[408] Papst und Bischofskollegium als Träger der kirchlichen Hirtengewalt. Die rechtstheologischen Voraussetzungen und deren Auswirkungen, München u.a. 1965.

[409] Vgl. J. Ratzinger, Die bischöfliche Kollegialität. Theologische Entfaltung, in: G. Barauna (Hg.), De Ecclesia, Bd. 2, Freiburg u.a. 1966, 63.

Apostel nach Art eines Kollegiums[410]. Das Kollegium der Bischöfe setzt das Apostelkollegium fort. „Glied der Körperschaft der Bischöfe wird man durch die sakramentale Weihe und die hierarchische Gemeinschaft mit Haupt und Gliedern des Kollegiums“ (LG 22). Die Lehre von der Sakramentalität zieht damit zunächst eine unmittelbare Konsequenz nach sich: Kollegialität und Gemeinschaft wurzeln in der Sakramentalität der Weihe. Diesen Grundgedanken hat LG 21 außerordentlich stark gemacht: „Sache der Bischöfe ist es, durch das Weihesakrament neue Erwählte in die Körperschaft der Bischöfe aufzunehmen.“ Dies geschieht dadurch, dass Bischöfe gemeinschaftlich Kandidaten durch Handauflegung und Gebet das Sakrament der Weihe übertragen und so die Geweihten in die Gemeinschaft aufnehmen. Sakramentale Übertragung des bischöflichen Ordo und Einfügung in die bischöfliche Gemeinschaft erfolgen gleichursprünglich. Der kommunionale Charakter ist dem Sakrament der Weihe in konstitutiver Weise eingestiftet.

Ein zweites Element kommt hinzu: Zur Entfaltung des Weihesakraments gehört die communio mit dem Haupt und den Gliedern des Kollegiums dazu. Zunächst muss hier das „und“ betont werden. Niemand kann mit dem Papst allein Gemeinschaft halten; diese ist immer eine Gemeinschaft aller Bischöfe mit dem Papst. Somit ist das Kollegium nicht eine Kreation des Papstes, sondern eine – per viam analogiam – sakramentale Gegebenheit. Deshalb gilt die These zu Recht: Das Bischofsamt ist aufgrund der sakramentalen Bestimmung kollegial ausgerichtet. Bischof ist man immer als Glied der Gemeinschaft der Bischöfe. Kritisch bleibt hingegen anzumerken: Mitglied des bischöflichen Kollegiums wird man nicht allein durch die sakramentale Weihe, sondern auch durch die hierarchische Gemeinschaft mit Haupt und Gliedern des Kollegiums. Die hierarchische Gemeinschaft ist instrumental gefasst, die Gemeinschaft mit Haupt und Gliedern des Kollegiums ist selbst Mittel für das Ziel, die Konstituierung der Gemeinschaft. Das heißt aber nichts anderes: Die Ausübung der bischöflichen Vollmachten wird an die Zustimmung des Bischofs von Rom gebunden und im Blick auf die Teilhabe

[410] Dominus Iesus Apostolos „ad modum collegii seu coetus stabilis instituit“.

an der höchsten und vollkommenen Gewalt über die ganze Kirche ausschließlich, wie es ausdrücklich heißt (LG 22). Es ist wohl richtig zu betonen, dass die Einweisung in die Gemeinschaft durch Haupt und Glieder erfolgt, aber die Kollegialität ist insoweit nicht alleiniges Kriterium für die Konstituierung der Gemeinschaft.[411] Dennoch entspricht die folgende Auffassung auch nicht dem Sinn des Konzilstextes, nachdem erst die durch den Papst erfolgte Zuweisung einer bestimmten Jurisdiktion den jeweiligen Bischof zum Mitglied der hierarchischen Gemeinschaft macht. Das Recht gehört zur Weise der sakramentalen Gestaltung der Gemeinschaft hinzu, dennoch behauptet es faktisch einen Eigensinn, der sich dem Grundsatz von der Sakramentalität der Bischofsweihe nicht ganz kompatibel erweist.[412] Doch bleibt insgesamt festzuhalten, dass der Grundgedanke von der Sakramentalität die Idee der Kollegialität unmittelbar und unabdingbar nach sich zieht. Beide verweisen schließlich aufeinander. Die Bischofsweihe ist Aufnahme in ein Kollegium und sie geschieht durch ein Kollegium.[413]

Licht fällt damit auf ein hiermit verwandtes Thema. Der Hinweis auf den frühen Brauch der Kirche, „mehrere Bischöfe zur Teilnahme an der Erhebung eines Neuerwählten zum hohenpriesterlichen Dienstamt beizuziehen“ (LG 22) zeigt, dass die Gesamtheit der Bischöfe nicht die nachträgliche Summe der einzelnen Bischöfe und ihrer Vollmachten ist, sondern dieser vorausgeht. Der einzelne Bischof empfängt seine Vollmacht als Glied des Kollegiums und Mitträger der Vollmacht des Kollegiums, in das er durch die legitime Weihe – welche von der Zustimmung des Bischofs von Rom abhängt – eingegliedert wird. Folgt, wie zuvor gesagt wird, das Bischofskollegium dem Apostelkollegium im Lehr- und Hirtenamt, so geht daraus hervor, dass die apostolische Sukzession an die kommuniale Grundordnung des Bischofskollegiums gebunden wird. Nicht die bischöfliche Genealogie bildet damit den Rahmen für die apostolische Sukzession, sondern das sich göttlicher Einsetzung verdankende Kollegium

---

[411] J. Ratzinger, Die bischöfliche Kollegialität (Anm. 409), 49.

[412] Vgl. hierzu insbesondere P. Hünermann, Theologischer Kommentar LG (Anm. 175), in: HThK Vat. II 2 (2004) 423, Anm. 241.

[413] J. Ratzinger, Die bischöfliche Kollegialität (Anm. 409), 52.

als Ganzes. „Das bedeutet, dass es nicht eigentlich um eine Sukzession im linearen Sinn einer Kette von Amtsträger zu Amtsträger geht, sondern um eine Kooptation und Inkorporation neuer Mitglieder in das apostolische Kollegium und seine die Zeiten überdauernde Sendung."[414] Das Zweite Vatikanische Konzil bindet damit, ohne dies ausdrücklich zu vermerken, allerdings auch Brüche in der Argumentation in Kauf nehmend, die successio an die communio. Somit bilden traditio als Weitergabe der von Christus ausgehenden Sendung der Apostel, das Evangelium zu verkünden, die successio als konkrete Gestalt der traditio im corpus Episcoporum und communio im Sinne der Gemeinschaft untereinander einen inneren, wesentlichen Zusammenhang, der sich der divina institutio verdankt. Löst man diesen theologischen Zusammenhang auf, fällt auch der Grundgedanke der verbindlichen Zeugenschaft dahin. Die im Dienst der apostolischen Tradition stehende Sukzession muss daher nach dem Willen des II. Vaticanums vom Gedanken der communio her verstanden werden.

5.1.7. Nachkonziliare Diskussionen über Episkopat und Presbyterat

Ist dem Zweiten Vatikanischen Konzil wirklich eine theologische Synthese gelungen? Ist es überdies gelungen, die Position des Episkopates gegenüber der Primatsfrage zu bestimmen und zu stärken? Sind die vom Konzil intendierten Innovationen in die spezifischen Bereiche der Kirche, in Recht und Pastoral vorgedrungen? Die Antwort auf diese Fragen bedarf einer sorgfältigen Analyse und Abwägung. Zunächst ist festzustellen: Das dritte Kapitel der Kirchenkonstitution wird weitgehend dem Anspruch auf umfassende systematische Darlegung der kirchlichen Lehre vom Bischofsamt gerecht. Die formale und inhaltliche Gestaltung des Textes ist von der lehramtlichen Verbindlichkeit

[414] W. Kasper, Die apostolische Sukzession als ökumenisches Problem, in: Lehrverurteilungen - kirchentrennend? III. Materialien zur Lehre von den Sakramenten und vom kirchlichen Amt. Hg. v. W. Pannenberg, Freiburg i.Br.-Göttingen 1990 (DiKi 6), 333; auch in: Ders., Theologie und Kirche (Anm. 356), 167.

her gelesen als kirchliche Doktrin anzusehen. Die dem Anspruch nach intendierte Zusammenschau unter mehreren Gesichtspunkten wie der Sakramentalität der Kirche, ihrer Gestalt als communio, ihrer Herkunft als Volk Gottes nach kann in dem Sinne als gelungen bezeichnet werden, als klar die Leitlinie zu erkennen ist: Die von Christus eingesetzten Ämter stehen unter dem Wort Gottes und dienen ihm; als Zeugen des Evangeliums Jesu Christi sind die Bischöfe Spender der Sakramente des Glaubens. So bilden Wort Gottes, Sakrament und Amt einen unauflöslichen theologalen Zusammenhang.

Die bereits Jahre vor dem Konzil in der Diskussion befindlichen Lehrstücke der Sakramentalität des Bischofsamtes und der Kollegialität des Episkopates werden ausdrücklich aufgenommen und lehramtlich verankert. Die doppelte Begründung des Bischofsamtes in Sakrament und Jurisdiktion kann aufgrund des christologisch begründeten Drei-Ämter-Schemas überwunden werden. Das bischöfliche Amt wird als Dienstamt unter dem Wort Gottes eingeführt und den Lehren des Trienter Konzils und des Ersten Vatikanischen Konzils gleichberechtigt beigestellt. Die entsprechenden Lehrstücke können so begründeterweise ergänzt werden.

Weiter wird deutlich: Die Lehre über das Amt und den Dienst des Bischofs wird lehramtlich ausdrücklich gewürdigt. Die bischöfliche Autorität geht gestärkt aus dem Zweiten Vatikanischen Konzil hervor. Sie verdankt sich göttlicher Einsetzung, sie wird in ihrer pastoralen Gewalt des Lehrens, Heiligens und Leitens bekräftigt und durch die kollegiale Gemeinschaft im Gesamt der Kirche und in Zusammenarbeit mit dem Haupt der Kirche verbunden. So verortet ist der Bischof substantialiter der Verkündiger des Evangeliums Jesu Christi in der Welt als Hoffnung für die Welt.[415]

---

[415] So die Ausführungen unter Hinzunahme der Einschätzung Pauls VI. aus dem Jahr 1966 durch Papst Johannes Paul II. in seinem nachsynodalen apostolischen Schreiben „Pastores Gregis" zum Thema: „Der Bischof – Diener des Evangeliums Jesu Christi für die Hoffnung der Welt" vom 16. Oktober 2003. Hg. v. Sekretariat der Deutschen Bischofskonferenz, Bonn 2003 (VApS 163), Nr. 2, 8.

Freilich bleiben nicht geringe Anfragen zurück. Sie betreffen nicht nur die Zusammenschau des gesamten Textkorpus, sondern auch seine nachkonziliare Wirkungsgeschichte. Hier soll daher nochmals auf die Gründe aufmerksam gemacht werden, die dafür sprechen, eine synthetische Konzeption in der Lehre vom Bischofsamt auszuarbeiten und vorzutragen. Eine so intendierte Konzeption bietet umfassende Orientierung und bewirkt dadurch eine erhöhte Urteilskraft. Schließlich erlaubt sie, die von den Konzilsvätern in ihrer Mehrheit gewollte Intention klarer zu erkennen. Hat sich demnach die von den Konzilsvätern entworfene Absicht auf synthetische Zusammenschau systemprägend und praxisleitend ausgewirkt?

(1.) Eine wichtige Entscheidung haben die Konzilsväter mit der Voranstellung des zweiten Kapitels von „Lumen gentium" getroffen, das sich mit dem Volk Gottes als Ganzes befasst. Die thematische Absicht zielte hier auf die der Unterscheidung von Laien und Ordinierten vorausliegenden Zusammenschau der gemeinsamen Berufung des ganzen Volkes Gottes. Die Durchführung bleibt freilich hinter diesem Plan zurück. „Das Volk Gottes bleibt im Schatten."[416] Der Bischof erscheint im dritten Kapitel als an der Spitze einer Teilkirche stehender Monarch. Unter seinem Dienstamt erscheint die Gemeinde in ihrer Einheit und Geschlossenheit, wie die Gemeinschaft der Bischöfe im Zusammenhang mit ihrem Haupt, dem Bischof von Rom. So sehr auf der einen Seite die Gemeinschaft der Bischöfe untereinander hervorgehoben wird, umso mehr bleibt auf der anderen Seite die Gemeinschaft der Gläubigen mit dem Bischof aus. Problematisch erscheint auch die Verhältnisbestimmung des Bischofs zu Presbytern und Diakonen.

(2.) Eine andere Schwierigkeit erhebt sich im Blick auf das potestas-Thema. Kann die in der vorkonziliaren Zeit als Problem markierte Zweiteilung von ordo und iurisdictio wirklich als überwunden betrachtet werden? Eine durchgehend positive Antwort fällt schwer. Unterschwellig taucht die problematische Un-

---

[416] G. Bausenhart, Theologischer Kommentar CD (Anm. 385), in: HThK Vat. II 3 (2005) 296.

terscheidung dann doch immer wieder auf. Es gelingt dem neu eingeführten Thema der „sacra potestas“ nicht, die negativen Konnotationen der bisherigen Konzeption schlechthin zu überwinden. Das dürfte vor allen Dingen damit zusammenhängen, dass das Konzil keine echte Verhältnisbestimmung zwischen beiden vornimmt und stattdessen die eine durch die andere ersetzt. Dann taucht aber unwillkürlich die Frage auf, ob die neue Konzeption die alte einfach ersetzt oder ob die alte nicht eher noch in Kraft ist. Diese offenkundige Unklarheit verstärkt den Verdacht, dass das Dekret über die Hirtenaufgabe der Bischöfe „Christus Dominus“, das weitgehend durch die Potestas-Vorstellung als Leitkategorie geprägt ist[417], weitaus intensiver in Recht und Praxis der Kirche gewirkt hat als jene durch die von der X. Bischofssynode nochmals gestärkte pastorale Sicht des Bischofs als Zeuge, Prophet und Diener am Evangelium. Vollends problematisch wird die von „Lumen gentium“ entworfene Programmatik dann schließlich durch den nicht mehr aufzuhebenden Widerstreit zwischen einem an der institutionellen Ordnung der Hirtenaufgabe der Bischöfe orientierten Dekret mit Anweisungen für das neu zu schaffende Recht der Kirche und der eher an der persönlichen Glaubwürdigkeit des Amtsträgers orientierten pastoralen Motivik des apostolischen Schreibens „Pastores Gregis“.[418] Die Konsequenzen sind beträchtlich. Wie die neuere kanonistische Forschung nahelegt, wird in der Kanonistik ungebrochen von der Potestas-Thematik Gebrauch gemacht, auch aufgrund der Feststellung, das Konzil habe keine eindeutige Klärung in dieser Frage vorgenommen.[419]

(3.) Ist es „Lumen gentium“ gelungen, die hierarchiologische Sicht der Kirche zugunsten einer mehr kommunionalen zu durchbrechen? Während „Pastor aeternus“ von 1870 ohne Bezugnahme auf den Dienst der Bischöfe auskommt, ist es „Lumen gentium“ ein zentrales Anliegen, die Lehre vom Jurisdiktionsprimat sowie von der Unfehlbarkeit des Papstes erneut vorzulegen.

---

417 Vgl. G. Bausenhart, Theologischer Kommentar CD (Anm. 385), in: HThK Vat. II 3 (2005) 297f.

418 Vgl. hier Johannes Paul II., Pastores Gregis, Nr. 3, 9f.

419 So G. Bier (Anm 350), 79-85.

Wohl bemüht sich „Lumen gentium“ um eine sinnvolle Integration, doch die Wiederaufnahme hat in der Wirkung eine Reihe von Spannungen zur Folge, die der Text allein nicht ausgleichen konnte. Es kommt zu nicht unbeträchtlichen Auseinandersetzungen um Autorität und Status der Bischofskonferenzen[420], um die sachgerechte Verhältnisbestimmung zwischen Ortskirchen und Universalkirche[421]. Sie sind Beleg dafür, dass das dritte Kapitel zweifellos Innovationen in der bischöflichen Amtsauffassung gebracht hat, von einer für die Frage des Amtes befriedigenden theologischen Synthese mit Auswirkung in die Praxis des kirchlichen Lebens kann man indes nicht sprechen. Die Umsetzung des Konzils steht auch in dieser Frage beinahe 50 Jahre nach dem Konzil immer noch auf dem Spiel.

5.2. Apostolizität und Sukzession in der ökumenischen Diskussion

5.2.1. Ein ökumenisches Studiendokument zur Apostolizität der Kirche

Eine Verständigung über das kirchliche Amt ist auch nach Jahrzehnten harten ökumenischen Ringens immer noch eine konfliktreiche Angelegenheit. Die Amtsfrage ist die Crux des ökumenischen Gesprächs. Als Kernfragen erscheinen hier insbesondere die Themen „Überlieferung und apostolische Sukzession“. Auch wenn in der Sukzessionsfrage erfreuliche Annäherungen festzustellen sind, so liegen die unterschiedlichen theologischen Ansätze doch beträchtlich auseinander. Das Studiendokument der lutherisch-katholischen Kommission „Die Apostolizität der Kirche“[422] bietet hier keinen ausformulierten Konsens in der angezielten Fragestellung, wie die „Gemeinsame Erklärung zur Rechtfertigungslehre“, sondern präsentiert Methoden und Wege

[420] Vgl. hierzu K. Winterkamp, Die Bischofskonferenz zwischen ‚affektiver‘ und ‚effektiver‘ Kollegialität, Münster 2003.
[421] W. Kasper, Das Verhältnis von Universalkirche und Ortskirche. Freundschaftliche Auseinandersetzung mit der Kritik von Joseph Kardinal Ratzinger, in: StZ 218 (2000) 795-804.
[422] DwÜ 4 (2012) 527-678.

zur Klärung eines solchen Konsenses. Das vorliegende Dokument will also ausdrücklich eine Zwischenbilanz in der Frage der Apostolizität erheben und darf daher nicht mit einem ökumenischen Konsensdokument verwechselt werden. Die Bedeutung der Fragestellung hängt nicht nur an der unterschiedlichen Bewertung kontroverstheologischer Sachzusammenhänge, sondern an dem Umstand, dass die Fragen der Apostolizität und der apostolischen Sukzession mit der sakramentalen Grundstruktur der Kirche zusammenfallen. Der Streit über die apostolische Sukzession im Bischofsamt ist daher immer zugleich ein Streit über das Verständnis von Kirche als solcher.

Mit dem Studiendokument über „Die Apostolizität der Kirche" liegt ein in seiner Entstehung, in seiner Methodik und in seinen Ergebnissen komplexes Dokument vor. Es ist von der vom Lutherischen Weltbund und vom Päpstlichen Rat für die Einheit beauftragten „Lutherisch/Römisch-katholischen Kommission für die Einheit" in den Jahren 1995-2006 erarbeitet worden und den beiden berufenden Instanzen und durch sie den betreffenden Kirchen vorgelegt worden. Es handelt sich demnach um ein Studiendokument einer Kommission und nicht um ein Dokument des Päpstlichen Einheitsrates selbst. Dennoch geschieht eine erste Rezeption durch die Veröffentlichung im „Information Service" des Päpstlichen Einheitsrates.

Obwohl dieses Thema der Apostolizität nicht zum ersten Mal auf der Tagesordnung der internationalen Kommission steht, liegt nun erstmals eine die Thematik explizit historisch und theologisch differenziert zusammenfassende Darlegung vor. Im Unterschied zu den bisherigen Dokumenten handelt es sich freilich um ein im Vollsinn des Wortes genommenes, nur Ökumeneexperten zugängliches Studiendokument. Es führt mit seinen vielen bibel-theologischen und historischen Anregungen über die bisherigen Studiendokumente hinaus, bedarf aber unter systematisch-theologischem Gesichtspunkt sicher noch weiter führender Reflexion.

5.2.2. Zielsetzung, Methodik und Themen des bisherigen lutherisch-katholischen Dialoges

Ausgangspunkte eines Dokumentes im lutherisch-katholischen Dialog sind die in den jeweiligen spezifischen Fragestellungen vorliegenden traditionellen kontroverstheologischen Problemkonstellationen und die mit ihnen verbundenen gegenseitigen Verurteilungen. Der Dialog richtet sich daher auf die Überprüfung der jeweils vorliegenden konfessionellen Differenzen mit dem Ziel der Überwindung der theologischen Hindernisse. Alle bisherigen Dokumente verstehen sich als Schritte auf dem Weg zur Wiederherstellung der vollen sichtbaren Gemeinschaft zwischen den bisher noch getrennten Kirchen.
Der internationale lutherisch-katholische Dialog hat sich von Anfang an mit den Fragen beschäftigt, die zur Spaltung zwischen Lutheranern und Katholiken geführt haben. Schon das erste Dokument von 1972 „Das Evangelium und die Kirche“[423] hielt die Normativität des apostolischen Ursprungs der Kirche fest, deren konkrete Gestalt die apostolische Sukzession darstellt. Will man also die künftigen Möglichkeiten einer weitergehenden Verständigung zwischen Lutheranern und Katholiken ausloten, so kann dies nur im Zusammenhang eines kontinuierlichen Prozesses theologischer Verständigung geschehen, in dem sich Lutheraner und Katholiken allmählich besser verstehen, die zwischen ihnen bestehenden Hindernisse ausräumen und sich schließlich wechselseitig anzunehmen versuchen.
Die internationale Dialogkommission hat schon vor längerer Zeit vier kontroverstheologische Fragebereiche ausgemacht, von deren Klärung die Frage der gegenseitigen Anerkennung der Ämter abhängt: (1.) die Frage der institutionellen Kontinuität der Kirche, (2.) das ordinationsgebundene Amt innerhalb dieser kirchlichen Institution, (3.) die lehramtliche Funktion des kirchlichen Amtes und (4.) dessen jurisdiktionelle Funktion.[424] Während die erste Frage sich mit dem Problem der apostolischen Kontinuität in den Strukturen der Kirche, insbesondere der apostolischen Sukzession, beschäftigen muss, befasst sich die zweite Frage mit

[423] DwÜ 1 (1983) 248-271.
[424] DwÜ 3 (2003) 375.

der konkreten Gestaltung dieses Amtes innerhalb der apostolischen Kontinuität der Kirche, die dritte Frage mit dem daraus sich ergebenden Problem des lehramtlichen Handelns der Kirche, die vierte Frage mit den für die äußere Gestalt der Kirche wichtigen Rechts- und Kirchenordnungen. Das nun vorliegende neue Studiendokument nimmt die drei ersten Fragen explizit auf, während die vierte Frage hier außer Acht gelassen wurde.

Die besondere Vorgehensweise des Studiendokumentes liegt in einer ausführlichen Beschreibung methodischer Grundfragen. Das gesamte biblische und historische Material in der Frage der Apostolizität der Kirche und der apostolischen Sukzession einschließlich der Frage des kirchlichen Lehrens und seiner Verbindlichkeit wird gemeinsam aus katholischer und lutherischer Sicht in den Blick genommen. Um hier einen Weg zu finden, beruft sich das Studiendokument auf eine im Zweiten Vatikanischen Konzil und insbesondere im Ökumenismusdekret dargelegte Argumentation. Danach sieht sich die katholische Theologie berechtigt, eine implizite Anerkennung dieser Kirchen und kirchlichen Gemeinschaften als Apostolischer zu erschließen, indem sie danach fragt, in welchem Maße die für die Apostolizität sprechenden kirchlichen Elemente in den getrennten Kirchen und Gemeinschaften aufzufinden sind. Entscheidend hat das Ökumenismusdekret darauf hingewiesen, dass die getrennten Kirchen und Gemeinschaften ja bereits dadurch in einer nicht vollkommenen kirchlichen Gemeinschaft mit der katholischen Kirche stehen, dass die in Anspruch genommenen Elemente, wie etwa die Taufe, sowohl für die eigene wie für die anderen getrennten Kirchen oder Gemeinschaften geltend gemacht werden können. Es muss daher alles das für die Beurteilung herangezogen werden, was von Christus ausgeht und zu Christus hinführt.[425] So betrachtet kann die Frage nach einer gemeinsamen Teilhabe an den Eigenschaften der Apostolizität anhand derjenigen kirchlichen Elemente, oder, besser gesagt, Güter der Heiligung und der Wahrheit, betrachtet werden, welche die jeweiligen Kirchen und Gemeinschaften auszeichnen. Der Weg der wechselseitigen Anerkennung der Apostolizität der Kirchen könnte also auf katholischer Seite so erfolgen: Man fragt nach

---

[425] UR 3.

den in der Kirche oder Gemeinschaft vorhandenen Elementen der Heiligung und der Wahrheit, hier insbesondere nach denjenigen Elementen, die Anteil an der Eigenschaft der Apostolizität besitzen.

5.2.3. Gemeinsames Verstehen der Apostolizität der Kirche

Ausgangspunkt der spezifischen Überlegungen ist die Frage, ob Lutheraner und Katholiken gemeinsam eine Antwort auf die Frage finden können, was die Kirche zur apostolischen macht. Um diese Frage beantworten zu können, werden umfangreiche neutestamentliche und historisch-theologische Untersuchungen angestellt. Das Neue Testament bietet neben einer Vielfalt von Stimmen und Formen eine klare Option für die Apostolizität der Kirche. Das Dokument hält fest: Jesu Verkündigung des Evangeliums Gottes führte nach dem Zeugnis der Evangelien zur Berufung in die Nachfolge Jesu. Aus der Gefolgschaft seiner Anhänger wählte Jesus eine Gruppe von zwölf Personen aus, die er mit dem Auftrag zur Mission in die Welt sandte. Matthäus, Lukas und auch Johannes bezeugen eine endgültige universale Beauftragung der Apostel durch den auferstandenen Christus, die als Vollmacht zu verstehen ist. Der Apostel ist nach Paulus ein durch Christus bevollmächtigter und ernannter Bote. Insoweit ist der Apostel ein Missionar, aber nicht jeder Missionar ist auch ein Apostel. Für die Gründung der Gemeinde ist diese apostolische Sendung des Boten wesentlich. Der Apostel ist also ein Gründer. Auf ihn führen sich die Gemeinden zurück. Wenn auch der Titel „apostolos" rückblickend auf die Zwölf angewandt wird, fehlt dem Kollegium der Apostel deswegen nichts an seiner Autorität. Das macht das Beispiel des Paulus, der nicht zu den Zwölfen gehörte, deutlich. Aus dieser grundlegenden apostolischen Gemeinschaft heraus erwachsen erste ekklesiale Strukturen und Formen der Gemeinden. Darin spielt der Dienst der „episkope" eine wesentliche Rolle. Der Episkopos ist Aufseher, Wächter und Beschützer, wo es um den Schutz des apostolischen Erbes der christlichen Gemeinden und ihrer Gemeinschaft untereinander geht. Das Aufkommen einer dreigliedrigen Ordnung in der örtlichen Struktur ist schließlich die konsequente Fortentwicklung des apostolischen Erbes. Die Kirche hat sich seither immer um ihre Treue zum apostolischen Zeugnis bemüht. So gehört diese Treue zur apostolischen Sendung zum Wesen der Kirche.

Auf dieser Grundlage kann im zweiten Kapitel aufgebaut werden. Aussagen über die Apostolizität in der Alten Kirche und im Mittelalter machen klar, dass es zunächst sehr unterschiedliche und vielfältige Auffassungen, Begriffsentwicklungen, Formen und Ausgestaltungen des einen Amtes gegeben hat. Es geht nun darum, die Frage zu beantworten, wie aus katholischer und aus lutherischer Sicht jeweils die Apostolizität der Kirche aufgefasst werden kann. Dabei ist zuallererst die Asymmetrie zu bedenken, die sich im Verhältnis von lutherischer und katholischer Kirche dadurch ergibt, dass die lutherische Kirche keine Schwierigkeit darin sieht, die katholische Kirche als apostolische anzusehen, wohingegen dies für die katholische Kirche in Bezug auf die lutherische bisher als ausgeschlossen galt.

Das Studiendokument erkennt als Gemeinsamkeit die grundlegende biblische Einsicht, dass die Apostel durch Christus als autorisierte Zeugen seiner Auferstehung gesandt sind, und die Erkenntnis, dass das apostolische Zeugnis sowohl normativer Ursprung wie auch dauernder Grund der Kirche ist. Für das apostolische Erbe zentral und ausschlaggebend ist das Evangelium von Jesus Christus. Dieses Evangelium ist zu verstehen als die definitive Botschaft der Verkündigung von Jesus Christus. Die Kirche ist also apostolisch, insoweit sie an dieser von den Aposteln bezeugten Wahrheit des Evangeliums von Jesus Christus festhält.

Mit dem Konzil von Trient und im Lichte der Lehre des Zweiten Vatikanischen Konzils kann die gemeinsam errungene Einsicht festgehalten werden, dass das von Christus verkündete Evangelium durch die Apostel die Quelle aller heilsamen Wahrheit in Glauben und Leben der Kirche ist.[426] Dieses Evangelium in der Kirche zu bewahren, ist Aufgabe der apostolischen Überlieferung.[427] Wenn das Studiendokument die lutherische Auffassung

[426] DzH 1501.
[427] DV 8.

der Apostolizität der Kirche darzustellen sucht, hebt es die Apostolizität in der Dimension des Evangeliums als Gottes Wort hervor. Die Mitte der Kirche stellt die Verkündigung des Evangeliums dar. Daher ist die Kirche in lutherischer Sicht apostolisch, weil sie auf die Substanz des Evangeliums zurückgeführt werden kann. Das Hauptproblem einer lutherisch-katholischen Verständigung scheint hier aber in der Klärung der Frage zu liegen, ob und in welcher Weise diese Anerkenntnis der Apostolizität der Kirche notwendig an das Kriterium einer spezifischen Gestalt der apostolischen Nachfolge einzelner Ämter gebunden ist. Gehört zur Substanz des Evangeliums eine bestimmte geschichtliche Gestalt, die dann dazu auch verbindlich ist? Nicht nur die Frage nach der Apostolizität der Kirche, ihre lehrmäßige und begriffliche Beschreibung als Eigenschaft der Kirche, stehen im Vordergrund, sondern die Frage nach der Verhältnisbestimmung zwischen dem Grund der Kirche einerseits, die als solche apostolisch ist, und ihrer apostolischen Gestalt und Ordnung andererseits. Wenngleich die Bemühungen um eine Wiedergewinnung einer gemeinsamen Grundposition zu begrüßen sind, zeigt sich doch zugleich hier die theologische Problematik in der in dieser Studie immer wieder behaupteten Unterscheidung von Grund und Gestalt. Deshalb ist die Rede von der gemeinsamen Teilhabe an der Apostolizität der Kirche nicht ohne Probleme, denn es könnte der Eindruck entstehen, dass man zwar im Grund übereinstimmt, in der konkreten Gestalt aber die Freiheit unterschiedlicher Formen und Ordnungen in Kauf nimmt. Katholische Lehre hebt deshalb hervor, dass das Festhalten der Wahrheit des Evangeliums aufgrund des sakramentalen Charakters der Kirche mit einer konkreten Gestalt der Überlieferung verbunden ist. Zu fragen bleibt aber, wieviel Spielraum für die konkrete Gestaltung bleibt. Damit ist nun die Frage der apostolischen Sukzession und des ordinationsgebundenen Amtes aufzunehmen.

5.2.4. Annäherungen im Amtsverständnis

Im dritten Teil der Studie gilt es nun, folgende Frage zu beantworten: Wie ist die Substanz des apostolischen Erbes in der

Struktur und Gestaltung der Kirche bewahrt worden? Zur Beantwortung dieser Frage setzt das Dokument wieder bei einer biblischen Orientierung an. In der Ausrichtung am apostolischen Ursprung der Kirche entwickeln sich bereits in neutestamentlicher Zeit Strukturen und Ordnungen örtlicher Leitung und rechter Lehre, wobei die enge Verbindung von Leitung und Lehre besonders hervorzuheben ist. Die Herausbildung einer differenzierten Amtsstruktur mit dreistufiger Hierarchie, die Entstehung des Bischofsamtes und die Kontinuität der Bischöfe in einer Ortskirche sind für die Kirche entscheidende Kriterien und Markierungen ihrer apostolischen Grundausrichtung. In der Zeit der Reformation und des Konzils von Trient verschränkt sich dann ein Komplex von Problemen, der gemeinsam aufgeschlüsselt werden muss. Das Studiendokument entwickelt zwei Perspektiven, die zur Verständigung über die Kontroversen beitragen sollen. Mit der Lehre vom Priestertum aller Getauften soll, der Intention der Reformatoren gemäß, der sozialen und rechtlichen Unterteilung der ganzen Christenheit in Kleriker und Laien theologisch der Boden entzogen werden, die heilsgeschichtlich ausgelegte Ständehierarchie abgeschafft werden. Alle Christen haben in der Taufe teil an Christi Priestertum. Luthers Reformbemühungen richten sich daher nicht gegen die Begründung des Amtes als solches. Das kirchliche Amt versteht sich als Dienstamt der öffentlichen Evangeliumsverkündigung in Wort und Sakrament in der Gemeinde. An vielen Stellen spricht Luther von der göttlichen Einsetzung des ordinationsgebundenen Amtes. Denn ohne das besondere Verkündigungsamt kann es auch keine angemessene Verkündigung des Evangeliums geben. Luther ging es in einer historischen Notsituation darum zu fragen, ob auch eine Gemeinde aus ihrer Mitte heraus eine oder mehrere Personen mit Gebeten und Handauflegung für den besonderen Verkündigungsdienst empfehlen kann. Das Bischofsamt ergibt sich aus der Notwendigkeit der Visitation als der Sorge für die Reinheit der Verkündigung und der Aufgabe der Ordination. Das historische Bischofsamt kann daher auch in Luthers Sicht als Zeichen für die Apostolizität der Kirche verstanden werden kann.

Die Herausforderung für das lutherisch-katholische Gespräch besteht in der sorgfältigen Erhebung und Bewertung dieser geschichtlichen Gegebenheiten. Es geht vor allem darum, simplifizierende Alternativen im Amtsverständnis zu überwinden. Als einander ausschließende Charakterisierungen des Amtes galten lange Zeit folgende Gegenüberstellungen: auf lutherischer Seite das Amt als alleinige Funktion der Gemeinde, auf katholischer Seite der mit dem Amt verbundene, die Person des Amtsträger auszeichnende character indelebilis; auf katholischer Seite die hierarchische Herausstellung des Bischofsamtes, auf lutherischer Seite das Presbyteramt als alleinige Gestalt des ordinationsgebundenen Amtes. Das lange von beiden Seiten verfolgte Ziel der kontroverstheologischen Auseinandersetzung reduziert das eine auf Kosten des anderen. Es gelingt dem Zweiten Vatikanischen Konzil, die Entgegensetzung zu überwinden, indem es zu Recht die Bedeutung des allgemeinen Priestertums herausstellt. Das Priestertum des Dienstes und das Priestertum der Gläubigen nehmen auf je besondere Weise am Priestertum Christi teil.[428] Das Bischofsamt wird zur Grundform des ordinationsgebundenen Amtes als des entscheidenden grundlegenden Amtes in der Kirche, dem das Amt des Presbyters zugeordnet wird.[429]

Eine gemeinsame Aneignung dieser komplexen Geschichte des Amtes und seiner Sukzession führt dann zu der Einsicht: Das Priestertum aller Getauften und das besondere, ordinationsgebundene Amt stehen für Katholiken und Lutheraner nicht in Konkurrenz zueinander. Das von Gott gestiftete eine Amt ist für das Sein der Kirche notwendig. Innerhalb der apostolischen Sendung der ganzen Kirche haben ordinierte Amtsträger besondere Aufgaben, die sich auf den öffentlichen Dienst am Wort Gottes, dem Evangelium von Jesus Christus, beziehen, das aller Welt zu verkündigen die Kirche vom dreieinigen Gott beauftragt ist. Das Amt ist wesentlich Dienst am Evangelium. An dieser apostolischen Sendung muss sich jedes Amt und jeder Amtsträger messen lassen. Die Einführung in dieses Amt geschieht durch Ordination, in der ein Christ unter Gebet und Handauflegung in den Dienst der öffentlichen Verkündigung des Evangeliums in Wort und Sakrament berufen und gesandt wird. Die Gliederung des Amtes in einen mehr lokalen und einen mehr regionalen Dienst ergibt sich als geschichtliche Entwicklung aus dem Sinn und der

[428] LG 10.
[429] LG 26, 28.

Aufgabe des Amtes als eines Amtes der Einheit im Glauben. Auch die lutherischen Kirchen wissen sich episkopal verfasst, insofern sie ein Amt kennen, das für die Gemeinschaft im Glauben der lokalen Gemeinden Sorge trägt.
Trotz dieser gemeinsamen Perspektive müssen Unterschiede festgehalten werden: Das sakramental übertragene Amt des Bischofs in apostolischer Sukzession gehört wesentlich zur Vollgestalt der Kirche. Insoweit ist es Zeichen und Werkzeug der apostolischen Tradition. Wenn lutherische Theologie behauptet, das historische Bischofsamt ist ein Zeichen für die apostolische Sendung der Kirche, dann kann darin ein Fortschritt in der lutherisch-katholischen Verständigung erkannt werden, aber nach katholischer Lehre, so hebt es das Studiendokument selbst hervor, ist aufgrund des Mangels (defectus) im Verständnis der Lehre von der apostolischen Sukzession das sakramentale Zeichen der Ordination nicht in Fülle gegeben. Innerhalb der Perspektive gemeinsamer geschichtlicher Aneignung ist so allerdings eine Differenz erkennbar, die noch nicht überwunden erscheint.

5.2.5. Klärungen im Blick auf verbindliches Lehren der Kirche

Während im Blick auf das Grundzeugnis der Heiligen Schrift eine weiterführende Annäherung in grundlegenden Einsichten des kirchlichen Amtes in apostolischer Sukzession festgestellt werden kann, gehen katholische und lutherische Auffassungen über die Kanonizität der Schrift, hier insbesondere über die Begründung und das Verstehen des verbindlichen Lehrens der Kirche, weit auseinander. Besteht angesichts der großen Unterschiede überhaupt eine Chance zur Verständigung? Kann auch hier eine erneute Überprüfung des biblischen Materials und der geschichtlichen Entwicklungen zu einem Fortschritt im Blick auf eine Annäherung führen?
Das gemeinsame Erinnern der Geschichte des verbindlichen Lehrens der Kirche erbringt zahlreiche gemeinsame Elemente: die Glaubensregel (regula fidei) als Form der Weitergabe des Evangeliums, die Glaubensbekenntnisse als Ausdruck der Wahrheit der Offenbarung, der Kanon der Heiligen Schrift als norma-

tives Zeugnis für Lehren und Leben der Kirche, die Schriftauslegung im Dienst an der Verkündigung der Kirche, die Konzilien der ersten acht Jahrhunderte im Dienst an der Glaubenswahrheit und deren öffentlichem Bekenntnis. Gegenüber dieser normativen Entwicklung innerhalb der gemeinsamen Lehrentwicklung ergibt die Ausdifferenzierung in der Epoche der Konfessionalisierung unterschiedliche Elemente: die Berufung auf die Schrift im kritischen Gegenüber zur Berufung auf die Autorität des Lehramtes. Letztlich wurde dieser Streit über die umstrittene Verhältnisbestimmung von Kirche und Schrift geführt. Hier traten die Autorität der Schrift und die Autorität der Kirche klar auseinander. Was über Jahrhunderte hinweg als einander ausschließende Alternativen gedacht werden musste, kann heute vom Standpunkt einer wiedergewonnenen Gemeinsamkeit aus als unterschiedlich, muss aber nicht mehr als konträr betrachtet werden.

Ist das Bleiben der Kirche in der Wahrheit des Evangeliums wesentlich für das Kirchesein der Kirche, so gilt für die lutherische Seite, dass die Kirche nur ausdrücklich machen kann, was die Heilige Schrift enthält. Wohl ist das in lutherischen Kirchen vorhandene Lehramt nicht verbindlich im Sinne einer institutionellen Autorität, gleichwohl spielt das Lehren der Kirche innerhalb der Kirche eine große Rolle. Lehren ist bezogen auf die Auslegung der Heiligen Schrift. Dies ist eine Aufgabe, die über die jeweilige Ortsgemeinde hinaus eine übergemeindliche Verantwortung impliziert, welche verbindlich und notwendig ist. Damit steht auch für die lutherische Seite fest: Episkope ist notwendig für das Lehren der Kirche. Somit muss in lutherischer Sicht der Dienst der Lehre im Zusammenspiel von Personen und Instanzen erfolgen.

Auch für die katholische Seite ergibt sich hier eine vertiefende Einsicht. Der vom Konzil von Trient festgestellte Kanon der Heiligen Schrift beruht auf der Autorität der Tradition, der Kanon ist eine Gabe der Tradition, das schließt nicht aus, dass sich die Heilige Schrift als Zeugnis von Gottes Heilswirken und als Gottes Rede[430] selbst in der Tradition gegenwärtig macht. Insoweit ergibt sich als Zwischenbilanz: Es gibt keine Isolation des

[430] DV 9.

kirchlichen Lehramtes in der Auslegung der Schrift, somit ist die Schrift selbst das Subjekt innerhalb der Kirche und der Tradition. Sie setzt folglich verschiedene Bezeugungsinstanzen frei, die miteinander in abgestufter Weise und in unterschiedlichen Graden der Verbindlichkeit die Aufgabe des Lehrens verantworten. Freilich bedarf es der Strukturen und der Arbeitsweisen kirchlichen Lehrens, um die Verbindlichkeit der Schriftauslegung festzuschreiben, bis hin zur Letztverbindlichkeit des Lehramtes.

Das Studiendokument hält folgende Ergebnisse als Zwischenbilanz fest: erstens besteht Übereinstimmung im Glauben an Gottes Heilshandeln in Tod und Auferstehung Jesu Christi, das in der Kraft des Heiligen Geistes von den Osterzeugen bezeugt wird. „Jesus Christus ist Gottes definitives Gnadenwort in Person“[431]. Zweitens: Gottes Wort zu verkündigen und in kontinuierlicher Sukzession zu bewahren, ist der Kirche anvertraut. Drittens: Der Inhalt der Schrift ist Quelle und Richtschnur für die Verkündigung der Kirche. Von dort aus sind die Unterschiede in der Verhältnisbestimmung von Evangelium und Kirche, von Schrift und Tradition und im Verhältnis von Lehramt zu den verschiedenen Bezeugungsinstanzen des Wortes Gottes wahrzunehmen. Wenn Katholiken betonen, dass die Tradition für die Auslegung des Wortes Gottes unverzichtbar ist, dann meinen sie damit, dass die Schrift das inspirierte Wort Gottes ist, das im lebendigen Prozess der Weitergabe der Kirche und ihrem Lehramt anvertraut ist. Lutheraner weisen hingegen auf die dem Traditionsprozess gegenüber kritische Norm der Schrift hin, die den Traditionen der Kirche übergeordnet ist. Aber auch Lutheraner sind gewiss, dass die der Tradition der Kirche entstammenden Glaubensbekenntnisse in der Heiligen Schrift begründet sind. Im Blick auf Schrift und Tradition muss daher heute gefragt werden, ob Lutheraner und Katholiken nicht mehr übereinstimmen als dies bisher geschehen ist. Wenn schließlich katholische Lehre unter Magisterium der dem Kollegium der Bischöfe, mit dem Papst als Haupt und den Bischöfen, zukommenden Auftrag des Lehrens versteht, dann stellt es einen unverzichtbaren Bestandteil des Dienstes der Kirche dar, wonach Schrift, Tradition und

[431] DwÜ 4 (2012) 668, Nr. 432.

Lehramt miteinander verknüpft sind.[432] Aber auch Lutheraner sind der Überzeugung, dass dem Lehramt innerhalb der verschiedenen Bezeugungsinstanzen eine kritische Funktion in der öffentlichen Verkündigung des Evangeliums zukommt.

5.2.6. Wachsende Verständigung, verbleibende Differenzen

Das Gespräch zwischen Lutheranern und Katholiken über Apostolizität und apostolischer Sukzession führt zu folgender Verständigung, die hier in einer knappen Formel aufgenommen wird: Die apostolische Tradition als Weitergabe der von Christus ausgehenden Sendung der Apostel, das Evangelium zu verkünden, bindet sich an die personale Sukzession der Verkünder als konkreter Gestalt der Tradition innnerhalb der gegliederten Gemeinschaft der Kirche. Das geschieht im Sinne eines Zusammenwirkens unterschiedlicher Bezeugungsgestalten des Wortes Gottes. Dabei kommt der Gemeinschaft der Bischöfe als Zeichen der Treue zum Evangelium besondere Bedeutung zu. Alle einzelnen Faktoren zusammen bilden einen inneren, wesentlichen und geordneten Zusammenhang, der sich göttlicher Einsetzung verdankt. Damit bindet das Studiendokument Apostolizität, Sukzession und Communio in einen gemeinsamen theologalen Zusammenhang, der unauflöslich ist. „Die Treue zum apostolischen Evangelium hat also das *Prae* in dem Zusammenspiel von *traditio*, *successio* und *communio*. Die innere Ordnung jener drei Aspekte der apostolischen Sukzession ist von großer Bedeutung."[433]

Es gelingt dem Studiendokument damit, eine wichtige Gemeinsamkeit im Verständnis der Kirche als apostolischer Kirche herauszustellen und darüber hinaus eine Reihe von Elementen namhaft zu machen, welche zu einer wesentlichen Annäherung führen. In diesem Sinn gibt das Dokument eine erfreuliche Zwischenbilanz wieder, welche verschiedene vorausgehende Studiendokumente aufgreift, bestätigt und weiterführt.

---

[432] DV 10.

[433] DwÜ 4 (2012) 625, Nr. 291.

5.2.7. Abschließende Bewertung

Die Frage, ob damit eine weiter führende Übereinstimmung in der Frage der Apostolizität und der apostolischen Sukzession gegeben ist, kann noch nicht abschließend beantwortet werden. Die Schwierigkeit in dieser Fragestellung liegt besonders in dem Umstand begründet, dass es sich hier nicht um eine einzelne klassische Lehrfrage handelt, sondern um Gehalt und Struktur der Kirche. Das Dokument bietet daher zunächst eine Abkehr von alternativen, einander ausschließenden Möglichkeiten. Es sucht Wege aus der kontroverstheologischen Verengung der letzten Jahrhunderte. Dies muss hier ausdrücklich bedacht werden. Daher bildet dieses Dokument eine wichtige Etappe auf dem Weg der gegenseitigen Anerkennung der Ämter und will als Zwischenbilanz gewürdigt sein. Die Frage ist nicht mehr, ob die apostolische Sukzession zur Apostolizität des Evangeliums gehört, sondern wie sie dazu gehört. Damit ist ein wichtiger Schritt auf eine gemeinsame Verständigung hin getan. Doch in der Bewertung dieser Frage werden noch unterschiedliche Wege zwischen Lutheranern und Katholiken beschritten. Deshalb stellt das Studiendokument keinen vollen Konsens in der Frage der Apostolizität der Kirche fest. Wieweit bereits von einem „differenzierten Konsens" die Rede sein kann, wie das Studiendokument nahe legt, bedarf noch weiterer Diskussion. Bestimmte bestehende Unterschiede werden im Dokument als nicht mehr kirchentrennend angesehen. Dazu sollte nun katholischerseits offiziell eine Stellungnahme erfolgen.

Wenn im Studiendokument die Apostolizität der Kirche wesentlich als Treue zum Evangelium bezeichnet wird, dann kommt darin vorrangig die lutherische Sichtweise zum Ausdruck. Zu fragen ist aber, ob sich darin auch das katholische Verständnis wiederfinden kann. Das kann nicht vordergründig bedeuten, dass die katholische Seite dem lutherischen Wortlaut zustimmt. Die Fragestellung muss sozusagen übersetzt werden. Das heißt: Für katholisches Denken ist die sakramentale Struktur der Kirche wesentlich, die sich in der Eucharistie und im kirchlichen Amt einschließlich des Lehramtes verwirklicht. In ihr realisiert sich der inkarnatorische Grundcharakter der Kirche. Damit will das katholische Verständnis das Heilsereignis Jesu Christi in der Gemeinschaft und im Lebenszeugnis der Kirche als Leib des Herrn in seinen vielen Gliedern unverbrüchlich festhalten. Wenn das Studiendokument mit dem Hinweis auf die Beziehung der Kirche zum Wort Gottes oder zum Evangelium genau das zum Ausdruck bringt, was aus katholischer Sicht diese sakramentale Gestalt der Kirche zum Ausdruck bringt, dann liegt ein Konsens vor. So muss geprüft werden, ob die unaufgebbare Notwendigkeit der konkreten Gestalt des sakramentalen Weiheamtes und besonders des historischen Bischofsamtes in apostolischer Sukzession festgehalten wird.

5.2.8. Offengebliebene Fragen

Das gesamte Dokument zieht seine Argumentationskraft aus einem noch nicht ausreichend diskutierten hermeneutischen Zusammenspiel von Grund und Gestalt.[434] Es nimmt diese charakteristische Unterscheidung von Grund und Gestalt von Ämtern auf, ohne dabei genau festlegen zu wollen, in welcher Weise beide Dimensionen des einen Amtes aufeinander zu beziehen sind. Aber genau an dieser Stelle liegt das Hauptproblem der vorgeschlagenen Lösung. Das Studiendokument legt nahe, dass das eine Wesen der Apostolizität in verschiedenen Gestalten verwirklicht sein kann, welche sich dann gegenseitig anerkennen können. Diese Lösung könnte jedoch die Einmaligkeit und Universalität der einen Kirche Jesu Christi und deren sakramentales Wesen in Frage stellen.

Die Frage der gegenseitigen Anerkennung der Ämter in apostolischer Nachfolge klären zu wollen, bedarf daher einer sorgfältigen systematisch-theologischen Argumentation. Wenn man sich auf die im ökumenischen Dialog inzwischen geläufige Denkfigur von „Grund und Gestalt“ einlässt, ist zunächst davon auszugehen, dass Grund und Gestalt des kirchlichen Amtes nicht gegeneinander ausgespielt werden dürfen. Die Frage ist freilich, wie unterschiedliche Gestaltungen der Ämter der Einheit der Kirche Jesu Christi in einer konkreten sichtbaren Gestalt Ausdruck verleihen können. Die Zusammengehörigkeit beider As-

[434] Vgl. dazu jetzt W. Thönissen, Dogma und Symbol (Anm. 342).

pekte macht nach katholischem Verständnis das sakramentale Wesen der Kirche und des Bischofsamtes aus. Insoweit kann die Antwort auf diese Frage nicht die einer völligen Freigabe jeglicher Formen von Ämtern sein. Dennoch darf nicht unberücksichtigt bleiben, dass die von Christus gewollte Gestalt des Amtes der Kirche von altersher in verschiedenen Formen ausgeübt worden ist.[435] Das Studiendokument der lutherisch-katholischen Dialogkommission hat sich diese Aussage des Zweiten Vatikanischen Konzils voll zu eigen gemacht.

Eine abschließende Beurteilung der ökumenisch verwickelten Sachfragen wird von der durch das Zweite Vatikanische Konzil erneuerten Lehre von der Apostolizität und der apostolischen Sukzession ausgehen können: Die Kirche steht ein für allemal auf dem Fundament der Apostel. Die am ökumenischen Dialog beteiligten Kirchen bekennen sich gemeinsam im Glaubensbekenntnis zur bleibenden Normativität des apostolischen Zeugnisses. Doch in der genaueren Beschreibung der Apostolizität gehen die Auffassungen der Kirchen und Gemeinschaften auseinander. Die katholische Kirche geht von der Überzeugung aus, dass die apostolische Sukzession wesentlicher Ausdruck und ein Werkzeug der apostolischen Tradition der Kirche ist. Das Zweite Vatikanische Konzil hat im Rahmen der überlieferten kirchlichen Lehre die neuere Überzeugung beigetragen, dass die Kirche für immer an das eine Wort Gottes gebunden ist und dass Überlieferung und Heilige Schrift, dem einen Quell entpringend, den Schatz des Wortes Gottes bilden.[436] Dabei stellt die Nachfolge die Gestalt der Überlieferung dar, während die Überlieferung der Gehalt der Nachfolge ist.[437] Die successio apostolica entspringt dem Wort Gottes und ist ihm bleibend verbunden. Nachfolge ist somit Teilhabe an der Sendung des Evangeliums. Darin spricht sich, um es lutherisch auszudrücken, die Treue zum Evangelium aus. Die ökumenisch bedeutsame Frage, auf die der ökumenische Dialog eine Antwort sucht, erhebt sich also im Blick darauf, inwieweit die successio apostolica zur traditio apostolica gehört und wie beide sich zueinander verhalten. Es geht also in

[435] LG 28.
[436] DV 10.
[437] Vgl. dazu die Ausführungen von J. Ratzinger (Anm. 50), 251-263.

Zukunft um die Klärung der Frage, ob die Christenheit heute gemeinsam die Überzeugung vertreten kann, dass die Sukzession im bischöflichen Amt Zeichen und Werkzeug der für das Leben der Kirche wesentlichen Apostolizität darstellt. Dabei muss klar sein, dass es hier durchaus zu unterschiedlichen, nicht aber voneinander getrennten Perspektiven kommen muss. Diese Sichtweise erlaubt ein differenziernder Konsens. Die Antwort auf diese Frage wird aber nicht allein am Schreibtisch des Theologen zu klären sein, sondern sich im Alltag des kirchlichen Lebens bewähren müssen. Ökumene ist letztlich immer noch der Prozess einer lebendigen Verständigung.

5.3. Das Papstamt in der ökumenischen Diskussion

Nach dem Ende des Zweiten Vatikanischen Konzils 1965 und mit dem Beginn eines umfassenden bilateralen ökumenischen Dialoges, an dem die römisch-katholische Kirche nachhaltig beteiligt war und den sie selbst mit initiierte, begannen auch bald Gespräche über die ökumenische Stellung des Papstamtes bzw. des Petrusdienstes. Die siebziger Jahre des 20. Jahrhunderts können als eine Blütezeit dieser ökumenischen Reflexionen bezeichnet werden. Seitdem ist die Frage des Primats des Bischofs von Rom in ökumenischen Dialogen nicht mehr verstummt. In seiner am 25. Mai 1995 veröffentlichten Enzyklika „Ut unum sint" knüpfte Papst Johannes Paul II. an diesen umfangreichen Dialog an. In den Mittelpunkt seiner Betrachtungen rückte der Papst eine Einladung. Er bat darum, mit ihm „einen brüderlichen, geduldigen Dialog aufzunehmen" (Nr. 96). Dieser bezieht sich darauf, eine „Form der Primatsausübung zu finden, die zwar keineswegs auf das Wesentliche ihrer Sendung verzichtet, sich aber einer neuen Situation öffnet" (Nr. 95). Der Papst richtete diese Einladung an die kirchlichen Verantwortlichen und die Theologen der von Rom getrennten Kirchen und kirchlichen Gemeinschaften.

Der Anlass für seine Bitte waren sowohl die in den vergangenen Jahren erfolgten umfangreichen Gespräche über die Frage des Primats des Bischofs von Rom, die ihm bedeutungsvoll und ermutigend erschienen, als auch der Ertrag aus den Gesprächen in der gesamten ökumenischen Bewegung. Die von ihm ausgesprochene Bitte, einen geduldigen Dialog mit ihm selbst aufzunehmen, wusste sich also veranlasst durch den ermutigenden Dialog über die Frage des Primats des Bischofs von Rom. Diese Bitte des Papstes hat eine Fülle von Reaktionen innerhalb und außerhalb der katholischen Kirche hervorgerufen.[438] Heute können wir nicht von einer grundsätzlichen Übereinstimmung unter den Christen in dieser Frage sprechen. Aber es lassen sich doch auch bemerkenswerte Fortschritte erkennen.

5.3.1. Erste Umrisse für ein universales Dienstamt an der Einheit

Papst Johannes Paul II. war sich im Klaren darüber, dass er selbst das größte Hindernis auf dem Weg zur Einheit der Christen darstellt. Es ist die Überzeugung der katholischen Kirche, im Amt des Bischofs von Rom das sichtbare Zeichen und den Garanten der Einheit der Kirche bewahrt zu haben. Gleichzeitig stellt dieses Amt des Bischofs von Rom für den Großteil der anderen Christen eine Herausforderung dar. Johannes Paul II. griff auf die Worte seines Vorgängers Paul VI. zurück, nach denen der Papst zweifelsohne das größte Hindernis auf dem Weg der Ökumene sei. „Soweit wir dafür verantwortlich sind, bitte ich mit meinem Vorgänger Paul VI. um Verzeihung“ (Nr. 88). Ist der Papst auch heute noch das größte Hindernis der Ökumene? Wie reagierten die christlichen Kirchen im Dialog auf das Angebot von Papst Johannes Paul II.? Einige repräsentative Antworten aus verschiedenen Kirchen und Kirchengemeinschaften sollen hier zunächst wiedergegeben werden. Dann ist der Frage nachzugehen, was der Papst mit seiner Aussage über Wesen und Ausübung des Primates gemeint haben könnte. Führen diese verschiedenen Überlegungen schließlich zu einem akzeptablen ökumenischen Vorschlag?

---

[438] Die Antworten wurden gesammelt und ausgewertet: W. Thönissen u.a., Der Dienst des Bischofs von Rom an der Einheit der Christen. Reaktionen auf die Einladung des Papstes zum Dialog über die Form der Primatsausübung nach UT UNUM SINT von 1995, in: Cath(M) 55 (2001) 269-309.

Der bereits vor der Enzyklika „Ut unum sint“ einsetzende Dialogprozess mit der orthodoxen Kirche und die entsprechenden Äußerungen führender orthodoxer Theologen zur Problematik des päpstlichen Primates zeigen eine grundsätzliche Bereitschaft, die Vorstellung einer universalen kirchlichen *episkope (eines bischöflichen Wächteramtes)* zu akzeptieren. Eine solche Aufsicht kann aber nicht von einem Bischof allein ausgeübt werden. Auf universaler Ebene müssen verschiedene Formen bischöflicher Kollegialität und Konziliarität zum Tragen kommen. Aus dieser Perspektive heraus wird von orthodoxer Seite vor allem der Jurisdiktionsprimat des Papstes abgelehnt. Im Rahmen einer Wiederbelebung des altkirchlichen Pentarchiemodells (das sind die fünf alten Patriarchatssitze Rom, Konstantinopel, Alexandrien, Antiochien und Jerusalem) wird dem Bischof von Rom eine patriarchale Autorität und Lehrverantwortung – allerdings nur für die lateinische Kirche – zugestanden. Der inzwischen wiederbelebte internationale orthodox-katholische Dialog hat hier keinen substantiellen Fortschritt erzielen können. Innerorthodoxe Streitgkeiten machen hier zudem eine Einigung mit der katholischen Kirche schwierig.
Die Gesprächssituation im jahrzehntelang geführten Dialog über den päpstlichen Primat mit anglikanischer und altkatholischer Kirche erscheint hingegen anders. Für altkatholische Theologie war es bislang denkbar gewesen, dass der Bischof von Rom in einer zukünftig geeinten Kirche eine Art bischöflicher „primus inter pares“ darstellt und eine universale Repräsentationsfunktion für die geeinten Kirchen übernimmt. Weitergehende theologische Zugeständnisse an den päpstlichen Primat mit Blick auf seinen Jurisdiktionsprimat und die Infallibilität in wesentlichen Dingen des Glaubens und der Moral wurden abgelehnt. Demgegenüber ist die bisherige theologische Ausgangslage für den Dialog mit den anglikanischen Kirchen, die übrigens in voller Kirchengemeinschaft mit den Altkatholiken stehen, inneranglikanisch nicht einheitlich gewesen. Anglo-katholische (hochkirchliche) Kreise im Anglikanismus etwa waren bereit, im Fall einer vollen Kirchengemeinschaft dem Papst über die Anerkennung eines Ehrenprimats hinaus eine kollegial und konziliar eingebundene universale Lehrverantwortung zuzugestehen, ohne allerdings seinen Jurisdiktionsprimat anzuerkennen.

Evangelische Theologie weist die Primatsfrage grundsätzlich dem Zusammenhang von variablen kirchlichen Ordnungen zu. Nur in diesem Rahmen war und ist man bereit, über einen universalen Dienst an der Einheit der Christenheit zu sprechen. Eine über eine solche Zuordnung hinausgehende theologische Grundlegung des päpstlichen Primates wurde immer abgelehnt, sie erscheint als Infragestellung des Primates des Evangeliums. In diese Kritik ist damit auch die theologische Ausgestaltung eines solchen Primates, wie sie vor allem in der Lehre von der Infallibilität zum Ausdruck kommt, eingeschlossen. Grundsätzlich wird die Frage erhoben, warum nicht auch andere Formen von „episkope" gewürdigt werden können, z.B. synodale oder gesamtgemeindliche Aufsicht, wie sie in reformierter bzw. freikirchlicher Tradition praktiziert wird. „Kirche" im Vollsinn muss sich stets neu auf örtlicher Ebene ereignen. Überörtliche Strukturen können der Gemeinde nicht ein „Mehr" an Kirchesein vermitteln. Eine auf die Ortsgemeinde bezogene personale „episkope" könne dabei bloß eine Dimension des der ganzen Gemeinde übertragenen Amtes der Verkündigung verkörpern.
Weitaus grundsätzlicher sind Bedenken, die sich gegen ein theologisch begründetes hierarchisches Kirchen- und Amtsverständnis richten und die den päpstlichen Primat innerhalb dieser Hierarchie für unvereinbar mit dem in der Heiligen Schrift bezeugten umfassenden Primat Christi über die Kirche halten. Grundlegend für eine solche Ablehnung ist die Überzeugung, dass Jesus Christus alleiniges Subjekt der Kirche ist. Die Herrschaft Christi über seine Kirche erhält von daher einen Ausschließlichkeitsanspruch: Jesus Christus nimmt seine Autorität über die Kirche und in ihr durch das Wort der Heiligen Schrift selbst war. Eine bestimmte kirchliche Ordnung kann deshalb niemals unmittelbar mit der Autorität Christi in eins gesetzt werden. Ein wie auch immer zu verstehender und zu gestaltender kirchlicher Primat steht damit nach diesem Verständnis in einem offenen Widerspruch zum alleinigen Primat Christi über die Kirche.
Die zahlreichen und durchaus auch positiven Reaktionen aus den verschiedenen Kirchen und kirchlichen Gemeinschaften auf die von Papst Johannes Paul II. in seiner Enzyklika „Ut unum sint" ausgesprochene Einladung zu einem „geduldigen, brüderlichen Dialog" über sein Amt verdeutlichen: Der päpstliche Primat

muss nicht mehr als ein unüberwindbares Hindernis für eine zukünftige Einheit der Kirchen gelten. So wie Papst Johannes Paul II. in „Ut unum sint" seinen Willen und seine Bereitschaft erklärt hat, sein Amt einer neuen geschichtlichen Situation zu öffnen, so lässt sich in umgekehrter Weise eine zunehmende Bereitschaft in nicht-katholischen Kirchen und Gemeinschaften erkennen, die mit dem universalen Primat verbundenen theologischen Anliegen eines notwendigen universalen Dienstamtes für die Einheit der Kirche zu würdigen.

5.3.2. Ein Vorschlag der vatikanischen Glaubenskongregation

Die Bitte des Papstes, mit ihm in einen Dialog über die Frage des Dienstes des Bischofs von Rom an der Einheit einzutreten, löste auch innerhalb der katholischen Theologie eine lebhafte Debatte aus. Es kam zu Tagungen an katholischen Akademien, an katholisch-theologischen Fakultäten und Universitäten. Symposien wurden u.a. veranstaltet von der Glaubenskongregation. Der Aufruf löste Stellungnahmen einzelner katholischer Theologen aus, die sich umfassend mit dieser Frage auseinander setzten, es kam zur Veröffentlichung von Sammelbänden, in denen sehr unterschiedliche Positionen dargestellt werden.
Auch die Kongregation für die Glaubenslehre hatte sich die Einladung des Heiligen Vaters zu Eigen gemacht. Bereits 1989 hatte die Glaubenskongregation zu einem Kongress über das Thema „Der Primat des Bischofs von Rom im ersten Jahrtausend" eingeladen und historisch-theologische Fragen diskutiert. Nunmehr wurde die Fragestellung ausgedehnt. Unter dem Titel „Der Primat des Nachfolgers des Petrus" fand vom 2. bis 4. Dezember 1996 ein Symposion im Vatikan statt; die Akten dieses Symposiums wurden im Jahre 1998 der Öffentlichkeit übergeben. Im Vordergrund stand dabei die Aussage Papst Johannes Pauls II., was unter einer neuen Situation zu verstehen sei, wovon er in seiner Enzyklika gesprochen hatte.
Aufgrund der im Dezember 1996 gehaltenen Vorträge der Wissenschaftler, die nach Rom eingeladen worden waren – darunter auch evangelische Theologen – , verfasste die Glaubenskongre-

gation einige vom damaligen Präfekten, Josef Kardinal Ratzinger, unterzeichnete Erwägungen, in denen wesentliche Punkte der katholischen Glaubenslehre über den Primat in Erinnerung gerufen werden. Diese Erwägungen nehmen zunächst eine wichtige und hilfreiche Unterscheidung vor, nämlich die zwischen Ursprung, Zielsetzung, Wesen des Primats auf der einen Seite und der Frage nach der Ausübung des Primats auf der anderen Seite. Danach ist zu sagen: Grundlinien des Amtes des Bischofs von Rom als Nachfolger des Petrus – der Primat als das Amt, das dem Petrus übertragen wurde – werden zurückgeführt auf das Zeugnis des Neuen Testamentes. Gestalt, Sendung und Dienst des Petrus geben den unverrückbaren Hintergrund für die Bestimmung des Wesens des Primates des Nachfolgers Petri ab. Nur in dieser Nachfolge des Petrus kann der Bischof von Rom seinen Primatsdienst in der Gesamtkirche wahrnehmen. Ziel des Amtes, das der Bischof von Rom als Nachfolger des Petrus ausübt und das somit das Wesen dieses Amtes ausmacht, ist es, das immerwährende sichtbare Prinzip für die Einheit der Bischöfe und Gläubigen zu sein.

Vom Wesen des Primats in Ursprung und Zielsetzung unterscheidet die Erklärung die „Ausübung des Primats und ihre Formen“. Hier wird zunächst negativ festgehalten: Das Amt des Bischofs von Rom ist kein Koordinierungs- oder Präsidentenamt, das auf einen Ehrenvorrang beschränkt werden könnte. Auch darf der Primat nicht wie eine Monarchie politischer Art begriffen werden. Positiv ausgedrückt: Der römische Bischof steht unter dem Wort Gottes und unter dem katholischen Glauben. Er ist Garant für den Gehorsam der Kirche und in diesem Sinne servus servorum (Diener der Diener Gottes). Hier wird aber auch klar, dass die Befugnisse zur Leitung der Kirche, die dem Bischof von Rom als Nachfolger des Petrus in der Ausübung des Primates aufgetragen sind, von keiner anderen Instanz geprüft werden können, der gegenüber der römische Bischof sich von Rechts wegen verantworten müsste.

Schließlich wird auch deutlich gemacht, dass man bei der Beschreibung der Kompetenzen des Primates nicht so vorgehen kann, dass man ein Mindestmaß an Befugnissen sucht, die von den Päpsten in der Geschichte ausgeübt wurden. Hier gilt folgende Maßgabe: „Daher bedeutet die Tatsache allein, dass in einer gewissen Epoche eine bestimmte Aufgabe vom Papst ausgeführt wurde, nicht, dass diese Aufgabe notwendigerweise immer dem römischen Bischof vorbehalten sein müsse; und umgekehrt: Die Tatsache allein, dass eine bestimmte Funktion vorher nicht vom Papst ausgeübt worden ist, berechtigt nicht, daraus den Schluss abzuleiten, dass diese Funktion in keiner Weise in Zukunft zur Zuständigkeit des Petrusdienstes gehören könne". Diese vom damaligen Präfekten der Glaubenskongregation unterzeichneten Erwägungen lassen eine gewisse Offenheit in der Primatsfrage erkennen. Veränderungen in der Ausübung des Petrusdienstes sind denkbar und möglich. Das zeigt auch die Geschichte des Papstamtes. Wie die Veränderungen allerdings aussehen könnten, bleibt offen. Klar ist jedenfalls, dass es ökumenische Annäherungen in dieser Frage nur geben kann, wenn sich auch die katholische Kirche in dieser Frage bewegt. Joseph Kardinal Ratzinger hat sich seinerzeit aber auch direkt mit dieser Frage beschäftigt und einen bemerkenswerten Vorschlag präsentiert.

5.3.3. Ein Vorschlag von Kardinal Ratzinger und seine ökumenische Bedeutung

Das Haupthindernis für die Wiederherstellung der vollkommenen Gemeinschaft zwischen der orthodoxen Kirche und der römisch-katholischen Kirche ist die Lehre vom Jurisdiktionsprimat des Papstes. Der Begriff einer gesamtkirchlichen Jurisdiktion ist dem Osten fremd. Gegenüber den östlichen Kirchen machte Joseph Ratzinger daher vor Jahren schon den Gedanken stark, dass Rom vom Osten nicht mehr an Primatslehre verlangen dürfe, als im ersten Jahrtausend formuliert und gelebt wurde.[439] Zunächst ist klar, dass sich beide Kirchen im Bemühen um die Wiederaufnahme des Dialogs nach den verhängnisvollen Bannandrohungen des Jahres 1054 als Schwesterkirchen wiederentdeckt haben. Welche Möglichkeiten lassen sich auf der Suche nach der Ein-

[439] Prognosen für die Zukunft des Ökumenismus, in: J. Ratzinger, Kirche - Zeichen unter den Völkern (Anm. 322). 2. Teilbd., Freiburg i. Br. 2010 (JRGS 8/2), 722-725.

heit erwägen? Unmöglich erscheinen sogenannte Maximalforderungen. Die westliche Maximalforderung an den Osten wäre die Anerkennung des Primats des römischen Bischofs im vollen Umfang der Definition von 1870. Die östliche Maximalforderung an den Westen wäre es, die Primatslehre von 1870 als völligen Irrtum zu erklären und alle darauf beruhenden verbindlichen Aussagen aufzulösen. Joseph Ratzinger zieht ausdrücklich das Fazit, dass keine der Maximallösungen eine wirkliche Hoffnung auf Einheit enthält. Kircheneinheit ist aber auch kein politisches Problem, das auf dem Wege des Kompromisses zu lösen wäre. Weil es um die Einheit im Glauben geht, kann die Wahrheitsfrage nicht ausgeschlossen werden, aber auch umgekehrt darf die Wahrheitsfrage die Suche nach der Einheit nicht behindern. Was kann Rom vom Osten fordern und umgekehrt? Sein Vorschlag lautet: Der Osten verzichtet darauf, die Entwicklungen des zweiten Jahrtausends als häretisch zu bekämpfen, und akzeptiert die katholische Kirche als rechtmäßig und rechtgläubig, die sie in dieser Entwicklung des zweiten Jahrtausends gefunden hat. Umgekehrt akzeptiert der Westen die Kirche des Ostens in der Gestalt, die sie sich im ersten Jahrtausend bewahrt hat. Dieser gegenseitige „Akt des Sich-Annehmens, des Sich-Wiedererkennens in der gemeinsamen unverlorenen Katholizität" ist keine leichte Sache. „Es ist ein Akt der Selbstüberwindung, des Selbstverzichts und … der Selbstfindung."[440]
Können sich die Kirche des Ostens und des Westen dann wirklich als Schwesterkirchen gegenseitig anerkennen? Können sie sich im Ganzen als Kirchen bezeichnen? Das grundsätzliche Problem sieht Joseph Ratzinger in der in dieser Rede als unausweichlich erscheinenden Anerkenntnis eines Plurals von Kirchen. Der Plural von Kirchen muss in ein richtiges Verhältnis zum Singular „die Kirche" gebracht werden, ist seine Forderung. Die Rede von den Schwesterkirchen setzt voraus, dass dem Plural letztlich kein Singular mehr gegenüberstünde. Wie ist es dann aber um das Bekenntnis zur Einheit der Kirche bestellt? Auf der letzten Ebene des Kirchenbegriffs würde ein Dualismus bleiben, der unaufhebbar wäre. Wie kann der Dualismus im Kirchenverständnis vermieden, zugleich aber die Geschwister-

[440] Ebd., 725.

lichkeit der Kirchen ausgedrückt werden? Der Begriff der Mutterkirche soll nach Auffassung von Joseph Ratzinger die Universalität der Kirche zum Ausdruck bringen. Dem gilt auch die These von der „temporalen Vorgängigkeit der Universalkirche vor den Teilkirchen“[441], wie das Dokument der Glaubenskongregation „Communionis notio“ von 1992 formuliert hatte.[442] Eine völlige Verkennung der Sachlage wäre jedenfalls die Auffassung, dass die Ortskirche von Rom die Universalkirche sei. „Das ist natürlich völliger Unsinn.“[443] Die Ortskirche von Rom nimmt die Verantwortung für die ganze Kirche wahr, aber sie ist nicht selbst die universale Kirche. „Die Präzedenz der Universalkirche vor den Teilkirchen zu behaupten, ist kein Votum für eine bestimmte Form von Kompetenzverteilungen in der Kirche, kein Votum dafür, dass die Ortskirche von Rom möglichst viel an Vorrechten an sich ziehen müsse.“[444] Hier geht es, wie Joseph Ratzinger ausführt, um ein streng theologisches Argument. Es geht um den Singular von Kirche: diese eine Kirche existiert, sie hat einen konkreten leibhaftigen Ort. Konkrete, weitere Überlegungen stellt er nicht an. Hier schließt sich dann allerdings die Frage an, wie Rom im Konzert mit den Kirchen des Ostens seine universale Verantwortung wahrnehmen kann, ohne in einem römischen Zentralismus zu verharren.

5.3.4. Vorschläge für eine gemeinsame ökumenische Lösung aus der Weltchristenheit

Aufgrund des in den letzten Jahren gewachsenen ökumenischen Verständisses für ein universalkirchliches Wächteramt („episkope“), wie es hier in verschiedenen Perspektiven und Vorstellungen aufleuchtete, ist es möglich und notwendig, von Seiten der katholischen Kirche in ein vertieftes Gespräch über einen uni-

[441] Vom „Dialog der Liebe“ zum „Theologischen Dialog“. Briefwechsel zwischen Metropolit Damaskinos und Joseph Kardinal Ratzinger, in: J. Ratzinger, Kirche – Zeichen unter den Völkern (Anm. 439), 799.
[442] Kongregation für die Glaubenslehre, Über einige Aspekte der Kirche als Communio (Anm. 219).
[443] Vom „Dialog der Liebe“ zum „Theologischen Dialog“ (Anm. 441), 799.
[444] Ebd.

versalen Petrusdienst mit anderen Kirchen und kirchlichen Gemeinschaften zu treten. Eine solche Intensivierung bestehender ökumenischer Gespräche über primatiale „episkope“ hat zwei wesentliche Voraussetzungen: Zum einen kann ein neuer oder intensivierter Dialog erst dann fruchtbar für beide Seiten werden, wenn auch die katholische Seite bereit ist, in der Frage des päpstlichen Primats neue theologische Denkanstöße und Impulse zu geben. Der anglikanisch-katholische Dialog hat gezeigt, wie weit nicht-katholische Christen hinsichtlich einer Anerkennung des päpstlichen Primats zu gehen bereit sind. Es bedarf somit einer vorausgehenden innerkatholischen Diskussion über die zukünftig angemessene Gestalt des vom Bischof von Rom wahrgenommenen Petrusdienstes. Die verschiedenen Vorschläge von Papst Benedikt XVI. in seiner vormaligen Funktion als Präfekt der Glaubenskongregation haben diese Herausforderung aufzeigen können, denen sich die katholische Kirche stellt. Zum anderen hat ein solcher Dialog die unterschiedlichen konfessionellen Voraussetzungen und zugleich bereits erzielte Übereinstimmungen sowie bislang zu Tage getretene Differenzen wahrzunehmen und zu berücksichtigen. Solche ökumenischen Dialoge über universale „episkope“ werden dann sowohl von unterschiedlichen konfessionellen und theologischen Voraussetzungen als auch von verschiedenen ökumenisch-theologischen Nahzielen geprägt sein. Nach der Unterzeichnung der Gemeinsamen Erklärung zur Rechtfertigungslehre von Lutherischem Weltbund und Katholischer Kirche (1999) gewann die Vorstellung eines „differenzierten Konsenses“ auch für andere schwierige theologische Fragen zunehmend an Bedeutung. Dieser „differenzierte Konsens“ besagt eine wesentliche Übereinstimmung in den Grundwahrheiten einer Lehre und erkennt bleibende Unterschiede in ihren nachfolgenden konfessionellen Entfaltungen als legitim an. Seine Grundlage bildet die Vorstellung von einem der weltweiten Gemeinschaft von Ortskirchen theologisch angemessenen Dienst universaler „episkope“ in personaler, kollegialer und gemeinschaftlicher Form. Eine solche Vorstellung von primatialer Leitung bedarf allerdings einer konkreten Form der Verwirklichung, bei der verbleibende Differenzen keinen kirchentrennenden Charakter mehr haben dürfen. Mehrere nicht-katholische Kirchen und kirchliche Gemeinschaften sind in diesem Zusammenhang bereit, den Bischofssitz von Rom als den geschichtlich angemessenen Ort einer solchen Leitung anzuerkennen, ohne sich allerdings unter den Jurisdiktions- und Infallibiltätsanspruch des Bischofs von Rom stellen zu wollen. Gemeinschaft mit dem Bischof von Rom, nicht unter seiner Jurisdiktion ist hier die Leitvorstellung. Könnte man sich denken, dass die Christenheit sich um eine solche Form der Gemeinschaft bemüht? Sicherlich gibt es keinen vollen Konsens in dieser Frage, aber die alte Polemik ist überwunden. Der Papst ist nicht der Anti-Christ, der Papst ist zum Pilger geworden, auf den Spuren des Martyriums des Paulus und Petrus, wie es Johannes Paul II. vorgelebt hat. Der Papst ist Zeuge Jesu Christi, das betont in unseren Tagen immer wieder Papst Benedikt XVI. Eine solche Theologie der Zeugenschaft könnte womöglich den Weg in die Zukunft des ökumenischen Dialogs weisen.

6. Kapitel
Freiheit und Person. Das Recht auf religiöse Freiheit

6.1. Die Kirche vor der Herausforderung der Freiheit

Die am 7. Dezember 1965 endgültig angenommene Erklärung über die Religionsfreiheit „Dignitatis humanae" war eines der umstrittensten Konzilsdokumente des Zweiten Vatikanischen Konzils. Bis zuletzt wusste niemand, ob es überhaupt die Zustimmung der Konzilsväter finden würde. Die Auseinandersetzungen spitzten sich derart zu, dass es zu den Dokumenten mit den meisten Gegenstimmen zählt[445]. Von alldem ist heute keine Rede mehr. Die Erklärung über die Religionsfreiheit verschwand rasch aus der öffentlichen Diskussion in Kirche und Theologie. Die Erklärung hat freilich eine neue Seite in der langen Geschichte der Kirche aufgeschlagen; sie wird heute als endgültige Abkehr der katholischen Kirche von der sogenannten Konstantinischen Epoche mit ihrer Einheit von kirchlicher und weltlicher Gewalt und als Rezeption der freiheitlichen Ordnung moderner bürgerlicher Gesellschaften verstanden[446]. Heute tritt die Kirche – dies wurde vor allem durch Papst Johannes Paul II. deutlich – für die unbedingte und universale Geltung der Menschenrechte ein[447]. Die Erklärung über die Religionsfreiheit beansprucht deshalb nahezu unangefochten ihre Stellung innerhalb der authentischen Tradition der katholischen Kirche. Wer die Geschichte der

---

[445] Vgl. dazu E. Schrofner, Christentum und Menschenwürde. Religionsfreiheit als dogmatisches Problem, in: E. Klinger / K. Wittstadt (Hg.), Glaube im Prozeß. Christsein nach dem Zweiten Vatikanum, Freiburg u.a. 1984, 741-756, bes. 741.

[446] Vgl. W. Kasper, Wahrheit und Freiheit. Die „Erklärung über die Religionsfreiheit des II. Vatikanischen Konzils", Heidelberg 1988 (AHAW.PH Jg. 1988, 4), 5f. Vgl. zur Literatur: Ebd., 5 Anm. 2.

[447] S. Herbst, Menschenrechte - das Geheimnis des wahren Friedens. Der Papst und die Menschenrechte (1.Teil), in: Orien. 63 (1999) 183-187.

Kirche kennt, wird sich ob dieses Tatbestandes freilich verwundert die Augen reiben.
Ein kleiner, eher literarisch zu nennender Hinweis markiert die Tragweite der hier darzulegenden Problematik mit einem Schlag: In den nach 1963 von Adolf Schönmetzer herausgegebenen Ausgaben des von H. Denzinger begründeten „Enchiridion Symbolorum“ weist ein bescheidenes Kreuzchen mit dem Vermerk „omittitur“ auf die früheren Nummern 1688 bis 1690 hin, die nunmehr entfallen. Das Kreuzchen erscheint, so bemerkt Klaus Schatz nahezu sarkastisch, „gleichsam als Grabkreuz auf die hier ruhende Verurteilung der Religionsfreiheit“[448]. Die mit dem Verweis „entfällt“ bezeichneten Nummern verweisen auf Textabschnitte aus der am 8.12.1864 veröffentlichten Enzyklika Pius' IX, „Quanta Cura“. Sie enthalten gerade die entscheidenden Sätze, mit denen die Freiheit des Gewissens und der Gottesverehrung und das Recht auf religiöse Freiheit verurteilt wird. Wie schon Gregor XVI. erklärte auch Pius IX. darin als Wahnsinn, „die Freiheit des Gewissens und die Gottesverehrung seien jedes einzelnen Menschen Eigenrecht, das in jedem Staat mit ordentlicher Verfassung gesetzlich umschrieben und gewahrt werden müsse, und die Bürger hätten ein Recht auf jede beliebige Freiheit, die weder durch kirchliche noch staatliche Hoheit eingeschränkt werden dürfe, sie sollten vielmehr ihre Meinung in Wort und Schrift oder sonstwie öffentlich verkünden und verbreiten können“[449]. Am Tag der Veröffentlichung von „Quanta Cura“ ließ Pius IX. eine Sammlung von 80 Sätzen, die er in verschiedenen Dokumenten zuvor verurteilt hatte, den Syllabus errorum, beifügen. Dort findet sich die klare Verurteilung der Religions- und Kultfreiheit: „Es steht jedem Menschen frei, diejeni-

[448] K. Schatz, Welche päpstlichen Lehrentscheidungen sind „ex cathedra“? Historische und theologische Überlegungen, in: W. Löser / K. Lehmann / M. Lutz-Bachmann (Hg.), Dogmengeschichte und katholische Theologie, Würzburg ^{2}1988, 404-422, hier 413.
[449] Pius IX., Quanta cura vom 8.12.1864, unter Bezug auf Gregor VI., Mirari vos vom 15. August 1832; beide Texte abgedruckt in: Die katholische Sozialdoktrin in ihrer geschichtlichen Entfaltung. Eine Sammlung päpstlicher Dokumente vom 15. Jahrhundert bis in die Gegenwart. Hg. v. A. Utz / B. Gräfin von Galen, Aachen 1976, II, 14; II, 29.

ge Religion anzunehmen und zu bekennen, die man, vom Lichte der Vernunft geführt, für wahr erachtet"[450].
Der Gegensatz zu dieser Position aus dem Jahre 1864 kann nicht schärfer ins Auge treten, zieht man zum Vergleich die Erklärung über der Religionsfreiheit „Dignitatis humanae" des Zweiten Vatikanischen Konzils von 1965 heran: „Das Vatikanische Konzil erklärt, dass die menschliche Person das Recht auf religiöse Freiheit hat. Diese Freiheit besteht darin, dass alle Menschen frei sein müssen von jedem Zwang … wie jeglicher menschlichen Gewalt, so dass in religiösen Dingen niemand gezwungen wird, gegen sein Gewissen zu handeln, noch daran gehindert wird, privat und öffentlich … nach seinem Gewissen zu handeln … Dieses Recht der menschlichen Person auf religiöse Freiheit muss in der rechtlichen Ordnung der Gesellschaft so anerkannt werden, dass es zum bürgerlichen Recht wird"[451]. Fast ein Jahrhundert nach „Quanta Cura" und dem „Syllabus" scheint die Erklärung über die Religionsfreiheit genau das als katholische Lehre zu bestätigen, was Gregor XVI. und Pius IX. als „Wahnwitz", als „verrückten Gedanken" ansahen. Damit ist die Spannweite zwischen beiden herausgestellten Positionen markiert. Die Erklärung über die Religionsfreiheit hat dies selbst sogar markiert: „Da nun die religiöse Freiheit, welche die Menschen zur Erfüllung der pflichtgemäßen Gottesverehrung beanspruchen, sich auf die Freiheit von Zwang in der staatlichen Gesellschaft bezieht, lässt sie die überlieferte katholische Lehre von der moralischen Pflicht der Menschen und der Gesellschaften gegenüber der wahren Religion und der einzigen Kirche Christi unangetastet. Bei der Behandlung dieser Religionsfreiheit beabsichtigt das Heilige Konzil, zugleich die Lehre der neueren Päpste über die unverletzlichen Rechte der menschlichen Person wie auch ihre Lehre von der rechtlichen Ordnung der Gesellschaft weiterzuführen"[452]. Mit diesen Aussagen sind fundamentale Fragen im Verhältnis von Kirche und moderner Welt einschließlich ihres normativen Anspruches verbunden. Im Zusammenhang mit der vom Konzil angeregten und danach von der katholischen Theo-

[450] DzH 2915.
[451] DH 2.
[452] DH 1.

logie formulierten Lehre von der Religionsfreiheit kommt es zu einer markanten Entwicklung im Verständnis von Menschenwürde und Religionsfreiheit mit weitreichenden Folgen für das Verhältnis von Kirche und moderner Gesellschaft. Der folgende Beitrag beschränkt sich demzufolge auf die Herausarbeitung des Zusammenhangs von Religionsfreiheit – Würde – Person.

6.2. Die Definition des Rechts auf religiöse Freiheit

Die Konzilserklärung „Dignitatis humanae“ hat einige wesentliche Elemente eines modernen Rechts auf Religionsfreiheit aufgenommen:

(1.) Jeder Mensch hat das Recht auf religiöse Freiheit. Es handelt sich um ein fundamentales Recht der Person. Subjekt des Rechts auf religiöse Freiheit ist der Mensch als personales Wesen.

(2.) Gegenstand und Inhalt des Rechts auf religiöse Freiheit bestehen negativ im Freisein vom Zwang, gegen sein Gewissen zu handeln, noch daran – öffentlich oder privat – gehindert zu werden, nach seinem Gewissen zu handeln. So lässt die Erklärung eine Unterscheidung zwischen dem Begriff eines Rechts auf religiöse Freiheit und einem religiös-moralischem Begriff erkennen.

(3.) Das Recht auf religiöse Freiheit wird auf die Würde der menschlichen Person selbst bezogen. Die Würde des Menschen als Person spricht sich nach diesen Aussagen in der Vernunft und im freien Willen aus. Vernunft und freier Wille aber zielen auf die Verantwortung des Menschen. In diese Verantwortung fällt freilich die Pflicht, jene Wahrheit zu suchen, welche die Religion betrifft. Diese Wahrheit muss allerdings auf eine Weise gesucht werden, welche der Würde der menschlichen Person entspricht.

(4.) Dieses Recht auf religiöse Freiheit muss in der rechtlichen Ordnung einer jeden Gesellschaft verankert werden, es muss zum grundlegenden Recht einer Gesellschaft gehören, also Verfassungsrang besitzen. Damit sind wesentliche Elemente eines modernen Rechts auf religiöse Freiheit, wie es heute in den Verfassungen moderner demokratischer Gesellschaften und Staaten verankert ist, genannt.

Die Konzilserklärung „Dignitatis humanae" widmet sich freilich nicht nur einer positiven Bestimmung des Rechts auf religiöse Freiheit, sie sucht auch eine Form der „Begründung" zu finden, die diesem modernen Freiheitsrecht entspricht: „Was das Vatikanische Konzil über das Recht des Menschen auf religiöse Freiheit erklärt, hat seine Grundlage in der Würde der Person, deren Forderungen die menschliche Vernunft durch die Erfahrung der Jahrhunderte vollständiger erkannt hat. Jedoch hat diese Lehre von der Freiheit ihre Wurzeln in der göttlichen Offenbarung, weshalb sie von Christen umso gewissenhafter beobachtet werden muss. Denn obgleich die Offenbarung das Recht auf Freiheit von äußerem Zwang in religiösen Dingen nicht ausdrücklich lehrt, lässt sie doch die Würde der menschlichen Person in ihrem ganzen Umfang ans Licht treten"[453]. Hier fällt eine „doppelte Begründung" des Rechts auf religiöse Freiheit auf: (1.) Das Recht auf Religionsfreiheit hat seinen Grund in der Würde des Menschen als Person. (2.) Die Würde der Person hat ihrerseits wiederum ihre Wurzeln in der Offenbarung Gottes, in deren Licht sie erhellt wird. Die hier angewandte Zweistufigkeit im Begründungsverfahren sucht zunächst offenbar dem Tatbestand zu entsprechen, dass es sich beim Recht auf religiöse Freiheit um ein in Verfassungen moderner demokratischer Staaten verankertes Grundrecht handelt. Die Konzilserklärung bewertet das historische Aufkommen dieses Freiheitsrechts als ein charakteristisches Ereignis der Neuzeit. Die Kirche gibt zu erkennen, dass ihr die damit verbundene Rechtsthematik von außen gestellt wurde. Nicht zuletzt die Erfahrungen mit totalitären Systemen in der ersten Hälfte des 20. Jahrhunderts dürfte die Kirche dazu veranlasst haben, sich dem Problem der Religionsfreiheit positiv zuzuwenden. Damit hängt zusammen, die im Recht auf Religionsfreiheit fixierte Unverletzlichkeit der menschlichen Person in der

[453] DH 9.

Ausübung des religiösen Bekenntnisses zunächst als ein Abwehrrecht zu verstehen. Dass setzt allerdings die Unterscheidung von Recht und Sittlichkeit voraus, eine Unterscheidung, die nicht hoch genug eingeschätzt werden kann, zumal nach (neu-)scholastischer Auffassung die Rechtsordnung als Teil der umfassenden sittlichen Ordnung verstanden wird. Nach E. W. Böckenförde bereitet diese Unterschiedenheit von Recht und Moral einem neuen Verständnis des modernen Rechts im katholischen Denken den Weg. In der Rechtsauffassung der katholischen Kirche wird eine Kehrtwende erkennbar. Danach gilt: Das Recht auf religiöse Freiheit kommt dem Menschen als Rechtssubjekt zu. Nur Personen können Träger von Rechten sein. Jeder Mensch ist als Rechtssubjekt und Rechtsperson anzuerkennen[454]. Damit wird eine Grundvoraussetzung des modernen Rechtsdenkens aufgenommen. Es liegt allerdings auf der Hand, dass die Kirche mit der Anerkennung einer solchen Rechtsauffassung die Sache theologisch nicht bewenden lässt. Das Recht kommt dem Menschen als Menschen zu, insofern er zugleich ein religiöses Wesen ist. Damit ist die Wahrheitsfrage angesprochen.

6.3. Die theologische Begründung eines Rechts auf Religionsfreiheit

Die Konzilserklärung bezieht die religiöse Frage auf den Begriff der Würde der menschlichen Person. Als Person ist der Mensch „mit Vernunft und freiem Willen begabt und damit auch zu persönlicher Verantwortung erhoben“[455]. Dem entspricht die mora-

---

[454] Vgl. dazu vor allem E.W. Böckenförde, Einleitung zur Textausgabe der „Erklärung über die Religionsfreiheit“, in: Zweites Vatikanisches Ökumenisches Konzil. Erklärung über die Religionsfreiheit. Authentischer lateinischer Text der Acta Apostolicae Sedis. Deutsche Übersetzung im Auftrage der deutschen Bischöfe. Mit einer Einleitung von Prof. Dr. Ernst-Wolfgang Böckenförde, Münster/Westfalen 1968, 5-21, wiederabgedruckt in: H. Lutz (Hg.), Zur Geschichte der Toleranz und Religionsfreiheit, Darmstadt 1977, 401-412, hier: 405-409; ders., Zur Theologie des modernen säkularen Rechts, in: StZ 217 (1999), 579-596, hier 587.

[455] DH 2. „Weil die Menschen Personen sind, d.h. mit Vernunft und freien Willen begabt und damit auch zu persönlicher Verantwortung erhoben, werden alle – ihrer Würde gemäß – von ihrem eigenen Wesen gedrängt und

lische Pflicht, die Wahrheit, die vor allem die Religion betrifft, zu suchen. Diese Wahrheit gilt es festzuhalten; es besteht die Pflicht, das ganze Leben nach den Forderungen der Wahrheit zu ordnen. Die Wahrheit muss aber auf eine Weise gesucht werden, die der Würde der menschlichen Person entspricht. Nach den bisherigen Ausführungen ist klar, was das heißt: Die Wahrheitsfrage tritt in den Horizont des Freiheitsgedanken. Die Konzilserklärung betont deshalb den Glauben wesentlich als freien Akt[456]. Sie kann daraus über die bisher weithin anerkannte kirchliche Lehre von der Toleranz hinausgehend im Blick auf die moderne Rechtsauffassung bedeutende Folgerungen ziehen. Sie gelangt nämlich dadurch zu einer positiven Einschätzung der modernen politischen Welt, deren Eigenständigkeit als von der Kirche unabhängiger Rechtsordnung sie anerkennt, indem sie die Unterscheidung, nicht aber Trennung zwischen rechtlicher und moralischer Ordnung betont. Die theologische Anerkennung der Religionsfreiheit als ein in den Verfassungen moderner Rechtsstaaten garantiertes Recht der Person, d. h. als ein modernes Freiheitsrecht, bildet den Angelpunkt der Argumentation. Der Begriff der Personwürde wird somit zum entscheidenden Orientierungs- und Ausgangspunkt für die Einstellung und das Verhältnis des christlichen Glaubens zur modernen menschlichen Lebenswelt. Die Idee der Würde des Menschen als Person ist gleichsam der Brennpunkt, in dem die Begegnung von Kirche und moderner Welt gelingen kann. Auf diesen Begriff der Personwürde kann deshalb in der Auseinandersetzung um die Bestimmung des normativen Grundanliegens der Neuzeit fortan nicht mehr verzichtet werden.

Die Pointe der Lehre von der Religionsfreiheit liegt nun freilich darin, eine neue Methode zur Begründung des Rechts auf reli-

---

zugleich durch eine moralische Pflicht gehalten, die Wahrheit zu suchen, vor allem jene Wahrheit, welche die Religion betrifft".

[456] DH 10: „Es ist ein Hauptbestandteil der katholischen Lehre, in Gottes Wort enthalten und von den Vätern ständig verkündet, dass der Mensch freiwillig durch seinen Glauben Gott antworten soll, dass dementsprechend niemand gegen seinen Willen zur Annahme des Glaubens gezwungen werden darf. Denn der Glaubensakt ist seiner Natur nach ein freier Akt … Es entspricht also völlig der Wesensart des Glaubens, dass in religiösen Dingen jede Art von Zwang von seiten der Menschen ausgeschlossen ist".

giöse Freiheit initiiert zu haben. Das neue Verfahren zur theologischen Fundierung des in der Personwürde gründenden Rechts auf Religionsfreiheit verzichtet auf ein aus Offenbarungsinhalten erfolgendes deduktives Verfahren. Dagegen zeichnet es sich durch eine reflexiv-reduktive Methode aus, die sich im Anschluss an die von H. Krings vorgelegte transzendental-reduktive Bedingungsanalyse entwickeln lässt[457]. Diese Methode besteht darin, dass man von einer geschichtlich vorgegebenen und theologisch vorauszusetzenden Wirklichkeit ausgeht, an dieser Autonomie weltlicher Sachbereiche, d. h. hier der staatlichen Rechtsordnung, anknüpft und diese gesellschaftlich-geschichtliche Wirklichkeit im Lichte der christlichen Botschaft beurteilt und auslegt. Im Lichte der geschichtlich bezeugten Selbstoffenbarung Gottes kann die Religionsfreiheit als ein modernes, verfassungsrechtlich garantiertes Freiheitsrecht anerkannt werden. Der Begriff der Würde der Person und das in ihr gründende Recht auf religiöse Freiheit sind der theologischen Reflexion geschichtlich unableitbar vorgegeben, finden aber in dieser ihre letzte Sinnbestimmung.

Die hier angerissene Freiheitsthematik lässt sich zunächst philosophisch vertiefen[458]. Bedenkt man nämlich, dass sich in jedem Akt der Freiheit als Selbstbestimmung ein Vorgriff auf das Ganze der Wirklichkeit vollzieht, dann kann endliche Freiheit nur zur Erfüllung kommen, wenn sie einer Freiheit begegnet, die dem mit ihr gegebenen Anspruch auf unbedingte Erfüllung schlechthin gerecht wird. Endliche Freiheit, die diesen Anspruch niemals zu erfüllen vermag, kann ihre Bestimmung nur finden in Begegnung mit vollkommener Freiheit, die Gott selbst ist. Dieser Begriff einer die endliche Freiheit erfüllenden vollkommenen Freiheit ist seiner logischen Eigenschaft nach ein relationaler Begriff. Das führt zu der These: Die Relationalität erweist sich als das von Gott ermöglichte und doch jederzeit der Erfüllung durch Gott bedürftige Konstitutiv menschlicher Personalität[459].

---

[457] Vgl. H. Krings, Freiheit. Ein Versuch Gott zu denken, in: Ders., System und Freiheit. Gesammelte Aufsätze, Freiburg-München 1980, 161-184.

[458] Vgl. Th. Pröpper, Erlösungsglaube und Freiheitsgeschichte. Eine Skizze zur Soteriologie, München 1985, 88-124.

[459] Vgl. dazu W. Thönissen, Das Geschenk der Freiheit. Untersuchungen zum Verhältnis von Dogmatik und Ethik (TTS 30), Mainz 1988, 215-225.

Relationalität und Personalität erscheinen demgemäss als Wechselbegriffe. Das lässt sich im unmittelbaren Anschluss an die Ausführungen in der Konzilserklärung selbst nunmehr auch theologisch erläutern[460].

6.4. Die theologische Begründung der Personwürde

Eine systematische Zusammenfassung der Sicht des Menschen kennt die katholische Theologie bis heute nicht. In der scholastischen Philosophie und Theologie gibt es keinen Traktat „De Homine". Das Menschsein des Menschen wird unter bestimmten Perspektiven dargestellt, in der Schöpfungslehre, in der Christologie, in der Gnadenlehre, in der Eschatologie. Hier ergeben sich durchaus verschiedene Gesichtspunkte, die aber traditionellerweise nicht mehr einer dogmatischen Systematisierung zugeführt werden. Diese von Thomas her eingeübte Verständigung über das Menschsein des Menschen in theologischer Perspektive hat sich bis in die heutige dogmatische Theologie durchgehalten. Leo Scheffczyk hat in seiner mit Anton Ziegenaus herausgegebenen „Katholischen Dogmatik" sowohl in der Schöpfungslehre als auch in der Gnadenlehre Grundlegendes zur christlichen Anthropologie ausgeführt.[461] Dogmatische Theologien, die sich eher dem Ansatz Karl Rahners verdanken, fügen seit einiger Zeit eine eigenständige theologische Anthropologie ein. Diese hat dann die Aufgabe, die protologischen und gnadentheologischen Stücke miteinander in einem eigenständigen Duktus zu verarbeiten.[462]

---

[460] Vgl. dazu I.U. Dalferth / E. Jüngel, Person und Gottebenbildlichkeit, in: F. Böckle u.a. (Hg.), Christlicher Glaube in moderner Gesellschaft, Freiburg u.a. 1981, 57-99; vgl. E. Schockenhoff, Naturrecht und menschliche Würde. Universale Ethik in einer geschichtlichen Welt, Mainz 1996, 233-246.

[461] L. Scheffczyk, Schöpfung als Heilseröffnung. Schöpfungslehre, in: Ders. / A. Ziegenaus, Katholische Dogmatik, Bd. 3, Aachen 1997, 234-266; ders., Die Heilsverwirklichung in der Gnade, Gnadenlehre, in: Ebd., Bd. 4, Aachen 1998, 389-445 (Person und Gnade / Gnade und Freiheit).

[462] So z.B. bei G.L. Müller, Katholische Dogmatik für Studium und Praxis der Theologie, Freiburg i.Br. u.a. 1995, 106-154. So auch bei G. Langemeyer, Die theologische Anthropologie, in: W. Beinert (Hg.), Glaubenszugänge

Sucht man in dieser Richtung den katholischen Lehrbestand durch, so fällt einem der recht umfangreiche Textkorpus innerhalb der Pastoralkonstitution über die Kirche in der Welt von heute „Gaudium et Spes" ins Auge. Das erste Kapitel des ersten Hauptteils der Pastoralkonstitution umfasst die Artikel 12-22. Sie stehen unter der Perspektive: De homine ad imaginem Dei. Damit hebt der Artikel Nr. 12 an. Geschlossen wird das Kapitel mit Ausführungen über Christus als dem neuen Menschen. Innerhalb dieses Spannungsbogens des ersten Kapitels werden nunmehr verschiedene Themen abgehandelt: Der Wesensstand des Menschen (GS 14), Vernunft, Wahrheit und Weisheit (GS 15), das Gewissen (GS 16), Freiheit (GS 17), der Tod (GS 18) und Ausführungen über den Atheismus (GS 19-21). In diesem Textkorpus sind alle für die philosophische und theologische Definition nötigen Lehrstücke beieinander. Das lehrt ein kurzer Blick auf den Inhalt. Vor allem fällt ein überraschend neuer Grundzug ins Auge, der offensichtlich vom Zweiten Vatikanischen Konzil prononciert wird. Liest man die Ausführungen über das Wesen des Menschen von ihrem Ende her, so fällt die Klammer, der Spannungsbogen des ganzen Textkorpus erst recht auf. Es tritt nämlich ein neuer Typus theologischer Anthropologie in den Blick, den man den christologisch-heilsgeschichtlichen nennen kann. Menschsein wird christologisch ausgelegt.[463]

(1.) Der Mensch ist nach dem Bilde Gottes geschaffen und fähig, seinen Schöpfer zu erkennen und zu lieben (GS 12).

(2.) Unter dem Einfluss des Bösen, durch Auflehnung gegen Gott und seinen Willen, findet der Mensch sich unfähig, durch sich selbst die Angriffe des Bösen wirksam zu bekämpfen. Er ist in sich selbst zwiespältig, und so stellt sich das ganze Leben des Menschen als ein dramatischer, zwischen Gut und Böse, zwischen Licht und Finsternis ablaufender Kampf dar. Der Mensch ist Sünder (GS 13). Die Sünde hindert ihn, seine Erfüllung zu

---

(Anm. 85). Bd. 1, 499-620.

[463] Vgl. hierzu W. Kasper, Christologie und Anthropologie, in: Ders., Theologie und Kirche (Anm. 203), 194-216. Vgl. ebenso den Kommentar von J. Ratzinger: LThK.E III (1968) 350.

erlangen, sie verdunkelt, sie schwächt, sie verwundet die dem Menschen mitgegebenen Gaben (GS 14-18).

(3.) Das Geheimnis des Menschen klärt sich nur im Geheimnis Jesu Christi selbst. Christus erschließt dem Menschen seine höchste Berufung, nämlich die Gemeinschaft mit Gott dem Vater. Der Sohn hat als Opfer sich selbst für den Menschen hingegeben, um ihn mit Gott zu versöhnen. Durch die Gaben des Geistes wird der Mensch fähig, das neue Gesetz der Liebe im Glauben zu erfüllen.

Diese dreistufige biblisch-heilsgeschichtliche Darlegung des Geheimnisses des Menschen, seines Verständnisses, wird ganz aus der christozentrischen Perspektive erkennbar. Ziel der Erlösung des Menschen ist die letzte Berufung zur Gemeinschaft mit Gott. Nur in Christus und auf Grund seines Evangeliums wird das Geheimnis des Menschen erkennbar: Der Mensch empfängt sein Christsein im Glauben als Gabe des Heiligen Geistes durch das Werk des Sohnes. In dieser Perspektive gelesen kommt die Grundperspektive des Zweiten Vatikanischen Konzils zum Tragen. Sowohl die Kirchenkonstitution „Lumen gentium" als auch die Offenbarungskonstitution „Dei verbum" arbeiten mit demselben Grundschema, nämlich der Berufung des Menschen zur Gemeinschaft mit Gott. Es ist dies die klare Diktion des Zweiten Vatikanischen Konzils, sowohl das Menschsein des Menschen, seine Beheimatung in der Kirche wie seine Selbsterkenntnis im Lichte der Offenbarung Gottes zu lesen. Das aber heißt nichts anderes: Das Menschsein wird aus einer christozentrischen Perspektive verstanden. Damit tritt ein neuer Typus christozentrischer Theologie auf, der von Christus her Theologie als Anthropologie wagt.[464]
Mit dieser Christozentrik werden die bisherigen Traditionsstücke christlicher Anthropologie, das Verhältnis von imago und similitudo, das Verhältnis von Leib und Seele, das Verhältnis von Freiheit und Gnade, das Verhältnis von Natur und Gnade und das Verständnis von Sünde und Erbsünde neu gelesen. Nicht

---

[464] J. Ratzinger, Kommentar zu Gaudium et Spes (Kap. 1), in: LThK.E III (1968) 350.

mehr die einzelnen Traditionsstücke geben den Interpretationsrahmen vor, sondern der Spannungsbogen zwischen Schöpfung, Erlösung und Versöhnung als ganzer. Die heilsgeschichtliche Konzentration der Theologie führt auch zu einem neuen Typus von Anthropologie. Die Pastoralkonstitution bietet damit einen verlässlichen „Grundriss einer auf die Berufung und die Zielbestimmung des Menschen ausgerichteten Anthropologie“[465]. Stehen sich damit zwei einander widersprechende Traditionslinien innerhalb der katholischen Theologie gegenüber oder lassen sich beide Traditionen nicht vielmehr miteinander verbinden? Wenn sie sich miteinander verbinden lassen, so erwächst daraus die nächste Frage: Was verändert diese christologisch-heilsgeschichtliche Sicht an der bisherigen, am Wesensstand des Menschen festgemachten Beschreibung und Definition des Menschen? Verändert die Christozentrik die Grundlagen der Anthropologie? Für den Text des Konzils, für „Gaudium et Spes“, ist klar: Der christozentrisch-heilsgeschichtliche Ansatz sollte die eher statisch-philosophische Anthropologie im Sinne der neuscholastischen Tradition überwinden, wohl freilich nicht eliminieren.[466] Das Konzil wollte einer heilsgeschichtlichen und damit insgesamt geschichtlich-personalen Darlegung theologischer Anthropologie das Wort reden. Das hat eine weitere Konsequenz zur Folge: Katholische Theologie will stärker das Verständnis des Menschen aus der Sicht der Bibel darlegen. Damit tritt folgerichtig die Bedeutung der Sünde für das Verständnis des Menschen stärker in den Mittelpunkt. Wenn auch das Konzil nicht an traditionellen Lehraussagen gerüttelt hat, fallen freilich die Aussagen über das Sündersein des Menschen in den Blick. Vernunft und Freiheit des Menschen stehen unter der Sünde, die Freiheit des Menschen ist durch die Sünde verwundet, das Gewissen wird „durch Gewöhnung an die Sünde fast blind“ (GS 17). Wohl tritt nicht Luthers These von der radikalen Verderbtheit der menschlichen Natur in den Blick, aber es lässt sich nicht mehr übersehen, dass hier eine gemeinsame Perspektive in den Blick rückt. Die Sünde mindert den Menschen selbst, weil sie ihn hindert, seine Erfüllung zu erlangen (GS 13). Die geschichtliche Betrach-

[465] L. Scheffczyk, Schöpfungslehre (Anm. 461), 252.
[466] J. Ratzinger, Kommentar zu Gaudium et Spes (Anm. 464), 316.

tung des Menschen führt damit weg von einer theologisch-philosophischen Beschreibung seines Wesensbestandes[467] und hin zu einer dem Leben angemesseneren geschichtlichen Sicht. Zieht man hier das klassische Schema von Natur und Gnade heran, so tritt nicht mehr allein die Stufung zwischen Natur und Gnade hervor, sondern die Vorstellung, dass das von Gott gewollte Verhältnis zum Menschen durch die Sünde des Menschen gestört wird, dabei tritt die Unfähigkeit des Menschen hervor, sein Verhältnis zu Gott selbst zu heilen. Die neuere katholische Interpretation des Verhältnisses von Natur und Gnade führt gerade diese Perspektive in die Debatte ein: Das Verhältnis von Gnade und Natur ist nicht durch Harmonie geprägt, sondern durch spannungsvolle Einheit. Zwischen Gnade und Natur gibt es keinen lückenlosen Übergang, zwischen Natur und Gnade steht das Kreuz Christi.[468] So kann der Konzilstext klarmachen: Gerade angesichts des Todes wird das Rätsel des menschlichen Daseins am größten (GS 18). So wird dieser selbst zum Ausweis der radikalen Ausgesetztheit des Menschen und seines Daseins. Nicht ohne Grund spricht der Konzilstext vom Kampf des Lebens.

Das Entscheidende des Konzilstextes dürfte wohl in der Herausstellung der biblischen Perspektive sein, in der das gemeinsame christliche Grundanliegen verständlich wird. Diese Perspektive ist genauer betrachtet christologisch-soteriologischer Art: Christus ist der neue Adam, in dem sich alleine das Verständnis des Menschen klärt. Das Kreuz, und damit die Selbsthingabe Christi, ist das Mysterium, in das der Mensch ganz hineingezogen wird. Der Mensch lebt aus Jesu Sein für uns und daraus erwächst ihm die Teilhabe an Christus. Das Mysterium paschale ist das Zentrum der menschlichen Existenz und der menschlichen Geschichte.[469] So kann man in einer knappen Zusammenfassung sagen: Versteht man die Rettung des Menschen durch Christi Selbsthingabe am Kreuz als Grundzug der christlichen Verkün-

---

[467] So die Kennzeichnung bei L. Scheffczyk: „Der systematischen Theologie obliegt es, auf der Grundlage der Offenbarungsaussagen und im Lichte der kirchlichen Lehrverkündigung die grundlegenden Wahrheiten über die Wesenskonstitution des Menschen zu erheben" (L. Scheffczyk, Schöpfungslehre [Anm. 461], 252).

[468] Vgl. hierzu W. Thönissen, Das Geschenk der Freiheit (Anm. 459), 234f.

[469] J. Ratzinger, Kommentar zu Gaudium et Spes (Anm. 464), 351.

digung – oder wie Luther sagen würde Rechtfertigung –, so ist es nicht das Werk des Menschen, das ihm Erlösung bringt, sondern allein Christus in Kreuz und Auferstehung.

6.5. Die historische Bedeutung der Lehre von der Religionsfreiheit

Die Bedeutung der Erklärung über die Religionsfreiheit liegt in der Feststellung, dass der Mensch ein Recht auf religiöse Freiheit hat. Die Form dieser Erklärung wirft zuallerst die Frage nach dem literarischen Genus einer Erklärung auf. Für die kirchliche Nomenklatur ist der Begriff neu. Es handelt sich hierbei um Äußerungen zu Fragen, die das Außenverhältnis der Kirche betreffen, also über den Bereich der katholischen Gläubigen hinausreichen. In einer Erklärung, so hat Y. Congar herausgearbeitet, verkündet die Kirche eine Wirklichkeit, die allen Menschen gemeinsam ist; sie gibt offiziell bekannt, was bereits in Geltung ist[470]. In unserem Beispiel: Die Kirche äußert sich über ein in bürgerlichen Gesellschaften und Staaten bereits in Geltung befindliches Recht, zu dem sie ihre Meinung kundtut. Sie schafft kein neues Recht, und insofern äußert sie sich hier in einer sehr vorsichtigen und sicher auch grundsätzlich überholbaren Weise. Sie legt auch keine kirchliche Glaubenslehre dar.
Entscheidend mit zur Auswahl des Genus „Erklärung“ beigetragen hat die Erkenntnis der Konzilsväter, dass sich die Kirche hier über ein Thema äußert, das ihr sozusagen von außen her, historisch betrachtet, gegen ihren oftmals erbitterten Widerstand gestellt worden ist. Das Recht auf Religionsfreiheit ist keine Erfindung des Zweiten Vatikanischen Konzils. Es war auch keineswegs selbstverständlich, dass sich das Konzil überhaupt zu diesem Thema äußerte. Die Notwendigkeit hierzu ergab sich sozusagen von außerhalb her; die Kirche sah sich nämlich genötigt, ihr Verhältnis zu Staat und Gesellschaft in einer autoritativen Stellungnahme darzulegen, gerade weil, wie die Konzilserklä-

[470] Y. Congar, Was besagt die Bezeichnung „Erklärung“?, in: Die Konzilserklärung über die Religionsfreiheit. Lateinischer und deutscher Text. Hg. v. J. Hamer u. Y. Congar, Paderborn 1967, 53-58.

rung betont, die „Würde der menschlichen Person den Menschen unserer Zeit immer mehr zum Bewusstsein kommt … und die Zahl derer, die den Anspruch erheben, dass die Menschen bei ihrem Tun … eine verantwortliche Freiheit besitzen und davon Gebrauch machen sollen“, stetig wächst[471]. Eine Stellungnahme war also unausweichlich geworden. Das Vatikanische Konzil wendet nun diesen Bestrebungen seine besondere Aufmerksamkeit zu, und zwar in der ausdrücklichen Absicht, eine Erklärung darüber abzugeben, wieweit jene Bestrebungen der Wahrheit und Gerechtigkeit entsprechen. Genau deshalb befragt das Konzil die Tradition und die Lehre der Kirche, freilich mit dem Anspruch, Neues hervorzuholen, das mit dem Alten in Einklang steht, wie es ausdrücklich heißt[472].
In der theologischen Diskussion haben sich im Wesentlichen zwei Richtungen herauskristallisiert, welche die hier obwaltende Problematik zu lösen suchen:

(1.) Die erste Position ist durch die Auffassung gekennzeichnet, dass die Erklärung zur Religionsfreiheit über die bisherige katholisch-kirchliche Doktrin nicht nur graduell, sondern prinzipiell hinausgeht. Der Jurist und ehemalige Verfassungsrichter Ernst-Wolfgang Böckenförde sieht in der Anerkennung des Rechtes als Freiheitsordnung die Erklärung in einem direkten Widerspruch zur Enzyklika „Mirari vos“ von 1832, zur Enzyklika „Quanta Cura“ von 1864, zum Syllabus und zur Enzyklika „Libertas, praestantissimum“ von 1888. „Zu diesen Verlautbarungen des päpstlichen Lehramtes steht die Erklärung über Religionsfreiheit im Verhältnis von A und non-A“[473]. Wenn die Unvereinbarkeit der in „Quanta Cura“ verurteilten Religionsfreiheit mit der Erklärung „Dignitatis humanae“ des II. Vaticanums festzustehen scheint, so stellt sich die Frage, welche Autorität und welche dogmatische Qualität der Enzyklika „Quanta Cura“ und des ihr angehängten Syllabus zukommen[474]. Bis in die dreißiger Jahre dieses Jahrhunderts wird in kirchlichen Handbüchern und

---

471 DH 1.
472 Ebd.
473 E.W. Böckenförde, Einleitung zur Textausgabe (Anm. 454), 416.
474 Vgl. K. Schatz (Anm. 448), 409-417.

theologischen Lexika „Quanta Cura" als Ex-cathedra-Entscheidung angesehen. Erst nach und nach wurde die These vom Unfehlbarkeits-Charakter aufgegeben. Dieser Entwicklung trägt ja auch die Entscheidung Adolf Schönmetzers Rechnung, die Textstellen aus Denzingers „Enchiridion Symbolorum" herauszunehmen, welche die Verurteilung der Religionsfreiheit enthalten. Sie entspricht also exakt dem Stand der dogmengeschichtlichen Forschung. Demgegenüber ist die Qualität des Syllabus als Ex-cathedra-Entscheidung immer umstritten gewesen. Klaus Schatz urteilt: Die differenzierten Erkenntnisse dogmengeschichtlicher Forschung verbieten es, Kategorien des I. Vaticanums in Lehrentscheidungen zurückliegender Zeiten und Jahrhunderte hineinzutragen[475]. Die Theologie nach dem I. Vaticanum vermag nicht sicher anzugeben, welche bisherigen päpstlichen Entscheidungen eigentlich „ex-cathedra" sind[476]. Das alles zeigt: Nach Text und Kontext geurteilt, erscheinen Aussage und Sinn von „Quanta Cura" klar und deutlich. Die Enzyklika steht im Widerspruch zur heute vom II. Vaticanum gelehrten Religionsfreiheit. Freilich kommt dazu folgende Erkenntnis hinzu: Eine Lehre, die heute mit Offenbarungsgegebenheiten untrennbar zusammenzuhängen scheint, muss durch den Fortschritt der theologischen Erkennntis und durch Ablösung von historisch bedingten Vorstellungsmodellen später nicht mehr notwendige Konsequenz des Glaubens sein[477]. Wo immer es also um solche historisch bedingten Modelle geht, dürfte die Auffassung von unfehlbaren Ex-cathedra-Entscheidungen unhaltbar sein. Stimmt man dieser Argumentation zu, erscheint das Urteil gerechtfertigt, „Quanta Cura" als sicher nicht irrtumsfrei zu qualifizieren.

(2.) Die zweite Position kommt zu einer gegenteiligen Aussage. Die theologiegeschichtliche Forschung kann aufzeigen, dass die Erklärung über die Religionsfreiheit keineswegs im Widerspruch zur Tradition steht[478]. Sie widerruft nicht, was die Päpste des 19. Jahrhunderts so erbittert verteidigt haben. Das Anliegen der

[475] Vgl. Ebd., 412ff.
[476] Vgl. Ebd., 422.
[477] Vgl. Ebd., 413.
[478] Vgl. W. Kasper, Wahrheit und Freiheit (Anm. 446), 5-14.

Päpste des 19. Jahrhunderts, ihr Widerspruch zum liberalistischen Freiheitsverständnis, ist positiv aufgenommen. Welche Argumente sprechen für diese Sicht? Liest man die Texte aus ihrem jeweiligen historischen Kontext, so erkennt man, dass die Verwerfungen und Verurteilungen der Gewissens-, Meinungs- und Religionsfreiheit der Päpste des 19. Jahrhunderts sich gegen einen Indifferentismus und Rationalismus richten, in welchen sich der Mensch zum obersten Prinzip und zum Richter über alle Wahrheit aufwirft. Anders ist die Situation im 20. Jahrhundert: Nicht mehr der Liberalismus, sondern der Totalitarismus war nunmehr die Gefahr. In den einschlägigen Enzykliken Pius XI. gegen den italienischen Faschismus oder den deutschen Nationalsozialismus trat die Kirche entschlossen auf die Seite der Freiheit und betonte die Würde des Menschen als Person, aus der unveräußerliche Rechte entspringen. Diese neuere von den Päpsten des 20. Jahrhunderts inaugurierte Traditon bricht sich endgültig Bahn in der Enzyklika Johannes' XXIII., „Pacem in terris“[479]. Entscheidend zur Anerkennung der Religionsfreiheit durch das Zweite Vatikanische Konzil haben aber zwei Vorgänge während des Konzils beigetragen: die Intervention der nordamerikanischen Bischöfe zugunsten des juridischen Begriffs der Religionsfreiheit (der sogenannten Verfassungslösung[480]) und während der dritten Sitzungsperiode die Intervention mehrerer Bischöfe, darunter auch des damaligen Erzbischofs von Krakau, Karol Wojtyla, zugunsten der Herausstellung des ontologischen Fundaments der Religionsfreiheit und der Ausrichtung des Menschen auf die Wahrheit[481]. Gerade die Herausstellung des ontologischen Fundaments dürfte die Konzilsväter davon überzeugt haben, dass die Kirche nicht willens ist, den Anspruch des Menschen auf die Wahrheit preiszugeben. Das Grundanliegen der Tradition, die objektive Wahrheit als Ermöglichungsgrund und

[479] Ebd., 14-17.

[480] Ebd., 17ff. W. Kasper spielt hier auf den Beitrag von J.C. Murray an: Zum Verständnis der Entwicklung der Lehre der Kirche über die Religionsfreiheit, in: Die Konzilserklärung über die Religionsfreiheit (Anm. 470), 125-165. Vgl. R. Sebott, Religionsfreiheit und Verhältnis von Kirche und Staat. Der Beitrag John Courtney Murrays zu einer modernen Frage, Roma 1977.

[481] Vgl. W. Kasper, Wahrheit und Freiheit (Anm. 446), 26-31.

Ziel der Freiheit, wurde hier mit dem Grundanliegen der Neuzeit, die unbedingte Würde der subjektiven Freiheit, in kritischer und schöpferischer Weise vermittelt. Freiheit ist nicht ohne Verantwortung zu denken, Verantwortung muss als Korrelat der Freiheit verstanden werden.
Beide hier vorgelegten Positionen lassen freilich eine im Grunde vergleichbare Wahrnehmung und ein Ernstnehmen der geschichtlichen Situation erkennen. Das genau ist auch der Kernpunkt in der Erklärung über die Religionsfreiheit: Die Wahrnehmung der historisch-situativen Herkunft neuerer normativer Fragestellungen extra muros ecclesiae. Das geschärfte historische Bewusstsein unserer Zeit hat dazu beigetragen, Traditionen insgesamt, kirchliche Lehrentscheidungen insbesondere aus dem Blickwinkel geschichtlicher Erfahrungen und Situationen heraus neu zu befragen, um so die eine und selbe Tradition der Kirche neu lebendig und fruchtbar zu machen. Dabei zeigt sich nun freilich, dass bestimmte Traditionszeugnisse und –gestalten, von ihrem ursprünglichen historischen Kontext entfernt und gelöst, nicht mehr zu einer Erhellung und Vertiefung des gesamten Glaubensschatzes der Kirche beitragen, sondern gerade zu dessen Verdunkelung. So ließ sich denn auch die klassische, in der Enzyklika „Quanta Cura“ vertretene Theorie von These und Hypothese, vom Primat der Wahrheit vor dem Irrtum im Staat-Kirche-Verhältnis auch deswegen nicht mehr durchhalten, weil niemand mehr diese Lehre unter den historischen Bedingungen des 20. Jahrhunderts verstanden hätte[482]. Unter den historischen Gegebenheiten dieses Jahrhunderts ist der Kirche gerade in einer geschichtlichen Grenzerfahrung, dass durch Totalitarismus die Humanität, die Würde des Menschen als Person auf dem Spiele steht, die Einsicht in die grundlegenden Freiheitsrechte des Menschen gelungen. In dieser geschichtlichen Grenzerfahrung ist der Kirche insgesamt etwas Irreversibles und bleibend Gültiges neu aufgegangen: Der Mensch ist als Person Gottes Ebenbild. Dieser Personalität entsprechen solche Freiheitsrechte, wie sie die modernen Rechtsstaaten in ihren Verfassungen kodifiziert haben. Gerade die Wahrnehmung dieser positiven Grundintention neu-

[482] Vgl. dazu die Zusammenfassung bei W. Thönissen, Das Geschenk der Freiheit (Anm. 459), 185-193.

zeitlicher Freiheitserfahrungen führt die Kirche dazu, die christliche Bestimmung menschlicher Personalität neu und schärfer in den Blick zu nehmen. Hier steht nicht die Abwehr, sondern die Aufnahme positiver und nicht gegen den Glauben gerichteter Erfahrungen im Vordergrund. Die Erklärung über die Religionsfreiheit hat deshalb bewusst gemacht, dass der Begriff der Würde der Person zum Ausgangs- und Orientierungspunkt wird für das Verhältnis von Kirche und Staat. Maßstab dieses Verhältnisses ist aber nicht mehr ein Kernbestand für unaufgebbar zu haltender Prinzipien und Normen, sondern – und das ist entscheidend – das Ganze der auf die geschichtliche Offenbarung Gottes in Jesus Christus bezogenen christlichen Botschaft. Im vollen Lichte der christlichen Botschaft und des Glaubens der Kirche kann die Wahrheit des Menschen in seiner Würde, in seiner Freiheit, in seinen Rechten authentisch erklärt und erläutert werden.

6.6. Naturrecht oder Menschenrecht?

Das personale und geschichtliche Verständnis erlaubt eine schöpferische Erneuerung der christlichen Naturrechtsidee im Sinne des modernen Menschenrechtsdenkens. Heutiges Menschenrechtsdenken hat deutlich machen können, dass es auf die bleibend gültigen Einsichten des Naturrechtsdenkens nicht verzichten kann und will[483]. Die Begründung der Menschenwürde in der Verantwortungsfreiheit des Menschen bietet freilich eine neue Grundlage für die Bestimmung des normativen Grundanliegens in der Neuzeit. Dass die Würde der Person nach Kant ganz auf die im Moralgesetz kundwerdende Pflicht begründet ist und dass die Idee der Menschenwürde die Grundlage der Anerkennung der Menschenrechte ist, darauf hat von naturrechtlicher Seite vor allem J. Messner hingewiesen[484]. Auch H. Wenzel hat diesen un-

[483] Vgl. J. Schwartländer, Rückblickende Einführung, in: Ders. (Hg.), Modernes Freiheitsethos und christlicher Glaube. Beiträge zur juristischen, philosophischen und theologischen Bestimmung der Menschenrechte, München-Mainz 1981, 7-35; ders., Menschenrechte – eine Herausforderung der Kirche, in: Ders. (Hg.), Menschenrechte – eine Herausforderung der Kirche, München-Mainz 1976, 15-57.

[484] J. Messner, Die Idee der Menschenwürde im Rechtsstaat der pluralisti-

bedingten Sollens-Anspruch als das eigentliche normative Grundanliegen der klassischen Naturrechtsidee markiert[485]. Für die Grundlegung des modernen Menschenrechtsdenkens sind diese Einsichten, dass die menschliche Freiheit im unbedingten Sollen aufgegeben ist und dass alle menschenrechtlichen Ansprüche an diese Verantwortungsfreiheit zurückgebunden sind, maßgebend[486]. Doch dürfen diese nicht dazu führen, das naturrechtliche Denken und das bewusst freiheitliche Denken als dogmatische Gegenpositionen zu betrachten. Die Texte des Konzils und die Äußerungen Papst Johannes Pauls II. lassen eine Erweiterung und Fortschreibung der kirchlichen Naturrechtslehre erkennen[487]. Gerade die christologische Determination in der Begründung von Menschenwürde und Religionsfreiheit macht diesen Wandel deutlich. Diese Sichtweise muss daher als ein echter Gewinn betrachtet werden, gerade weil sie die Neuformulierung des normativen Anliegens erlaubt und nicht beeinträchtigt. Dieser Ansatz bedeutet auch keine unangemessene Theologisierung des ethisch-normativen Denkens, womit eine Aushöhlung des Geltungsanspruchs naturrechtlicher Aussagen verbunden wäre, sondern deren Transformation in den Horizont der Freiheitsthematik der Neuzeit[488]. Darin liegt die Pointe des von „Dignitatis humanae" inaugurierten Begründungsverfahrens.

Als das eigentliche Fundament der Menschenrechte und eines Menschenrechtsethos erscheint die unantastbare Würde des

---

schen Gesellschaft, in: G. Leibholz u.a. (Hg.), Menschenwürde und freiheitliche Rechtsordnung, Tübingen 1974, 221-241.

485 Naturrecht und materiale Gerechtigkeit, Göttingen [4]1962, 236-253, bes. 239.

486 Vgl. J. Schwartländer, Demokratie und Menschenrechte im Horizont sittlich-autonomer Freiheit, in: J. Schwartländer (Hg.), Modernes Freiheitsethos und christlicher Glaube (Anm. 483), 36-69; ders., Sittliche Autonomie als Idee der endlichen Freiheit. Bemerkungen zum Prinzip der Autonomie im kritischen Idealismus Kants, in: ThQ 161 (1981) 20-33.

487 Vgl. E. Schockenhoff, Naturrecht und Menschenwürde (Anm. 460), 36f.

488 Gegen E. Schockenhoff, ebd., der durch eine Theologisierung des sozialethischen Denkens die Gefahr einer schleichenden Aushöhlung des Geltungsanspruchs naturrechtlicher Aussagen befürchtet. U.a. deshalb plädiert Schockenhoff auch für die Wiederbelebung eines Gedanken des „von Natur aus Rechten", um „in epochalen Umbruchszeiten das Wissen um die objektive Geltung eines von menschlicher Herrschaft unabhängigen moralischen Gesetzes wachzuhalten" (Ebd., 41).

Menschen; sie ist Ausdruck einer universalen und unbedingten normativen Gültigkeit. In dieser Reflexion auf die Personalität des Menschen macht sich das normative Grundanliegen in der Neuzeit geltend. Die Würde des Menschen wird zum Verpflichtungsgrund allen menschlichen Handelns und aller normativen Ordnungen. Damit zielen Menschenrechte auf die Personalität, auf das Personsein des Menschen als Sinngrund des menschlichen Daseins überhaupt. Die Erklärung über die Religionsfreiheit des Zweiten Vatikanischen Konzils hat deutlich werden lassen, dass der christologisch bestimmte Begriff der Würde des Menschen als Person zum Orientierungspunkt und Ansatz für die theologische Verhältnisbestimmung von christlichem Glauben und moderner Welt werden kann. Im Begriff der Menschenwürde dokumentiert sich also eine Transformation naturrechtlichen Denkens unter den neu aufgenommenen Bedingungen des normativen Anliegens der Moderne hin zu einem menschenrechtlichen Denken. Dieses spricht sich am ehesten in der Idee von der verantwortlichen Freiheit des Menschen aus, dessen theologisches Analogon der Begriff von der Würde des Menschen als Person darstellt. Von hier aus ließe sich dann eine christliche Verantwortungsethik entwerfen, die auf die bleibenden Einsichten des christlichen Naturrechts nicht verzichtet, sich aber entschlossen dem normativen Geltungsanspruch öffnet, wie er sich im modernen Menschenrechtsdenken zeigt.

6.7. Die ökumenische Tragweite der Religionsfreiheit

Die ökumenische Bedeutung der Erklärung über die Religionsfreiheit kann nicht hoch genug eingeschätzt werden.[489] Der Ökumenische Rat der Kirchen (ÖRK) hatte bereits kurz nach seiner Gründung 1948 in den fünfziger Jahren das Thema der religiösen Freiheit aufgenommen angesichts der unter seinen Mitgliedskirchen auftauchenden Frage nach den Beziehungen der Kirchen

---

[489] R. Siebenrock, Theologischer Kommentar zur Erklärung über die religiöse Freiheit *Dignitatis humanae*, in: HThK Vat. II 4 (2005), 198.

untereinander.[490] Stand einerseits die ökumenische Verpflichtung aller Kirchen im Vordergrund der ökumenischen Bemühungen, die Einheit der Kirche Jesu Christi durch gemeinsames Bekennen und Handeln sichtbar zu machen, trat andererseits die Eigenständigkeit der Kirchen in Zeugnis und Dienst dieser gemeinsamen Verpflichtung nicht selten durch fragwürdige Methoden und Praktiken der Verkündigung entgegen. Der Proselytismus stellte sich somit als eines der zentralen Probleme der frühen ökumenischen Bewegung heraus, auf die der ÖRK mit Stellungnahmen zu reagieren suchte.[491] Auf der anderen Seite wollte das Einheitssekretariat mit seinen Bemühungen um die Fundierung der religiösen Freiheit auf Einwände und Besorgnisse aus der Weltchristenheit eingehen, die ihre Abneigung gegen die katholische Kirche vor allem in deren Haltung begründet sahen, dass die Kirche für ihre Mitglieder in den Staaten, in denen sie in der Minderheit leben, volle Freiheit des religiösen Bekenntnisses einfordere, in Ländern, in denen Katholiken in der Mehrheit leben, die Freiheit den anderen religiösen Gemeinschaften dagegen verweigere. Eine Erklärung hinsichtlich des Verhältnisses von Staat und Kirche und bezüglich der Erklärung der religiösen Freiheit für Gläubige, die nichtkatholischen Gemeinschaften angehören, erwies sich in diesem historischen Kontext als unverzichtbar. Insoweit entwickelte sich die Frage der religiösen Freiheit zum Probierstein für die ökumenische Öffnung der katholischen Kirche. Nach dem II. Vaticanum taucht das Thema der Religionsfreiheit rasch im ökumenischen Dialog auf.
So ergeben sich für die Religionsfreiheit zwei unterschiedliche Dimensionen: (1.) Religionsfreiheit als Rechtsprinzip, (2.) Religionsfreiheit als leitendes Prinzip der Beziehungen von Christen untereinander, als Prinzip des Dialoges. Während das erste Prin-

---

[490] Es handelt sich um die sog. Toronto-Erklärung, eine vom Zentralausschuss des ÖRK in Toronto 1950 entgegengenommene und den Kirchen zum Studium empfohlene Stellungnahme über die ekklesiologische Bedeutung des ÖRK.

[491] Es handelt sich um folgende Stellungnahme: Christliches Zeugnis, Proselytismus und religiöse Freiheit im Rahmen des Ökumenischen Rates der Kirchen, von der Dritten Vollversammlung in Neu-Delhi 1961 entgegengenommen und den Kirchen empfohlen, in: Die Einheit der Kirche. (Anm. 138).

zip Gegenstand der Erklärung „Dignitatis humanae" wurde, wurde das zweite nur implizit verhandelt, und zwar im Ökumenismusdekret. Beide Prinzipien hängen miteinander zusammen, unterscheiden sich aber zuweilen.

6.7.1. Es gibt keinen ökumenischen Dialog ohne Religionsfreiheit![492]

Dem Kampf für religiöse Freiheit gibt auch die ökumenische Bewegung neue Impulse und dem Verlangen nach Einheit und Gemeinschaft einen neuen Anstoß.[493] Historisch betrachtet geht der ökumenische Gedanke mit der Ablehnung aller Proselytenmacherei einher. Proselytismus ist nach diesem grundlegenden Dokument des ÖRK das Zerrbild des christlichen Zeugnisses. Überredungskünste, Bestechung, Druck oder Einschüchterung sind keine adäquaten Mittel, um Bekehrung zu erreichen. Solche Verzerrung des christlichen Zeugnisses bedeutet mangelndes Vertrauen in die Kraft des Heiligen Geistes, heißt es im Text des ÖRK.[494] Zur Vorgeschichte der Religionsfreiheit gehört die seit dem 19. Jahrhundert virulent gewordene Problematik der Staats- oder Landeskirchen. Veränderungen in den Strukturen der menschlichen Gesellschaften haben dazu beigetragen, dass der Anspruch der Kirchen auf ein bestimmtes Territorium einer bestimmten Epoche geschuldet ist, aber kein Modell für die Zukunft darstellt. Insoweit folgt auf das Ende der konstantinischen Epoche der Beginn der ökumenischen Ära. Grundsätzliche Überlegungen in diesem Zusammenhang gehen davon aus, dass das Zeugnisablegen vor der Welt, das frei und offen geschehen muss, mit dem Gebot verbunden ist, die Wahrheit zu bezeugen. Das Zeugnis für die Wahrheit geschieht in Freiheit und Offenheit für die anderen Kirchen und Gemeinschaften. Das schließt die ekklesiologische Problematik ein. Deshalb integriert das Do-

---

[492] J. Willebrands, Religionsfreiheit und Ökumenismus, in: J. Kardinal Willebrands, Mandatum Unitatis. Beiträge zur Ökumene, Paderborn 1989, 57.

[493] Christliches Zeugnis, Proselytismus und religiöse Freiheit im Rahmen des Ökumenischen Rates der Kirchen (Anm. 491), 266-281.

[494] Ebd., 271f.

kument von Neu-Delhi die ekklesiologische Frage in den Kontext von Religionsfreiheit und Proselytismus. Wegen ihrer Mitgliedschaft im ÖRK ist keine Kirche dazu genötigt, weder ihr volles Wahrheitsbekenntnis zu unterdrücken oder zu verändern, noch andere Kirchen als Kirche im vollen Sinn des Wortes anzusehen. So ist das sog. „Subsistit“ der Kirchenkonstitution „Lumen gentium“ keine Erfindung der katholischen Kirche, sondern ökumenisches Allgemeingut, längst bevor das Zweite Vatikanische Konzil die ekklesiologische Frage im ökumenischen Kontext zu beantworten sucht.
Im Rahmen der zwischen der katholischen Kirche und dem ÖRK bald nach dem Ende des Konzils gebildeten Gemeinsamen Arbeitsgruppe, aber auch in den Dialogen mit Evangelikalen und Pfingstlern wird der Themenkomplex „Gemeinsames Zeugnis, Proselytismus und religiöse Freiheit“ behandelt. Dabei zeichnen sich einige für den ökumenischen Dialog und das Verhältnis der christlichen Kirchen untereinander wichtige Grundentscheidungen ab:

(1.) Die Suche nach der sichtbaren Einheit der Kirche Christi, die ökumenische Zielbestimmung schlechthin, kann auf das gemeinsame Zeugnis der Christen im Glauben an Jesus Christus nicht verzichten.

(2.) Dieser Wille zum gemeinsamen Zeugnis macht den Verzicht auf Proselytismus notwendig und setzt die Achtung und Freiheit des Gläubigen voraus ebenso wie den Respekt vor den Gemeinschaften, denen die einzelnen Gläubigen angehören.

(3.) Schließlich kann der ökumenische Dialog nur im Geist des Vertrauens und der gegenseitigen Achtung gelingen. Religionsfreiheit ist für Christen deshalb nicht nur ein rechtswirksames, von Rechtsstaaten zu gewährleistendes Prinzip, sondern ein Gebot Gottes selbst, der Menschen nach seinem Bild in der Freiheit und Wahrheit des Glaubens geschaffen hat.

(4.) Die Förderung der Religionsfreiheit führt auch zu harmonischen Beziehungen zwischen verschiedenen Religionsgemeinschaften und ist eine wichtige Voraussetzung für den konfessionellen Frieden. Somit ist Religionsfreiheit nicht nur das Recht eines jeden Menschen, die Wahrheit zu suchen und nach seinem Gewissen Zeugnis von dieser Wahrheit abzulegen, sondern Prinzip ihres Zusammenlebens und der Zusammenarbeit der Christen.

Religionsfreiheit erscheint in ökumenischer Hinsicht daher als ein leitendes Prinzip der Beziehungen von Christen und ihrer Gemeinschaften untereinander.[495] Religionsfreiheit ist eine unentbehrliche Voraussetzung für das Gelingen des Dialogs selbst. Von daher leuchtet der Sinn des von Johannes Kardinal Willebrands aufgestellten Grundsatzes unmittelbar ein: „Es gibt keinen wahren ökumenischen Dialog ohne Religionsfreiheit.“[496] Darauf weist das Ökumenismusdekret selbst hin. Weil der Dialog auf freier und gleicher Wechselbeziehung beruht[497], bilden Religionsfreiheit und ökumenischer Dialog die zwei Seiten ein und derselben Medaille. Dazu kommt als weiterer Grundsatz hinzu, dass das Bekenntnis des Glaubens vor der Welt unter den getrennten Christen in gemeinsamem Bemühen und in gegenseitiger Achtung zu vollziehen ist. Das Bekenntnis zu Christus wird an den Dialog und damit prinzipiell an den Dialog als Methode gebunden. Durch die ökumenische Zusammenarbeit tritt das Antlitz Christi „in hellerem Licht zutage“[498]. Die ökumenische Zusammenarbeit ist daher die Basis, auf der sich das Bekenntnis zu Christus äußert. Bekenntnis zu Christus und der Dialog unter Christen gehören deshalb zusammen. Der ökumenische Dialog ist daher keine Attitüde unserer Zeit, Ausdruck nur der Friedenssehnsucht unter den Menschen, sondern unabdingbare Voraussetzung des öffentlichen Bekenntnisses der Kirche und der Christen in einer durch das Recht auf religiöse Freiheit gekennzeichneten bürgerlichen Gesellschaft. Zeugnis, Mission und Dialog bilden eine unauflösliche Verbindung untereinander.

[495] DwÜ 3 (2003) 626f.
[496] J. Willebrands, Religionsfreiheit und Ökumenismus (Anm. 492), 57.
[497] „par cum pari agat“ (UR 9).
[498] UR 12.

6.7.2. Das Bekenntnis zur Heilsuniversalität Jesu Christi und seiner Kirche

Doch was bedeutet dies für die Treue der Kirche zur Wahrheit des Evangeliums? Diesem Aspekt muss nun noch genügend Aufmerksamkeit gewidmet werden. Das Recht auf Religionsfreiheit sichert dem Gläubigen die Freiheit zum Bekenntnis zu Christus. Damit sichert das Recht, und zwar öffentlich und privat, dem Einzelnen wie auch der Gemeinschaft, dem der Einzelne angehört, zu, der Wahrheit Gottes Zeugnis zu geben. Dem Recht auf religiöse Freiheit des Einzelnen folgt die Freiheit der Kirche. Die Kirche besitzt das Recht zur Mission: „Die Freiheit der Kirche ist das grundlegende Prinzip in den Beziehungen zwischen der Kirche und den öffentlichen Gewalten sowie der gesamten bürgerlichen Ordnung. In der menschlichen Gesellschaft und angesichts einer jeden öffentlichen Gewalt erhebt die Kirche Anspruch auf Freiheit als geistliche, von Christus dem Herrn gestiftete Autorität, die kraft göttlichen Auftrags die Pflicht hat, in die ganze Welt zu gehen, um das Evangelium allen Geschöpfen zu verkündigen.“[499] So verbindet sich die Religionsfreiheit mit dem Recht auf Mission. Hinter diesem Rechtsanspruch verbirgt sich schließlich der Wahrheitsanspruch des christlichen Glaubens. „Bei ihrer Gewissensbildung müssen jedoch die Christgläubigen die heilige und sichere Lehre der Kirche sorgfältig vor Augen haben. Denn nach dem Willen Christi ist die katholische Kirche die Lehrerin der Wahrheit; ihre Aufgabe ist es, die Wahrheit, die Christus ist, zu verkündigen und authentisch zu lehren, zugleich auch die Prinzipien der sittlichen Ordnung, die aus dem Wesen des Menschen selbst hervorgehen, autoritativ zu erklären und zu bestätigen.“[500] Somit schließen sich das Recht auf religiöse Freiheit und der Anspruch, die Wahrheit des christlichen Glaubens auch öffentlich zu verkünden, nicht aus, sondern gerade ein.
Kurz und thetisch gesagt ergeben sich folgende Zusammenhänge, die eine Interdependenz zwischen verschiedenen Größen eröffnen: Die Freiheit der Kirche zur Mission schließt die Verkündigung der Wahrheit des Bekenntnisses nicht aus, sondern setzt

[499] DH 13.
[500] DH 14.

sie voraus. Daher gilt: Ohne Freiheit keine Wahrheit. Freiheit verweist auf Wahrheit, in der sie letztlich ihre Erfüllung findet. Die Kirche ist die Lehrerin der Wahrheit, die sie verkündet. Umgekehrt wird die Wahrheit des Bekenntnisses an die Freiheit als Recht gebunden. Das schließt wiederum ein, dass die Verkündigung der Wahrheit des Glaubensbekenntnisses nicht durch Zwang und andere dem Evangelium nicht gemäße Kunstgriffe erfolgen darf.[501] Daher gibt es keine Wahrheit ohne Freiheit, die als Recht die Verkündigung der Wahrheit ermöglicht. Das aber heißt: Die Wahrheit des christlichen Bekenntnisses und die Freiheit ihrer Verkündigung bedingen sich gegenseitig und schließen sich nicht aus.

Die Anerkennung des Rechts auf religiöse Freiheit ist in keiner Weise so zu verstehen, als würde sie einem relativistischen Wahrheitsverständnis die Tür öffnen. Mit der kirchlichen Anerkennung des Rechts auf religiöse Freiheit ist daher nicht der Verzicht auf den Wahrheitsanspruch des christlichen Glaubens verbunden. Die Anerkennung eines Rechts auf religiöse Freiheit impliziert in der Perspektive der christlichen Kirche das Festhalten am Wahrheitsanspruch. Das Recht soll leisten, dass die Kirche und jeder einzelne Gläubige die Wahrheit auch öffentlich verkündigen können. Das Recht auf religiöse Freiheit setzt die Verkündigung der ewigen Wahrheit frei und fordert nicht den Verzicht darauf. Noch schärfer gesagt: das Recht auf religiöse Freiheit verlangt keine Einschränkung und Eingrenzung des religiösen Wahrheitsanspruches, sondern die Anbindung an die Freiheit als öffentliche Artikulation des Wahrheitsanspruchs. Mit diesem Freiheitsrecht ist allerdings der Verzicht auf Instrumente des Zwangs und der Gewalt verbunden. Die Verpflichtung, der Wahrheit Ausdruck zu geben, bleibt dagegen bestehen. Von dieser Verpflichtung kann der Christ nicht entbunden werden.

Stehen sich exklusiver ekklesialer Wahrheitsanspruch auf der einen und die Anerkennung des Freiheitsrechts auf der anderen Seite unverbunden gegenüber, so als würde die Alternative lauten: Die Kirche kann heute zwar nicht mehr darauf setzen, dass der Staat ihren ekklesialen Wahrheitsanspruch vertritt und für seine Umsetzung sorgt, aber sie verzichtet nicht darauf, ihn zu

---

[501] So ausdrücklich in DH 12.

erheben. Das würde heißen: Da sie den Anspruch auf staatlicher Seite nicht mehr durchsetzen kann, verzichtet sie aus Klugheitsgründen darauf, dagegen behauptet sie auf kirchlichem Feld einen unbedingten absoluten Wahrheitsanspruch, der die Anerkennung des Kircheseins der anderen ausschließt. Damit wird das hier vorliegende Problem an die Ekklesiologie gebunden. Wie ist dieses Problem aufzunehmen? Für die Lösung dieses ökumenisch-ekklesiologischen Problems muss man auf die vom Zweiten Vatikanischen Konzil erneuerte Ekklesiologie eingehen. Das Erstaunliche ist hierbei, dass die vom Zweiten Vatikanischen Konzil vorgetragene Ekklesiologie eine ökumenische Öffnungsklausel enthält, welche die mit der Religionsfreiheit einhergehende Friedenspflicht und die Bemühungen um ökumenische Zusammenarbeit verbindet.

Aus diesen Darlegungen geht hervor, dass der ökumenische Dialog eine wesensnotwendige Äußerung der katholischen Kirche darstellt. Die ekklesiologische Öffnungsklausel trägt das ökumenische Anliegen, wie umgekehrt das ökumenische Anliegen ekklesiologisch eingebunden ist. In diesem Sinne ist die These zu verstehen, dass die Religionsfreiheit die Voraussetzung des ökumenischen Dialoges darstellt. Sie ist so zu verstehen, dass der Dialog auf der Ebene des gegenseitigen Respekts angesiedelt ist (par cum pari agat) und mit dem Willen zur Versöhnung und zur Einheit in der Wahrheit geführt wird.[502] Dabei ist „Einheit in der Wahrheit“ die Zielbestimmung aller ökumenischen Bemühungen, der Dialog die Weise, die Spaltungen in der Christenheit zu überwinden. Der Dialog dient der Überwindung der Gegensätze und damit dem Ziel, die Gemeinschaft unter den Kirchen wiederherzustellen. Der ökumenische Weg ist der Weg der Kirche, damit ist dieser Weg der des Dialogs. Die ökumenische Verpflichtung zur Einheit in der Wahrheit ist nur dialogisch einzulösen auf der Ebene der Freiheit und der gegenseitigen Achtung untereinander. Respekt und Achtung voreinander dienen selbst aber dem Ziel, der Einheit in der Wahrheit sichtbaren Ausdruck zu verleihen. Insoweit verweist die ökumenische Verpflichtung zur Einheit in der Wahrheit auf die Freiheit derer, die diesen Dialog untereinander führen, diese Freiheit aber wiederum auf

[502] Johannes Paul II., Enzyklika „Ut Unum Sint“ (Anm. 59), 29.

die Wahrheit des christlichen Zeugnisses. Deshalb führt die These, keine Ökumene ohne Religionsfreiheit, nicht zu einer relativistischen Auffassung von der Wahrheit des christlichen Bekenntnisses, jeder könne nach seiner eigenen Façon selig werden.

6.8. Der Personbegriff in der ökumenischen Diskussion

Über den Personbegriff herrscht heute in der philosophischen und theologischen Diskussion kein Konsens. Gleichwohl ist ein Dreifaches zu sehen. Erstens: Die gesamte Antike, Platon und Aristoteles, kannten den Begriff der Person nicht, dennoch wird durch ihre Philosophie das Denken über den Menschen als Person grundgelegt. Der Begriff der Person gewinnt in der mittelalterlichen Philosophie und schließlich im Rahmen der Auseinandersetzungen um die Menschenrechte deutlich an Kontur. Eine Philosophie der Person gehört aber bis heute nicht zum Kanon der traditionellen philosophischen Disziplinen.[503] Zweitens: Mit dem Begriff der Philosophie sind letzte Bezugspunkte aller theoretischen und praktischen Sinnfragen gegeben.[504] Drittens: Die seit einigen Jahren in Gang gekommene Verständigung der großen christlichen Kirchen in ethischen, sozialen und wirtschaftlichen Fragen bezieht ihren Bezugspunkt aus der Tradition der Theologie: „Der Begriff Person ist dabei die in einem einzigen Wort konzentrierte Zusammenfassung dessen, was die christliche Tradition über das Sein und die Würde des Menschen zu sagen hat."[505] Den christlichen Kirchen kommt es in den gegen-

[503] D. Sturma, Philosophie der Person. Die Selbstverhältnisse von Subjektivität und Moralität, Paderborn u.a. 1997, 29; für die Kontinuitätsthese spricht sich B. Wald, Substantialität und Personalität. Philosophie der Person in Antike und Mittelalter, Paderborn 2005, aus.

[504] D. Sturma (Anm. 503), 39; Th. Kobusch, Die Entdeckung der Person. Metaphysik der Freiheit und modernes Menschenbild, Freiburg i.Br. u.a. 1993, 11-15.

[505] Gott ist ein Freund des Lebens. Herausforderungen und Aufgaben beim Schutz des Lebens. Gemeinsame Erklärung des Rates der Evangelischen Kirche in Deutschland und der Deutschen Bischofskonferenz. Hg. v. Kirchenamt der Evangelischen Kirche in Deutschland und dem Sekretariat der Deutschen Bischofskonferenz, Gütersloh-Trier 1989, 42.

wärtigen ethischen Debatten darauf an, den Personbegriff in der Begründung der Menschenwürde zu berücksichtigen und ihm gebührende Beachtung beizumessen.
Mit bemerkenswerter Klarheit und Konsequenz gehen die von den Kirchen seit den späten 80er Jahren veröffentlichten sozialethischen Dokumente von einem gemeinsamen christlichen Verständnis des Menschen aus. Man spricht gar von einem Menschenbild des Christentums, welches „zu den grundlegenden geistigen Prägekräften der gemeinsamen europäischen Kultur" gehöre.[506] Der Ansatz zur Darstellung der Perspektiven und Impulse für Welt gestaltendes Handeln stellt in allen Dokumenten die Würde des Menschen als Person dar: „Der Mensch ist Person. Das ist die Grundlage für alle ethischen Aussagen."[507] Mit diesem Hinweis wollen die Autoren auf die abendländische Geistes- und Kulturgeschichte hinweisen. Gleichermaßen wird mit diesem Hinweis der unhintergehbare Ausgangspunkt für jede ethische Argumentation ausgemacht. Für die ökumenischen Dokumente ist dabei deutlich: „Theologisch gesehen konstituiert die Anerkennung des Menschen durch Gott den Menschen als Person."[508] Dieses Begründungsmuster zieht sich durch alle Argumentation hindurch. Hier ist vom Menschen als Person in seiner je einmaligen und unveräußerlichen Würde die Rede. Dabei wird auch die biblische Sicht mit einbezogen: Der Mensch ist Bild Gottes, von Gott geschaffen und dadurch mit einer einmaligen unveräußerlichen Würde ausgezeichnet. Die Gottebenbildlichkeit wird als ein erklärender und erläuternder Zentralbegriff verstanden. Mit ihm sieht man vier Wesensmerkmale des so be-

---

[506] Für eine Zukunft in Solidarität und Gerechtigkeit. Wort des Rates der Evangelischen Kirche in Deutschland und der Deutschen Bischofskonferenz zur wirtschaftlichen und sozialen Lage in Deutschland. Hg. v. Kirchenamt der Evangelischen Kirche in Deutschland und dem Sekretariat der Deutschen Bischofskonferenz, Hannover-Bonn 1997 (Gemeinsame Texte 9), Nr. 92.
[507] „... und der Fremdling, der in deinen Toren ist." Gemeinsames Wort der Kirchen zu den Herausforderungen durch Migration und Flucht, Hg. v. Kirchenamt der Evangelischen Kirche in Deutschland und dem Sekretariat der Deutschen Bischofskonferenz in Zusammenarbeit mit der Arbeitsgemeinschaft Christlicher Kirchen in Deutschland, Bonn u.a. 1997 (Gemeinsame Texte 12), Nr. 115.
[508] Gott ist ein Freund des Lebens (Anm. 505), 42.

stimmten Menschseins verbunden: Das Herausgehobensein des Menschen aus der Natur, seine Einmaligkeit, seine unverlierbare Würde, schließlich seine Berufung zur Gemeinschaft mit Gott. Sieht man auf diese jüngste sozialethische gemeinsame Tradition der Kirchen, so fällt in erster Linie auf: Der theologische Begriff der Person und der biblisch geprägte Gedanke der Gottebenbildlichkeit werden unterschieden, aber auch in einen gewissen Zusammenhang gebracht. Wenn ich recht sehe, so wird dieser Zusammenhang dadurch deutlich, dass mit dem Begriff der Person die Rede über Gott und den Menschen klarer und präziser gefasst werden soll. So soll gerade der Begriff der Person die christliche Tradition über das Sein und die Würde des Menschen konzentrieren und zusammenfassen. So verstanden ist der Begriff der Person ein Wort der Tradition. Er hat die Aufgabe, die biblische, vielfältiger Auslegung zugängliche Rede vom Menschen als Bild Gottes in den geistesgeschichtlichen und kulturellen Auseinandersetzungen klärend einzubringen.

6.8.1. Die Deutung der menschlichen Personalität im Lichte der Trinitätslehre

Der theologische Begriff der Person hat seinen Ursprung und gewinnt sein spezifisches Gepräge in den Auseinandersetzungen um die Trinitätslehre. In sekundärer Weise sind die wesentlichen Merkmale des trinitätstheologischen Personbegriffs auf die Anthropologie übertragen worden.[509] „Es gibt wenige Themenkomplexe, die den Einfluss des Christentums auf das Menschenbild so deutlich erkennen lassen wie der Begriff der Person. Zwar stammt das Wort aus der vorchristlichen Antike. Aber seine eigentümliche Inhaltsbestimmung, durch die die Personalität zum Inbegriff der Würde des Menschen geworden ist, hat das Wort erst durch das Christentum gewonnen."[510] Für die anthropologische Verständigung im Umfeld der neuzeitlichen Idee der Autonomie ist es daher unerlässlich, die Bedeutung des trinitätstheo-

[509] W. Pannenberg, Systematische Theologie, Bd. 1, Göttingen 1988, 464f.

[510] W. Pannenberg, Person und Subjekt, in: Grundfragen systematischer Theologie. Gesammelte Aufsätze, Bd. 2, Göttingen 1980, 80.

logischen Zugangs zur Menschenwürdethematik zu behaupten und vernünftigerweise zu bedenken. Was Personalität wirklich aussagt, verwirklicht sich in Gottes trinitarischem Sein.[511] Im Lichte Gottes wird der Mensch sich selbst offenbar. Für die heutige Debatte über das Menschenbild kommt es darauf an, diese Rückführung menschlicher Personalität in den Horizont Gottes zu verstehen und in die Diskussion einzubringen. Mit dem Rekurs auf Gottes trinitarisches Sein steht und fällt die theologische Auslegung menschlicher Personalität. In erster Linie geht es darum zu fragen, welche Auswirkungen dieser historisch erhobene Tatbestand auf die heutige Debatte hat.[512]

Die christliche Trinitätslehre erwies sich über Jahrhunderte als treibende Kraft für ein tieferes Verständnis von Person, sowohl im göttlichen wie im geschöpflichen Bereich. Der Personbegriff gehört zu jenen theologischen Grundbegriffen, die die Spannung zwischen menschlicher Selbstverständigung und verstehender Durchdringung göttlicher Selbstoffenbarung vorangetrieben haben. Mag auch über lange Zeit der Gedanke der Einheit Gottes im Vordergrund begrifflicher Differenzierung gestanden haben, so wird doch über die Jahrhunderte hinweg mehr und mehr deutlich, dass gegenüber der festzuhaltenden Einheit Gottes seine innertrinitarischen Differenzierungen auf der gleichen Ebene stehen und das gleiche Gewicht haben wie seine Einheit. So kann es als eine der glücklichen Fügungen der abendländischen Geistes- und Denkgeschichte gelten, dass die begrifflichen Ausdifferenzierungen der Trinitätslehre zu einer genuinen personalen Denkfigur geführt haben. Das ist die Leistung der Christologie und der auf ihr aufbauenden Trinitätslehre, dass die personalen Differenzierungen mit Gottes Wesen identisch sind. Der eine Gott ist ein Beziehungsgefüge von drei personalen Hypostasen. Der eine Gott besitzt sein Wesen im Austausch dreier Personen. Diese philosophisch-theologischen Distinktionen sind nichts anderes als ein dem Denken entstammender Kommentar zur Geschichte Gottes mit den Menschen, sie verhelfen der heilsgeschichtlichen Offenbarung zu ihrem denkerischen Verständnis.

---

[511] G. Greshake, Der dreieine Gott (Anm. 106), 173.

[512] Vgl. auch H. Kuhlmann, Menschenwürde. Theologisch gedeutet vor dem Horizont pluraler Interpretationen, in: EvTh 66 (2006) 455-469.

Offenbarwerden Gottes vollzieht sich in interpersonaler Pluralität. Diese theologischen Differenzierungen führen dazu, den beiden großen kategorialen Formen des antiken Denkens, Substanz und Akzidens, eine dritte eigentümliche Grundkategorie hinzuzufügen, die freilich implizit im antiken Denken bereits mitreflektiert wurde: es ist dies die Grundkategorie der Relation.[513] Nichts anderes will diese Kategorie nun deutlich machen: Der Mensch lebt in Beziehung zu Gott. So ist die Heraufkunft des Begriffs der Person nichts anderes als die denkerische Erfassung der biblischen Heilsgeschichte. Beide müssen zusammen gelesen werden.
Die trinitätstheologischen und christologischen Klärungen des Personbegriffes bilden den Ursprung menschlicher Personalität als Relationalität. Es ist der Glaube an den dreieinen Gott, der geistesgeschichtlich gesehen die Einsicht in die personale Struktur des Menschseins grundlegt. Die Ausdeutungen der Philosophie der Person und die Ausbildung einer Metaphysik der Person sind ohne diesen trinitätstheologischen Hintergrund weniger plausibel. Es gehört zu den großen Traditionen des Abendlandes, diesen Grundzusammenhang bis in die heutige Zeit hinein festgehalten zu haben. Wer über Person nachdenkt, muss das Gegenüber des personalen Daseins mitbedenken, ohne das es selbst nicht existent wäre. So ist das Nachdenken über Person und Personalität immer auch ein Nachdenken darüber, woher der Mensch letztlich ist.

6.8.2. Das Personsein als Fundamentalartikel christlicher Anthropologie

Das Zeugnis der Christen und der christlichen Kirchen in einer säkularen Gesellschaft lebt von der Einmütigkeit ihrer gemeinsamen Überzeugung. Dies schließt nicht aus, dass der Schlüsselbegriff theologischer Anthropologie, der Begriff vom Personsein

513 Vgl. G. Greshake, Der dreieine Gott (Anm. 106), 172, vgl. dazu J. Ratzinger, Zum Personverständnis in der Theologie, in: Ders., Dogma und Verkündigung, München-Freiburg 1973, 211ff. Vgl. dazu neuerdings B. Wald (Anm. 503).

des Menschen, verschiedenen Deutungen offensteht. Die kontroverstheologische Sicht lässt die Divergenzen im Personbegriff scharf hervortreten. Konfessionelle Typisierungen markieren jeweils ein der reformatorischen Tradition nahestehendes relationales und ein der katholischen Denktradition entstammendes substanzontologisches Personverständnis. Wo zeigt sich das wahre Bild des Menschen, in der von der Schöpfungslehre angeleiteten theologischen Anthropologie oder in der Lehre von der Rechtfertigung?

Der reformatorische Ansatz sieht Menschsein und Menschenwürde ausschließlich in Christus als den inkarnierten Logos begründet. Dem Menschen wird im Rechtfertigungsgeschehen von außen eine Würde zugesprochen, die er aus sich selbst, seiner Natur nach nicht besitzt. Diese Zuerkennung der absoluten Würde im Christusgeschehen kann als inklusive Versöhnung verstanden werden. So wird jedem Menschen eine neue Würde zugesprochen. Evangelische Anthropologie kann nicht deduktiv oder essentialistisch von der These einer unveränderlichen Wesensnatur des Menschen ausgehen.[514] Evangelische Anthropologie bedenkt die Lehre von der Gottebenbildlichkeit, die Lehre von der Sünde, aber auch Phänomene des geschichtlichen und kulturellen Wandelns. Jedem einzelnen Menschen wird Gottes Gerechtigkeit zuteil, unabhängig von seinem Sein oder den Werken oder auch die sakramentale Vermittlung durch die Kirche. So kommt das Profil eines evangelischen Personverständnisses vor dem Hintergrund zweier Abgrenzungen deutlich genug heraus. Zwischen Autonomie, Rationalität, Selbstbewusstsein und der Tradition einer ontologischen Geistmetaphysik will die neuere evangelische Theologie die Intersubjektivität und die kommunikative, dialogische Existenz des Menschen betonen. Person wird dialogisch-relational aufgefasst und auf die zwischenmenschliche, interpersonale Beziehung hin ausgelegt.[515] Mit diesem relationalen Personverständnis wird für die neuere evangelische

[514] H. Kreß, Der ethische Gehalt theologischer Anthropologie. Überlegungen zur protestantischen Ethik zwischen Moderne und Postmoderne, in: Th. Hausmanniger (Hg.), Christliche Sozialethik zwischen Moderne und Postmoderne, Paderborn u.a. 1973, 114. Vgl. auch H. Kuhlmann (Anm. 512), 461-466.

[515] H. Kreß (Anm. 514), 118f.

Theologie eine dialogische Sicht des Menschen maßgebend. Darin sieht evangelische Theologie Luthers maßgebende Unterscheidung zwischen Person und Werk wirksam. Nur so lässt sich das Sein des Menschen als Verantwortung deutlich genug herausschälen und als Leitgedanke evangelischer Anthropologie begründen. Damit wird insgesamt eine nachmetaphyische Wirklichkeitsdeutung möglich.
Eine Ethik katholischen Typs dagegen operiert mit der aus dem christlichen Naturrecht gespeisten Einsicht in die Fähigkeit der Vernunft, Werte und Normen von sich aus zu erkennen und Regeln für sittliches Handeln verpflichtend vorzugeben. Als Geschöpf und Ebenbild Gottes ist der Mensch zur Erkenntnis des sittlich Guten fähig. Den Willen Gottes erfüllt der Mensch, indem er dem ihm vorgegebenen sittlich-naturalen Gesetz folgt. Katholische Theologie denkt von schöpfungsgemäßen Strukturen des Menschseins her. So erscheint menschliche Person als ein letztes in sich stehendes Wesen, das der eigenverantwortliche Ursprung seines Handelns ist. In dieser unverlierbaren Selbstaufgegebenheit gründet die Würde des Menschen als Person.[516]
Lassen sich von den hier vorgegebenen Ansätzen konfessioneller Argumentationslinien her Perspektiven für ein gemeinsames sozialethisches Konzept von der Würde des Menschen als Person erheben? Verhalten sich die kontroverstheologisch scharf geschnittenen Denkformen nicht eher komplementär zueinander? Zeigt sich der grundlegende Rekurs auf die Menschenwürde nicht zusammenfassend als ein integratives Moment einer ökumenischen Sozialethik?
Keineswegs geht katholische Theologie heute noch ohne weiteres von der These einer unveränderlichen metaphysischen Wesensnatur des Menschen aus. Blickt man nämlich auf die Veränderungen innerhalb der katholischen Tradition, so stellt man durchaus den Willen zur Erneuerung fest. Nicht mehr eine substanzontologisch gedachte Geistmetaphysik, sondern die auf eine Theologie der Freiheit zurückführende Theologie der personalen Würde des Menschen bildet heute den Ausgangs- und Orientierungspunkt für ein Verhältnis von Kirche und Staat, Kirche und

[516] E. Schockenhoff, Ethik des Lebens. Ein theologischer Grundriß, Mainz 1993, 138ff.

moderner Gesellschaft. Maßstab dieses neuen Verhältnisses ist eben nicht mehr ein Kernbestand für unaufgebbar zu haltender Prinzipien und Normen, sondern – und das ist entscheidend – das Ganze der auf die geschichtliche Offenbarung Gottes in Jesus Christus bezogenen christlichen Botschaft. Katholische Theologie hat mit der seit dem Zweiten Vatikanischen Konzil aufgenommenen Lehre von der Religionsfreiheit eine neue Methode zur Begründung der Freiheit der menschlichen Person initiiert: Der Begriff der Würde der Person und das in ihr gründende Recht auf religiöse Freiheit sind der theologischen Reflexion geschichtlich unableitbar vorgegeben, finden aber in dieser ihre Sinnbestimmung. Diese zeigt, dass Relationalität und Personalität als Wechselbegriffe erscheinen. Relationalität erweist sich als von Gott ermöglichtes und jederzeit der Erfüllung durch Gott bedürftiges Konstitutiv menschlicher Personalität. So betrachtet kann auch katholische Theologie heute die Würde des Menschen in der Verantwortungsfreiheit ansiedeln und sie zur Grundlage für die Bestimmung des normativen Grundanliegens machen. Insoweit koinzidieren also Kants Begründung der Würde des Menschen als Person in der unaufgebbaren und unbedingten Verantwortungsfreiheit und die Bestimmung menschlicher Personalität von Gott her. Unter den veränderten theologischen Voraussetzungen muss man das naturrechtliche Denken der Tradition und das bewusst freiheitliche Denken nicht mehr als dogmatische Gegenpositionen betrachten. Die Texte des Konzils und die Äußerungen Papst Johannes Pauls II. lassen eine Erweiterung und Fortschreibung der kirchlichen Naturrechtslehre erkennen. Gerade die christologische Bestimmung in der Begründung von Menschenwürde und Religionsfreiheit macht diesen Wandel deutlich. Diese Sichtweise muss als ein echter Gewinn betrachtet werden, gerade weil sie die Neuformulierung des normativen Anliegens erlaubt. Im Begriff der Menschenwürde und dem Rekurs auf die Würde des Menschen als Person dokumentiert sich eine Transformation naturrechtlichen Denkens in ein modernes normatives menschenrechtliches Denken.
Geht man von diesen Grundentscheidungen aus, so erledigt sich der kontroverstheologische Streit der vergangenen Jahrhunderte. An seine Stelle tritt ein differenzierter Konsens im Umfeld der sozialethischen und moraltheologischen Fragestellung. Hier wer-

den weder die gegensätzlichen Konturen vorsätzlich verschärft noch die bereits vorhandenen Übereinstimmungen harmonisierend überzogen. Relationales und substantiales Verständnis ergänzen sich im Sinne eines differenzierten Konsenses.[517] So zeigt sich das in der abendländischen Geistesgeschichte angelegte Denken der Freiheit im Sinne unbedingter Verantwortungsfreiheit als Brücke zu einer modernen ökumenischen Verständigung.

6.8.3. Zur Relevanz der These von der Personalität des Menschen

Die hier vorgelegten theologischen Ausführungen zeigen, dass alle geschichtlich sich artikulierenden normativen Ansprüche an die unantastbare Personwürde des Menschen zurück gebunden werden können. Die Würde des Menschen als Person kann in ihrer Verbindlichkeit von der christologischen und trinitätstheologischen Bestimmung her plausibel gemacht werden. Darin zeigt sich dann die genuin christliche Tradition in besonderer Weise: Die personale Würde des Menschen bleibt erst dann unantastbar, wenn ihre entscheidende Begründungsinstanz jedem menschlichen Zugriff entzogen ist. Das meint I. Kant, wenn er schreibt: „Der Mensch ist zwar unheilig genug, aber die Menschheit in seiner Person muss ihm heilig sein."[518] Dem Menschen erschließt sich sein Menschsein in seiner Tiefe, wenn er sich in seiner Freiheit von Gott her geschenkt erfährt. Auf diese für den christlichen Glauben unverzichtbare Einsicht, dass der Mensch sich in seiner Freiheit von Gott her geschenkt erfährt, kann eine gemeinsame christliche Sozialethik nicht verzichten. Sie stellt eine angemessene Antwort auf die ethischen Herausforderungen der Gegenwart dar. Keineswegs lassen sich von hier aus bereits konkrete Normen ableiten. Das ist auch nicht der Sinn der vorgelegten Darlegungen. Er zeigt nur den unaufgebbaren Horizont an, in

---

[517] So ausdrücklich die Intention der philosophischen Argumentation von B. Wald (Anm. 503), die hier ökumenisch aufgenommen wird.
[518] Kritik der praktischen Vernunft. Hg. v. Karl Vorländer, Hamburg 1929 (1974), 102.

dem sich alle konkreten Fragen stellen und beantworten lassen müssen.
Der im Horizont der Theologie entfaltete Begriff der Person will mit dem Hinweis auf die Unbedingtheit menschlicher Existenz die Nichtreduzierbarkeit des Menschen auf Geschichte und Kultur, Biologie, Natur und Technik zum Ausdruck bringen. Unverfügbarkeit wird durch die Denkform der Relation, hier die Relation zu dem dem Menschen unverfügbaren Gott, einsichtig. Die Bestimmung des Menschen geht über sein Dasein und Sosein je hinaus. Personales Sein des Menschen realisiert sich in dem unaufgebbaren und selbst nicht reduzierbaren Gegenüber von Selbstsein und Relation. Die Pointe dieses Personverständnisses wird in der Unterschiedenheit zur kulturellen und technischen Verfügungsmacht des Menschen offenbar. Was trägt diese Grundunterscheidung zur heutigen Debatte bei?

(1.) Personsein und Menschsein müssen unterschieden werden. Personalität stellt eine Bestimmung des Menschen dar, sie geht in seinem Sein als Mensch nicht auf. Personalität wird dem Menschen zugesprochen, und zwar als seine unbedingte und übernatürliche Seinsverfassung oder theologisch gesprochen durch seine ihm von Gott her zukommende Existenz als Geschöpf und gerechtfertigter Mensch.

(2.) Das Personsein des Menschen kann von seinem Menschsein nicht losgelöst betrachtet werden. Personsein realisiert sich in den naturalen und geschichtlichen Bedingtheiten, die der Mensch nicht aufheben oder umgehen kann. Sein Sein als Person realisiert der Mensch in den ihm vorgegebenen innerweltlichen Relationen.

(3.) Solchermaßen gedachte und begründete Verantwortungsfreiheit muss von der Konstitution normativer Feststellungen unterschieden werden. Normen lassen sich nicht aus der wie immer gedachten Natur des Menschen ableiten, sie sind geschichtlich unableitbar gegeben, sie lassen sich daher nur reflexiv verstehen.

(4.) Die Bedeutung personaler Relationalität erweist sich nicht im Bereitstellen eines Fundus an konkreten Weisungen, sondern darin, dass diese in ihrem Anspruch auf Geltung an das zugrundeliegende Prinzip reflexiv zurückgebundenwerden. Der normative Geltungsanspruch ergibt sich auch nicht aus der Analyse biologischer, medizinischer oder technischer Betrachtungsweisen. Die Biologie oder die Medizin geben keine Normen vor, erst die Heranführung einer prinzipiellen Sinnorientierung erlaubt die Statuierung weltlicher, politischer und gesellschaftlicher Normen. Dieses Verfahren geht nie ohne Mangel an Eindeutigkeit und Klarheit vor sich. Es geht darum, plausible, allen Menschen einsichtige Weisungen und Entscheidungen zu formulieren und verbindlich zu machen. Es ist die Leistung eines prinzipiell gedachten Personbegriffs, den Anspruch der übernatürlichen Bestimmung des Menschen unter den Bedingungen seines Soseins in der Welt zum Ausdruck zu bringen.

(5.) Die Bedeutung der relationalen Denkform liegt im Offenhalten der Frage nach dem Menschen. Die Theologie erinnert die weltlichen Wissenschaften daran, dass sie je für sich kein immergültiges Bild des Menschen besitzen, auch keinen Schlüssel erkennen, mit dem letztgültige Aussagen über den Menschen und sein Sein formuliert werden könnten. Die theologische Aussageweise durchkreuzt jede reduktionistische Form monokausaler Begründungsmuster. Aber auch sie selbst will im innerweltlichen Diskurs nur durch vernünftige, nachvollziehbare Aussagen zum Verstehen des Menschen beitragen.

7. Kapitel
Die Kirche unter dem Wort Gottes. Eine Synthese

Eine Theologie des Zweiten Vatikanischen Konzils geht von der Souveränität der Wirklichkeit und Wahrheit des Wortes Gottes in Jesus Christus aus. Sie folgt dem biblischen Wahrheits- und Wirklichkeitsverständnis. Biblisch verstanden ist das christliche Wirklichkeitsverständnis an die Selbstüberlieferung des Wortes Gottes durch Jesus Christus im Heiligen Geist gebunden. Damit ist das Grunddatum des christlichen Glaubens die Selbst-Offenbarung des Wortes Gottes als Geschehen in der Person Jesu Christi. Wahrheit und Wirklichkeit des erhöhten Christus werden in der Geschichte der Menschheit und in menschlicher Überlieferung immer wieder neu in der dem Menschen geläufigen Sprache Gegenwart. Sie ermöglicht schließlich die persönliche Begegnung des Menschen mit Gott im Wort des Glaubens.

Gott, Offenbarung, Wort sind daher die drei Grundworte christlichen Verstehens. Gott, der Schöpfer, der Absolute, macht sich selbst den Menschen kund, er offenbart sich. Wir wissen von ihm, weil er sich selbst offenbar macht. Wie macht er sich offenbar? Nicht dadurch, dass er uns Mitteilungen macht, uns ein Buch zu lesen gibt, Instruktionen erteilt, sondern indem sich ein Geschehen ereignet. Dies ist das Geschehen von Leben, Tod und Auferstehung Jesu Christi. Er ist von Anfang an der Sohn, engstens mit Gott dem Vater verbunden, mit ihm eins und doch von ihm unterschieden. Dieser, der ihn offenbar macht, ist das Wort, der Logos. Das Wort ist daher die knappste Zusammenfassung für das, was wir die Offenbarung Gottes nennen können. Von diesem Primat des Wortes Gottes wird alle christliche Theologie auszugehen haben. Eine Theologie des Wortes Gottes bietet die Chance, das Ganze des christlichen Glaubens in einer Verdichtung und Zentrierung seiner wesentlichen Inhalte zu artikulieren.

Das alles bedeutet: Das Wort weist darauf hin, dass das ganze Geschehen nicht nur ein vergangenes Geschehen ist, sondern gegenwärtig ist und immer wieder neu gegenwärtig wird, und zwar im Wort der Verkündigung und in der Artikulation des

Glaubens. Das Wort ist gleichsam die Brücke in unsere Gegenwart hinein. Es ist die Zusammenfassung von Vergangenheit und Gegenwart. Gott ist keine bloße Idee der Vergangenheit, sondern lebendig, gegenwärtig, im Wort und als Wort unter uns. Das bedeutet zweitens: Der christliche Glaube ist nicht nur die Artikulation eines Gefühls der Abhängigkeit des Menschen von Gott, sondern der verstandesmäßigen Reflexion, der vernünftigen Rede zugängig, der Glaube ist dialogfähig. Alles Sein steht unter dem Zeichen des Wortes, des Logos.[519] Von daher ist hier von einer Ontologie des Wortes zu reden.

Dieses Verständnis der durch das Zweite Vatikanische Konzil angeregten Theologie wird entschieden geprägt durch die in der katholischen Theologie schon lange zuvor wirksame Wiederentdeckung der Theologie des Wortes Gottes.[520] Dazu hat in erster Linie die Dogmatische Konstitution über die göttliche Offenbarung „Dei verbum" beigetragen. Sie hat eine „Wiederentdeckung des Wortes Gottes" in erheblichem Maße gefördert.[521] Die Rezeption der Dogmatischen Konstitution fördert das Nachsynodale Schreiben „Verbum Domini" von 2010 über das Wort Gottes im Leben und in der Sendung der Kirche.

In dieser kleinen, abschließenden fundamentaltheologischen Skizze unter dem Schlüsselbegriff des Wortes soll ein synthetischer Ertrag einer Theologie des Zweiten Vatikanischen Konzils vorgelegt werden. Ich lege sie in zehn Thesen vor.

(1.) Gott ereignet sich im Wort.

Das II. Vaticanum hat Offenbarung als Geschehen des Wortes zur Sprache gebracht. Durch seine Offenbarung wollte Gott sich selbst und seinen Heilsratschluss dem Menschen zum Heile offenbaren: „Gott hat in seiner Güte und Weisheit beschlossen,

---

[519] So formuliert es Benedikt XVI., Nachsynodales Apostolisches Schreiben „Verbum Domini" über das Wort Gottes im Leben und in der Sendung der Kirche, 30. September 2010. Hg. v. Sekretariat der Deutschen Bischofskonferenz, Bonn 2010 (VApS 187), Nr. 121.

[520] Vgl. dazu jetzt P.-W. Scheele, Wort des Lebens. Eine Theologie des Wortes, Würzburg 2007.

[521] Benedikt XVI., Verbum Domini, Nr.3.

sich selbst zu offenbaren und das Geheimnis seines Willens kundzutun …: dass die Menschen durch Christus, das fleischgewordene Wort, im Heiligen Geist Zugang zum Vater haben und teilhaftig werden der göttlichen Natur“[522]. Die Offenbarungskonstitution „Dei verbum“ spricht ausdrücklich von „Offenbarungsgeschehen“. Es ist „geschichtliches Ereignis, in dem geschieht, was offenbar wird, und auch nur, weil es geschieht, offenbar werden kann“.[523] Das Selbstverständnis der christlichen Theologie, die diesem Ansatz folgt, bewährt sich demzufolge an der Geschichte Jesu, die sich im Wort erschließt. „Gott redet, indem er handelt.“[524] Das heißt hermeneutisch betrachtet: Die Wahrheit des Glaubens ist an die Wirklichkeit des Wortes Gottes und seines Geschehens gewiesen. Dieses muss die Theologie verstehen, der Glaube realisieren. An dieser Geschichte vorbei gibt es kein Verstehen des Glaubens.

Im Bezug auf das Wort Gottes ist daher von einem analogen Gebrauch zu sprechen.[525] Insoweit müssen Grund und Inhalt des Glaubens und seine Vermittlungsgestalten unterschieden werden. Hierbei tauchen zwei Grenzbestimmungen auf: Die schlechthinnige Identifikation beider führt zu einem biblischen Fundamentalismus, hier fallen Wort und Schrift in eins, die Trennung der beiden führt zu einem reinen Mystizismus, die Schrift geht ganz in einem aktualistischen Wortgeschehen auf. Die analoge Rede-Weise hält die Spannung zwischen beiden Dimensionen und führt nicht zu den genannten Verkürzungen.

Das Wort Gottes bezeichnet daher zunächst das ewige Wort, den Logos, die Person Jesu Christi. Im Mittelpunkt der göttlichen Offenbarung steht dieser Logos. Dann ist dieser Logos das von den Aposteln verkündete Wort und das von der Kirche bezeugte

---

[522] DV 2.

[523] Th. Pröpper, Freiheit als philosophisches Prinzip der Dogmatik. Systematische Reflexionen im Anschluß an Walter Kaspers Konzeption der Dogmatik, in: E. Schockenhoff / P. Walter (Hg.), Dogma und Glaube. Bausteine für eine theologische Erkenntnislehre, FS für Bischof Walter Kasper, Mainz 1993, 178.

[524] Eine Wendung von J. Ratzinger, in: Offenbarungsverständnis und Geschichtstheologie Bonaventuras. Habilitationsschrift und Bonaventura-Studien (JRGS 2), Freiburg i. Br. 2010, 60.

[525] Benedikt XVI., Verbum Domini, Nr.7.

und überlieferte Wort. Schließlich ist dieses in Jesus Christus offenbare Wort das endgültige Wort Gottes, das der Menschheit gegeben wurde. Das bedeutet: Das Wort ist das Medium, in dem sich Gott und Mensch im Glauben begegnen. Es kommt für ein besseres Verstehen des Glaubens darauf an, diese verschiedenen Sinn-Gestalten und Bedeutungen des Wortes zu erfassen.

(2.) Das Wort ist der Logos, der Sohn.

Die Bibel bringt das theologische Verstehen der Offenbarung Gottes mit dem Wort vom Logos zur Sprache. Das heißt: Das Wort ist nicht nur das Medium, in dem sich Gott und Mensch begegnen, es ist nach der Botschaft der Bibel noch klarer: das Wort ist der Logos, dieser Logos ist Person, Jesus Christus. Deshalb heißt es: Von Anfang an war das Wort bei Gott, das Wort war Gott (Joh 1). Aber dasselbe Wort wird Fleisch, es nimmt menschliche Gestalt an und redet die Menschen wie Freunde an. Gott teilt sein Wort mit, ja Gott teilt sein Wort mit den Menschen; in der lebendigen Überlieferung wird dieses Wort Gottes in der Kirche weitergegeben.
Dieses Wort unterliegt keinen Bedingungen, Voraussetzungen oder Grundlagen, sondern es schafft diese selbst. Gott bindet sich an das Wort, weil er selbst das ewige Wort ist. Deshalb ist dieses Wort keine bloße Idee der Vernunft, sondern das konkret gewordene Universale. Alles Sein steht unter dem Zeichen des Wortes.[526]
Das Christentum ist die Religion des Wortes Gottes, nicht die Religion eines schriftlichen, stummen Wortes, sondern des lebendigen Wortes, das Christus selbst ist. Hier kommt es auf die Gegenwärtigkeit des Wortes an. Es ist nicht nur das in der Schrift niedergelegte Zeugnis von Jesus, damit nur Text, sondern das immer wieder neu zur Sprache gebrachte Wort der Schrift.

[526] Benedikt XVI., Verbum Domini, Nr. 121.

(3.) Durch das Wort ist alles geworden.

Durch das Wort hat Gott alles geschaffen. Das Wort ist die Grundlage der ganzen Wirklichkeit.[527] Nach dem Zeugnis des Kolosserbriefes ist Christus, der Logos, der „Erstgeborene der ganzen Schöpfung“ (1,15), durch den alles und auf den hin alles geschaffen wurde (1,16). Die Aussagen der Schrift weisen hier auf die kosmische Dimension des Wortes Gottes hin. Aus dem Logos entsteht die ganze Schöpfung: „Die Schöpfung ist der Ort, an dem sich die ganze Geschichte der Liebe zwischen Gott und seinem geschöpf entfaltet: das Heil des Menschen ist also der Beweggrund aller Dinge.“[528] Nach dem Zeugnis der Bibel ist Gott der Schöpfer, der die Welt durch sein Wort ins Dasein ruft. Die ganze Schöpfung geht aus diesem geistgewirkten Schaffen Gottes hervor und sie ist deshalb auch auf das Wort hin vernehmbar. Logos, Dialog und Vernunft sind daher dem Menschsein von Anfang an mitgegeben.

(4.) Der Logos Gottes wird von den Menschen im Wort des Glaubens aufgenommen.

Wenn sich im Verständnis der Offenbarung ein grundlegender Wandel vollzieht, nämlich von einzelnen Offenbarungen und geoffenbarten Texten weg hin zur Offenbarung als Geschehen in Wort und Tat, dann wird Offenbarung nicht mehr nur verstanden als Information über Gott, sondern als Selbstmitteilung des dreifaltigen Gottes und seines Wortes selbst[529]. Es ist Gott selbst, der sich in seinem dreifaltigen Wesen als Gott offenbart. Gott offenbart nicht etwas, sondern sich selbst.

Diesem Verständnis der Offenbarung als Heilsgeschehen folgt das Verstehen des Glaubens. Der Mensch über-ant-wortet sich dem sich im Wort offenbarenden Gott. Der Glaube ist daher

---

[527] Benedikt XVI., Verbum Domini, Nr.8.

[528] Benedikt XVI., Verbum Domini, Nr. 9.

[529] H.J. Pottmeyer, Bleiben in der Wahrheit. Verbindlichkeit des Glaubenszeugnisses der Kirche aus katholischer Sicht, in: Verbindliches Zeugnis II. (Anm. 151), 143.

nicht in erster Linie ein Für-Wahr-Halten von Sätzen, sondern die Form der Begegnung mit der Person des Logos, Jesus Christus. Das Wort ruft den Glauben hervor. Jeder Akt des Glaubens ist daher zunächst ein ganz persönliches Geschehen. Hier antwortet der Menschen Gott, der zu ihm spricht. Zugleich ist dieser Akt ein kirchlicher, er geschieht innerhalb der Gemeinschaft der Glaubenden.[530]

(5.) Das Wort Gottes ist als Heilige Schrift in der Überlieferung das Fundament der Kirche.[531]

Das in Christus geeinte Volk Gottes ist Ort der Offenbarung und der Heilswirklichkeit. Es ist daher Aufgabe der ganzen Kirche, Trägerin und Verkündigerin der Offenbarungsbotschaft in der Geschichte zu sein. Die Weitergabe der göttlichen Offenbarung ist der ganzen Kirche zur Aufgabe gemacht (DV 7). Prinzip aller theologischen Erkenntnis ist das Wort Gottes, wie es sich in der Geschichte selbst auslegt. Höchste Richtschnur des kirchlichen Glaubens ist die Heilige Schrift, an der sich jede christliche Verkündigung orienticrcn muss (DV 21). Zusammen mit der Überlieferung bildet die Heilige Schrift das bleibende Fundament, auf dem Kirche und Theologie ruhen.
Die Übermittlung des Wortes Gottes geschieht durch die Heilige Schrift und die Tradition. Beide sind „mit gleicher Liebe und Achtung“ anzunehmen und zu verehren (DV 9). Das Zweite Vatikanische Konzil stellt sich damit in die Kontinuität der eigenen Lehrtradition, vor allem der des Trienter Konzils. Dabei wird klar, dass mit traditio nicht irgendwelche Traditionen neben der Heiligen Schrift gemeint sind, auch nicht eine zweite Quelle der Offenbarung, sondern der Vorgang der Selbst-Überlieferung des Wortes Gottes. Das II. Vaticanum lehnt die Rede von Schrift und Tradition als den zwei Quellen der Offenbarung ab und betont: „Die Heilige Überlieferung und die Heilige Schrift sind eng miteinander verbunden und haben aneinander Anteil. Dem-

[530] Benedikt XVI., Verbum Domini, Nr. 25.
[531] Vgl. zum ganzen Zusammenhang meine Ausführungen in W. Thönissen, Dogma und Symbol (Anm. 342), S. 205-226.

selben göttlichen Quell entspringend ... [bilden sie] ... den einen der Kirche überlassenen heiligen Schatz des Wortes Gottes" (DV 9 und 10). Zwar wird keine präzise Verhältnisbestimmung der beiden Größen gegeben, doch wird ihre je spezifische Eigenart jeweils betont. Von der Schrift wird eine klassische Wesensdefinition gegeben: Die Heilige Schrift ist Gottes Rede; die Überlieferung dagegen gibt das Wort Gottes, d.h. gibt das Wort Gottes weiter, die Tradition wird also funktional beschrieben[532]. So kommt der Vorrang der Schrift deutlich zum Vorschein. Die Weitergabe der göttlichen Offenbarung bezieht sich also ganz auf die Heilige Schrift. Somit ist die Tradition klar an die Heilige Schrift gebunden. Das maßgebende Wort Gottes ist allein im Zeugnis der Heiligen Schrift gegeben, der Tradition kommt hierbei die Funktion des Vollzuges der Weitergabe des Evangeliums zu[533].

(6.) Das Wort Gottes wird in Sakrament und Liturgie aufgenommen.

Neben einem erneuerten Offenbarungsverständnis führt eine Communio-Ekklesiologie, wie sie das Zweite Vatikanische Konzil auf den Weg gebracht hat, zu einer tieferen Sicht im Verhältnis von Offenbarung, Überlieferung, Schrift und Kirche. Die Selbstüberlieferung des Wortes Gottes zum Heil der Menschen geschieht in Gestalt des Erstzeugnisses der Apostel und der apostolischen Kirche, das in der Heiligen Schrift seinen Niederschlag gefunden hat. Sie geschieht sodann in der Überlieferung und in der Auslegung des apostolischen Zeugnisses durch die nachapostolische Kirche. In der Aneignung der Überlieferung und ihrer Weitergabe bezeugt die Kirche ihren Glauben an die Offenbarung Gottes. So vergegenwärtigt sie ihre Communio mit dem dreifaltigen Gott in der Gemeinschaft der Glaubenden untereinander und erweist sich so als Zeichen und Werkzeug des

---

[532] J. Ratzinger, Kommentar (Anm. 362), in: LThK.E I (1966) 525.

[533] Vgl. dazu Ökumenischer Arbeitskreis evangelischer und katholischer Theologen, Schriftverständnis und Schriftgebrauch. Abschließender Bericht, in: Verbindliches Zeugnis III. (Anm. 141), 370.

Wortes Gottes. Als sakramentale Communio bezeugt die Kirche das Wirken und die Präsenz des Wortes Gottes in der Liturgie. Diese Communio ist Begegnung mit einer Person, ist personale Begegnung mit Christus in Gottesdienst und Gebet. In der Liturgie feiert die Kirche das Wort Gottes als aktuelles und lebendiges Wort. Dies gilt in besonderer Weise für die Feier der Eucharistie.[534]
Das Zweite Vatikanische Konzil betont deshalb die Sakramentalität wie den Communio-Charakter der Kirche. Neben den Gedanken von der Kirche als Zeichen und Werkzeug im Heilsgeschehen tritt die Idee von der in Christus gestifteten Gemeinschaft durch Teilhabe (Koinonia-Gedanke). Die in Christus begründete sichtbare Gemeinschaft der Kirche führt zur Einsicht in die Teilhabe aller ihrer Glieder an der sakramentalen Zeichenhaftigkeit im Heilswerk Jesu Christi. Hier macht die Kirchenkonstitution „Lumen gentium“ den Grundgedanken vom Volk-Gottes-Sein der Kirche geltend.

(7.) Im Zeugnis für das Wort Gottes nimmt das ganze Volk Gottes seine Verantwortung wahr.[535]

Das gemeinsame Volk-Gottes-Sein geht allen Unterscheidungen der Ämter, Dienste und Charismen voran. Die katholische Ekklesiologie unterscheidet nach der Lehre des Zweiten Vatikanischen Konzils daher nicht mehr zwischen aktiven und passiven Gliedern der Kirche; wohl aber bekennt sie sich zu dem Gedanken eines nach Diensten gegliederten Volkes Gottes[536]. Das gemeinsame Priestertum der Gläubigen unterscheidet sich demnach nicht nur dem Grade, sondern dem Wesen nach vom hierar-

[534] Benedikt XVI., Verbum Domini, Nr. 52.

[535] Vgl. W. Thönissen, Dogma und Symbol (Anm. 342), S. 205-226.

[536] Vgl. W. Kasper, Kirche als Communio. Überlegungen zur ekklesiologischen Leitidee des II. Vatikanischen Konzils, in: Ders., Theologie und Kirche, Mainz 1987, 285.

chischen Priestertum[537]. Beide sind aufeinander bezogen; beide haben je auf ihre Weise teil am Priestertum Christi[538]. In der gleichen Weise gilt auch: Das ganze Volk Gottes nimmt auch teil am prophetischen Amt Christi. Das aber heißt: Das ganze Volk Gottes ist zum Zeugnis und Dienst des Wortes Gottes berufen. Deshalb gilt: Die Gesamtheit der Gläubigen kann im Glauben nicht irren (LG 12).
Kann die Gesamtheit der Gläubigen im Glauben nicht irren, wird damit auch die Unfehlbarkeit der ganzen Kirche ausgesagt. Dies geschieht insofern, als die Gesamtheit der Gläubigen den ihr von Christus eingestifteten Glaubenssinn dann kundmacht, wenn sie ihre allgemeine Übereinstimmung in Sachen des Glaubens und der Sitten äußert. Das II. Vaticanum hat damit die Würde und Funktion des Volkes Gottes in der Verantwortung für das Wort Gottes neu herausgestellt. Das verbindliche Lehren der Kirche ist in die Gesamtverantwortung des Volkes Gottes eingebettet. Erst von dorther kann die spezifische Aufgabe und Funktion des kirchlichen Lehramtes dargelegt werden.
Die neuere katholische Theologie spricht hier von der Interaktion der Bezeugungsinstanzen[539]. Sie sind Instanzen der einen Kirche, deren Aufgabe es ist, das Wort Gottes authentisch zu verkünden und getreu auszulegen. Katholische Theologie formuliert die Interaktion verschiedener Bezeugungsinstanzen mit unterschiedlichen Aufgaben. Keine einzige Instanz besitzt ein Monopol gegenüber der anderen. Die Kirche steht als Ganze im Dienst an der Bezeugung der Wahrheit.

(8.) Das Wort Gottes kann nur in ökumenischer Gemeinschaft bezeugt werden.

Es gehört zu den elementaren Einsichten des Zweiten Vatikanischen Konzils, dass die Verkündigung des Wortes Gottes das Zeugnis der ganzen, noch nicht vollends geeinten Christenheit

---

[537] Vgl. LG 10, Bezug nehmend auf die hier vorliegende Unterscheidung, die nicht graduell zu verstehen ist.
[538] Vgl. LG 10.
[539] Vgl. Communio Sanctorum (Anm. 125), 43-45, Nr. 72f.

einschließt. Die Sendung der Kirche in die Welt kann auf die Bemühungen um die Suche nach der Einheit der Christenheit nicht verzichten. Denn die Spaltungen der Christenheit widersprechen dem Willen Christi und fügen der Verkündigung des Wortes Gottes Schaden zu (UR 1). Das Ökumenismusdekret des Zweiten Vatikanischen Konzils ist ein einzigartiges Plädoyer für die Überwindung der Spaltungen, denn diese beeinträchtigen letztlich die Glaubwürdigkeit der Verkündigung. Die katholische Kirche greift hierbei auf die Grunderfahrungen der Christenheit im 20. Jahrhundert zurück, wie sie vornehmlich im Umfeld der weltweiten ökumenischen Bewegung und im Ökumenischen Rat der Kirchen (ÖRK) seit 1948 artikuliert wurden. Der moderne ökumenische Dialog hat in den letzten fünfzig Jahren erheblich dazu beigetragen, die theologischen Hindernisse, auf welche die Spaltungen zurückgehen, durch gründliche theologische Arbeit zu überwinden, die einer vollen Gemeinschaft der Christenheit noch im Weg stehen. Auch wenn heute niemand den Zeitpunkt kennt, an dem die Christen gemeinsam Eucharistie feiern können, so braucht die Verkündigung des Wortes Gottes das gemeinsame Zeugnis aller Christen.

(9.) Das Wort Gottes richtet sich an die Welt, an alle Menschen guten Willens.

Das Zeugnis des Wortes Gottes schließt seine Verkündigung an die Welt ein. Die Sendung der Kirche vollzieht sich in der Verkündigung des Wortes Gottes an alle Menschen. Die Welt ist der Ort der Verkündigung. Die Kirche, das ganze Volk Gottes, erfüllt ihren Auftrag dadurch, dass sie das Wort Gottes inmitten der Situation, in der sich die Menschheit befindet, verkündet. Die Kirche beschränkt sich dabei nicht darauf, der Welt allgemein anerkannte Werte anzubieten,[540] sondern ihr Mandat erfüllt sich darin, den Menschen die Grundlagen und Prinzipien der menschlichen Gemeinschaft, die sich mit dem Wort Gottes verbinden, vorzulegen und zu erläutern.

[540] Vgl. Benedikt XVI., Verbum Domini, Nr. 98.

Die Ausbreitung des Wortes Gottes in der Welt bezieht sich in erster Linie auf die Achtung und Förderung der Würde der menschlichen Person. Sie bildet die Grundlage für jede gerechte Gesellschaft auf Erden. Das Wohl der Völker und der Menschen ist darauf in erster Linie bezogen. Die Verkündigung des Wortes Gottes schließt die Bemühungen um Gerechtigkeit, Frieden, Versöhung und die Verantwortung für die Schöpfung ein. Die Verkündigung des Wortes Gottes kann daher nur in der Begegnung, im Dialog und in der Zusammenarbeit mit allen Menschen guten Willens erfolgen. Das Zweite Vatikanische Konzil hat die hiermit verknüpften Grundsätze vor allem in der Pastoralkonstitution „Gaudium et spes", in der Erklärung über die Religionsfreiheit „Dignitatis humane" und in der Erkklärung über das Verhältnis der Kirche zu den nichtchristlichen Religionen „Nostra aetate" niedergelegt.[541] Das heißt: Die mit dem Wort Gottes verbundenen Prinzipien und Grundsätze für ein gerechtes und friedfertiges Zusammenleben der Menschen können nur im Dialog der Völker, der Kulturen und Religionen miteinander kommuniziert und geteilt werden. Verkündigung des Wortes und Dialog über die Grundlagen der menschlichen Gemeinschaft gehören zusammen.

(10.) Das ursprüngliche und ewige Wort Gottes bleibt für immer gegenwärtig.[542]

Ihren Höhepunkt und ihre Vollendung findet die Offenbarung Gottes in Christi Leben, Tod und Auferstehung. Offenbarung als Selbstmitteilung Gottes umfasst dabei immer mehrere unterscheidbare Momente im geschichtlich verstandenen Überlieferungsgeschehen. Das Entscheidende an diesem Verständnis ist zunächst ihr Charakter als Geschehen. Die Selbstoffenbarung Gottes ereignet sich in Jesus Christus als raum-zeitliches und sich zeitigendes Geschehen. Damit sind zwei Grundmomente angesprochen: das Geschehen als Ereignis und das Ereignis im geschichtlichen Zusammenhang. Geschichte ist somit immer beides, näm-

[541] Vgl. Benedikt XVI., Verbum Domini, Nr. 90-120.
[542] Vgl. W. Thönissen, Dogma und Symbol (Anm. 342), S. 205-226.

lich Ereignis und Kontinuität. Ereignis meint das Hier und Jetzt des Geschehens, gebunden an Raum und Zeit. Heil ereignet sich im einzelnen Ereignis, ist jetzt da. Aber das einzelne Ereignis kann nicht isoliert betrachtet werden, es ist kein bloßes und nacktes Faktum an sich, sondern erschließt sich reflexiv und objektiv im Gesamtzusammenhang des geschichtlichen Handelns Gottes, das die Überlieferungsgeschichte einschließt. Zwischen Ereignis und Kontinuität eingespannt erschließt sich Offenbarungsgeschehen selbst als Heilsgeschichte.
Hier ergeben sich weitere, entscheidende Aspekte im Verständnis des Glaubenszeugnisses.

(1.) Der christliche Glaube ist zurückgebunden an das Einmalige eines vergangenen Ereignisses, an Leben, Tod und Auferstehung Jesu Christi. Das „Et incarnatus est“ ist wörtlich zu nehmen: Der Sohn Gottes ist Mensch geworden, hat Fleisch angenommen in Raum und Zeit. Die Geschichte der Menschwerdung ist ein Factum historicum, unverwechselbar, uneinholbar und unaustauschbar einmalig. Aber Christus ist nicht eine bloße Gestalt der Vergangenheit, er ist nicht nur der Jesus der Evangelien allein, sondern wirksame Macht der Gegenwart, deshalb Jesus der Christus. Das Ursprungsgeschehen eröffnet sich in den Prozess der Überlieferung hinein.

(2.) Als der Auferstandene ist Christus der Lebendige, der Gegenwärtige, aber er ist es nicht mehr in der Weise des Einmal-Da-Gewesenen, sondern er ist präsent als der Präsente im Wege der Repräsentation. Der Einmalige und Ursprüngliche ist sakramental und symbolisch gegenwärtig im Wort unter den Zeichen von Brot und Wein in der Feier des Herrenmahles. Seine Selbst-Explikation erfolgt in der Explikation des in der Heiligen Schrift bezeugten Geschehens.

(3.) Schließlich erweist sich der geschichtlich Bezeugte als der in der Geschichte selbe und einzige Christus. Der historische Jesus ist der wirkliche Jesus im eigentlichen Sinn des Wortes: Jesus ist der Christus, der Logos. Der Ursprüngliche ist derselbe in Geschichte und Gegenwart. Der Glaube greift nicht auf das Historische allein, sondern auf das Historische in lebendiger

Vergegenwärtigung zurück. Der Glaube ergreift im historischen Faktum den lebendigen und gegenwärtigen Christus, ihn selbst und niemanden sonst. Christus ist das Licht der Völker. In ihm ist die Kirche Zeichen und Werkzeug in der Heils-Verkündigung. Als Gemeinschaft der Gläubigen ist die Kirche sakramentales Zeichen für die Gegenwart des Wortes Gottes in der Welt. VERBUM DOMINI MANET IN AETERNUM! Damit ist die Botschaft des Zweiten Vatikanischen Konzils auf den Punkt gebracht.

ABKÜRZUNGEN

AG	Ad gentes. Dekret über die Missionstätigkeit der Kirche
AHAW.PH	Abhandlungen der Heidelberger Akademie der Wissenschaften – Philosophisch-historische Klasse
AAS	Acta Apostolicae Sedis
ASCOV	Acta synodalia sacrosancti Concilii Oecumenici Vaticani II
Cath(M)	Catholica. Vierteljahresschrift für ökumenische Theologie. Münster
CIC	Codex Iuris Canonici
DH	Dignitatis humanae. Erklärung über die Religionsfreiheit
DiKi	Dialog der Kirchen
DV	Dei verbum. Dogmatische Konstitution über die göttliche Offenbarung
DwÜ	Dokumente wachsender Übereinstimmung. Sämtliche Berichte und Konsenstexte interkonfessioneller Gespräche auf Weltebene. 4 Bde. Hg. von H. Meyer u.a., Paderborn-Frankfurt a.M. 1983-2012
DzH	H. Denzinger, Enchiridion symbolorum, definitionum et declarationum de rebus fidei et morum. Kompendium der Glaubensbekenntnisse und kirchlichen Lehrentscheidungen. Übers. u. hg. v. P. Hünermann, Freiburg i.Br. [40]2005
EKK	Evangelisch-katholischer Kommentar zum Neuen Testament
EvTh	Evangelische Theologie
FC	Fontes christiani
FKTh	Forum katholische Theologie
GER	Gemeinsame Erklärung zur Rechtfertigungslehre
HDG	Handbuch der Dogmengeschichte
HerKorr	Herder Korrespondenz
HFTh	Handbuch der Fundamentaltheologie

HÖ	Handbuch der Ökumenik
HThK.NT	Herders theologischer Kommentar zum Neuen Testament
HThK Vat. II	Herders Theologischer Kommentar zum Zweiten Vatikanischen Konzil. Bd. 1-5. Hg. v. P. Hünermann u. B.J. Hilberath, Freiburg i.Br. 2004-2006
HWP	Historisches Wörterbuch der Philosophie
Irén.	Irénikon. Chevetogne
IThS	Innsbrucker theologische Studien
JRGS	Joseph Ratzinger. Gesammelte Schriften
KiKonf	Kirche und Konfession
KKD	Kleine katholische Dogmatik
KKSMI	Konfessionskundliche Schriften des Johann-Adam-Möhler-Instituts
KKTS	Konfessionskundliche und kontroverstheologische Studien
KNA-ÖKI	KNA – Ökumenische Information
KVR	Kleine Vandenhoeck-Reihe
LG	Lumen gentium. Dogmatische Konstitution über die Kirche
LThK^2	Lexikon für Theologie und Kirche, 2. Aufl., Freiburg i.Br. 1957-1967
LThK.E	LThK^2. Das Zweite Vatikanische Konzil. Dokumente und Kommentare, Freiburg i.Br. 1966-1968
MThS	Münchener theologische Studien
MySal	Mysterium Salutis
NHThG	Neues Handbuch theologischer Grundbegriffe
ÖD	Direktorium zur Ausführung der Prinzipien und Normen über den Ökumenismus
ÖR.B	Ökumenische Rundschau – Beiheft
Orien.	Orientierung. Zürich
QD	Quaestiones disputatae
S.th.	Summa theologiae
SC	Sacrosanctum Concilium. Konstitution über die heilige Liturgie
SCJ	Sixteenth century journal
SKZ	Schweizerische Kirchenzeitung

StZ	Stimmen der Zeit
ThBeitr	Theologische Beiträge
ThQ	Theologische Quartalschrift
ThWNT	Theologisches Wörterbuch zum Neuen Testament
TTS	Tübinger theologische Studien
UR	Unitatis redintegratio. Dekret über den Ökumenismus
VApS	Verlautbarungen des Apostolischen Stuhls
VDBK	Der Vorsitzende der Deutschen Bischofskonferenz
WA	Luther, Martin: Werke. Kritische Gesamtausgabe (Weimarer Ausgabe)
WBTh	Wiener Beiträge zur Theologie
WSAMA	Walberberger Studien der Albertus-Magnus-Akademie